Stephanie Witt-Loers

Trauernde Menschen mit geistiger Behinderung begleiten

Orientierungshilfe für Bezugspersonen

Vandenhoeck & Ruprecht

Für meinen Vater,
der mich mit seiner bedingungslosen Liebe
reich beschenkt hat

Bibliografische Information der Deutschen Nationalbibliothek:
Die Deutsche Nationalbibliothek verzeichnet diese Publikation in der Deutschen Nationalbibliografie; detaillierte bibliografische Daten sind im Internet über http://dnb.de abrufbar.

Umschlagabbildung: rosinka79/Adobe Stock

Satz: SchwabScantechnik, Göttingen
Druck und Bindung: CPI books GmbH, Leck

Vandenhoeck & Ruprecht Verlage | www.vandenhoeck-ruprecht-verlage.com

ISBN 978-3-525-70267-3

Inhalt

Geleitwort

»Nur wenige Menschen sind wirklich lebendig,
und die, die es sind, sterben nie.
Es zählt nicht, dass Sie nicht mehr da sind.
Niemand, den man wirklich liebt, ist jemals tot.«
Ernest Hemingway

Abschied und Trauer begegnen uns allen immer wieder im Leben. Vielen Menschen fehlen aber die Worte, um diese Erfahrung auszudrücken. Sie ziehen sich zurück und leiden darunter. Trauer braucht Erinnerung, menschliche Nähe und Zuspruch. Trauer braucht Ausdrucksformen.

Dies trifft in gleicher Weise, vielleicht noch stärker, auf Menschen mit Behinderung zu. Sie erleben Abschied von Gewohntem, von Menschen, mit denen sie gerne zusammen waren, noch intensiver, können ihre Gefühle aber noch weniger verbal ausdrücken. Gewohnte und oft wiederholte Rituale sind hier hilfreich, können Türen öffnen und Verarbeitung erleichtern.

Entscheidend ist ein offenes Umgehen mit den Themen Sterben und Tod. Menschen mit Behinderung von Kranken, vom Sterben, von Beerdigungen fernzuhalten, ist der falsche Weg, sie werden dadurch nicht geschützt. Diese Menschen spüren sehr deutlich, wenn ihnen etwas vorenthalten wird. Sie können mit dem Wissen auf ihre Art oft leichter umgehen als manche anderen Menschen und nehmen dies ganz natürlich in ihren Erfahrungshorizont.

Das ehrliche Sprechen über Krankheit und Sterben nimmt Angst und ermöglicht auch bei Menschen mit geistiger Behinderung oft eine vorausschauende Planung. Die Frage muss heißen: Was ist dir wichtig, was ist wichtig in solchen Situationen? Der Mensch mit geistiger Behinderung kann Vorstellungen entwickeln und so seine Lebenszeit mitgestalten. Dies gibt den Angehörigen und Assistenzkräften große Hilfen für eine angemessene Begleitung.

Frau Witt-Loers gibt in ihrem Buch dazu wertvolle Anregungen aus ihrer langjährigen Erfahrung mit Kindern, Jugendlichen und Menschen mit geistiger Behinderung. Die Fallbeispiele ebenso wie die konkreten Hinweise für die Umsetzung bringen Mitarbeiterinnen und Mitarbeitern in Einrichtungen ebenso wie Angehörigen zu Hause gute Unterstützung.

Weitere Hilfen könnten die Broschüren der AG *Menschen mit geistiger Beeinträchtigung* der DGP für Angehörige und Mitarbeiter in Einrichtungen der Behindertenhilfe sein.*

Ich wünsche dem Buch weite Verbreitung und hoffe, dass es vielen die Angst vor einem offenen Umgang mit den Themen Tod und Trauer nehmen kann.

Sanitätsrat Dr. Dietrich Wördehoff,
Arzt für Innere Medizin und Palliativmedizin
Sprecher der AG Menschen mit geistiger Beeinträchtigung in der Dt. Gesellschaft für Palliativmedizin (DGP).

*Broschüre für Angehörige: Begleiten bis zuletzt. Was können wir tun, damit es gut wird?
*Broschüre für Mitarbeiter und Leitungen in Einrichtungen: Palliative Begleitung von Menschen in Wohnformen der Eingliederungshilfe

Bestellung der Broschüren (kostenlos) und Informationen zu den Fachtagungen der AG *Menschen mit geistiger Beeinträchtigung* bzw. zur Mitarbeit und zum Austausch von Erfahrungen in der AG über koordination@palliativmedizin.de

Vorwort

Es sind die Begegnungen mit Menschen,
die das Leben lebenswert machen.
Guy de Maupassant

Genau deshalb, liebe Leser*innen, ist dieses Buch mir ein großes Herzensanliegen. Es sind die Begegnungen mit den unterschiedlichsten Menschen, die mein Leben erfüllen, es reicher und bunter machen. Dazu gehören auch meine Begegnungen mit Menschen mit geistiger Beeinträchtigung, für die ich unendlich dankbar bin.

Ich würde mir sehr wünschen, dass das Buch dazu beitragen kann, Trauernde mit einer geistigen Beeinträchtigung viel mehr zu respektieren, zu verstehen und zu unterstützen.

Als ich vor einigen Jahren die Anfrage einer verzweifelten Mutter bekam, ob ich ihre »erwachsenen Kinder«, die beide von sehr unterschiedlichen Erkrankungen betroffen waren, nach dem Tod des Vaters begleiten könne, wusste ich noch nicht, welche Herausforderungen zu bewältigen waren und – auf der anderen Seite – welche einzigartigen, bereichernden Erfahrungen wir miteinander machen würden. Die Mutter hatte bereits verschiedene Stellen angefragt, aber keine Hilfe für die 20 und 25 Jahre jungen Erwachsenen gefunden. Ich nahm diese Begleitung nicht ganz ohne Bedenken an, da ich bis dahin kaum Trauerbegleiterfahrungen mit Menschen, die geistig und/oder körperlich eingeschränkt waren, gemacht hatte. Nach mehreren Vorgesprächen mit der Mutter konnten wir uns vorstellen, zusammenzuarbeiten. Ob die beiden trauernden, jungen Erwachsenen dies auch wollten, mussten wir erst herausfinden. Letztendlich kam es zu einer fruchtbaren, ganz besonderen Begleitung über mehr als ein Jahr.

Seither begleite ich immer wieder trauernde Menschen mit Behinderungen und bin sehr dankbar dafür, dass ich mich damals auf diese Anfrage eingelassen habe.

Viele Themen im Buch haben sich durch die Wahrnehmung der Betroffenen und den Austausch mit ihnen in den Begleitungen als bedeutsam erwiesen. Diese Praxiserfahrungen sowie die Lebensgeschichten der Menschen fließen hier ein. Ohne sie gäbe es dieses Buch nicht. Daher möchte ich mich schon an dieser Stelle bei denjenigen bedanken, die durch ihre Offenheit und ihren Mut so wesentlich dazu beigetragen haben. Die Namen der Beteiligten wurden zu deren Schutz verändert. Zudem haben Betroffene und Menschen, die privat oder beruflich mit Menschen mit Behinderung in Kontakt sind, Beiträge zum Buch verfasst. Danke vielmals für die Bereitschaft mitzuschreiben und für diese wichtigen Artikel, die noch einmal andere Sichtweisen eröffnen.

Ich orientiere mich in meinen Ausführungen an Erkenntnissen verschiedener Trauerforscher*innen, wie zum Beispiel William Worden, Dennis Klass, Kenneth Doka, David Trickey, Hansjörg Znoj, Chris Paul, Margaret Stroebe und Henk Schut. Zudem fließen Erkenntnisse aus der Kommunikations- und Resilienzforschung sowie der Psychologie ein.

Den Inhalt des Buchs möchte ich auf Anliegen um Menschen mit geistigen Behinderungen fokussieren. Diese sind meist mit anderen Einschränkungen verbunden, wie z. B. Lernstörungen, Störungen der Psychomotorik, der Sprache oder des Verhaltens. Emotionale Entwicklungsstörungen werden diskutiert. Die Begleitung von Menschen mit ausschließlich körperlichen Einschränkungen erfordert andere Schwerpunkte und Unterstützungen. Fragen zur Betreuung oder Patientenverfügung werden hier zudem unter anderen Gesichtspunkten angegangen.

Leider musste ich von betroffenen Familien immer wieder hören, dass sie ergebnislos nach Unterstützung in ihrer schwer belasteten Lebenssituation suchen mussten. Schlimmer noch – und daher bin ich froh, dass ich hier über meine Erfahrungen schreiben darf –, sie mussten mit Vorurteilen kämpfen: Menschen mit geistigen Behinderungen und ihre Angehörigen werden leider noch häufig in unserer Gesellschaft stigmatisiert und ausgegrenzt. Bis heute wird ihnen häufig abgesprochen, dass sie überhaupt trauern können, oder es wird ihnen aufgrund ihrer Beeinträchtigung unterstellt, dass sie sowieso nicht verstehen können, was es bedeutet, wenn ein nahestehender Mensch stirbt. Eine Begleitung erscheint aus solch einer Sicht dann auch unnötig.

Das Buch ist aus der Praxis heraus entstanden. Es soll deutlich machen, dass Menschen mit geistigen Einschränkungen sehr wohl trauern und dass eine Trauerbegleitung, sei es im privaten oder professionellen Rahmen in vielen Fällen für die Betroffenen selbst sehr hilfreich sein kann. Deshalb richtet sich das Buch an Bezugspersonen aus dem gesamten Lebensumfeld von Menschen mit geistiger Behinderung. Eltern, Geschwister, andere Angehörige, Betreuer*innen, Lehrer*innen, Psycholog*innen, Seelsorger*innen, Pflegende, Heilpädagog*innen, Arbeitgeber und Trauerbegleiter*innen sind angesprochen. Bewusst habe ich auf spezielle Kapitel für die oben genannten Gruppen verzichtet, weil ich glaube, dass es hilfreich sein kann, jede Perspektive ein Stück weit kennenzulernen, besser zu verstehen und so sensibler zu werden im Umgang miteinander. Insgesamt wird dieses Verständnis für den trauernden Menschen mit geistiger Behinderung spürbar sein. Darum ist es aus meiner Sicht auch so wichtig, Menschen aus den einzelnen Systemen – ob Familie, Wohngruppe, Schule, Arbeitsplatz – mit sachlichem Wissen und Begleitung zu stärken.

Nicht nur die Rückmeldungen der Familien, sondern auch die der Einrichtungen, in denen einige der Trauernden, die ich begleitet habe, untergebracht sind, haben gezeigt, dass die Begleitung sowie die damit einhergehenden Veränderungen und Informationen als hilfreich empfunden wurden. Unterstützung wird seitdem auch von dieser Seite immer häufiger bei mir eingefordert.

Sicherlich gibt es eine Fülle von Hinweisen und Informationen, die im Buch auf Sie wirken werden. Bitte zweifeln Sie nicht an sich selbst, wenn Sie manches in Ihrem Alltag nicht wussten, wahrgenommen oder umgesetzt haben. Auch nach der Lektüre des Buchs wird es kaum möglich sein, alle Aspekte präsent zu haben und zu berücksichtigen. Es geht ja vielmehr um eine Sensibilisierung und darum, dass wir anerkennen, wie viel Trauerarbeit Menschen mit geistigen Einschränkungen durchleben.

Die Frage, die sich immer wieder stellte: Wie soll ich trauernde Menschen in ihrer besonderen Lebenssituation bezeichnen, ohne dass es einschränkend, bewertend oder diskriminierend klingt? Das

Schreiben ist an diesem Punkt für mich zu einer Herausforderung geworden. Immer wieder habe ich gespürt, dass ich an sprachlich-inhaltliche Grenzen geriet. Schließlich habe ich für mich bis zum Schluss keine Wortwahl und keine inhaltlichen Kriterien gefunden, die dem Kontext entsprechend wirklich angemessen erschienen. Vorausschicken möchte ich daher, dass jede der im Buch verwendeten Bezeichnungen eingeschränkt und synonym verstanden werden sollte. Bitte sehen Sie, liebe Leser, mir nach, wenn Sie sich an eben diesen Stellen nicht ganz wiederfinden können, da das gesamte Buch sich mit der Trauer von Menschen mit geistiger Beeinträchtigung (geistiger Behinderung) befasst, habe ich mich entschieden, im Folgenden von »trauernden Menschen mit geistiger Behinderung (mit geistiger Beeinträchtigung)« oder einfach »trauernden Menschen« zu sprechen.

Viele weitere Aspekte, die mich in diesem Zusammenhang auch beschäftigen, konnte ich im Buch nicht mehr aufnehmen. Ich hoffe, mich an anderer Stelle weiter damit befassen zu können. Deshalb soll die überaus wichtige Diskussion zu inhaltlichen und verbalen Aspekten zum Menschenbild »der Menschen mit Behinderung«, die sicherlich noch lang nicht abgeschlossen sein wird, nur kurz in den Blick genommen werden, denn es geht maßgeblich um trauernde Menschen und deren bestmögliche Unterstützung. Dies vor dem Hintergrund, dass wir letztendlich alle Menschen mit Abweichungen vom »Normalen«, sind. Es geht darum, sein zu dürfen – angenommen zu werden. So, wie wir gerade sind.

Ich bin froh und dankbar, dass sich unterstützende, qualifizierte Angebote und Möglichkeiten für Trauernde in den letzten Jahren unglaublich erweitert haben. Der Umgang mit Trauer ist gesamtgesellschaftlich offener und verständnisvoller geworden. Wenngleich es noch immer zu wenige sachliche Informationen zu Trauerprozessen und Trauerreaktionen, systemische Angebote für Familien oder Einzelbegleitungen für alle Altersstufen gibt, bin ich sicher, dass sich hier in den nächsten Jahren noch viel in eine positive Richtung entwickeln und verändern wird. Ich hoffe sehr, dass dann ebenfalls professionelle, qualifizierte Angebote für Menschen mit kognitiven Einschränkungen selbstverständlich sein werden.

Im Buch wird es neben sachlichen Hinweisen zum Themenkomplex Trauer, neben dem Verstehen und Verstandenwerden Trauernder in besonderen Situationen auch um konkrete Angebote in Bezug auf deren Begleitung gehen. In diesem Sinne würde ich mir wünschen, dass es ein guter Ratgeber für Sie und letztendlich für trauernde Menschen mit Behinderung ist, um sie verantwortungsvoll und warmherzig zu begleiten. Weiterführende Literaturhinweise und Links, die sich direkt auf ein Kapitel beziehen, finden Sie immer an dessen Ende. Weitere Linktipps, Fortbildungsangebote und Literatur mit breiterem Spektrum sind am Ende des Bandes versammelt.

Trauernde zu verstehen und sie bedürfnisorientiert und hilfreich zu unterstützen, erfordert immer eine sehr individuelle, sensible und flexible Wahrnehmung. Ich glaube, dass es in der Begegnung grundlegend auf unsere eigene Reflexions- und Empathiefähigkeit ankommt. Nicht die trauernden Menschen mit geistiger Behinderung müssen lernen, sich verständlich zu machen, sondern wir müssen lernen, sie zu verstehen. Das scheint mir die Aufgabe zu sein, der wir uns stellen sollten. Wir brauchen meiner Ansicht nach eine sehr offene, unvoreingenommene Haltung. Meine Erfahrung ist, dass gerade dies uns in Bezug auf uns selbst und auf unsere Mitmenschen sehr bereichern kann. Wir sind nicht nur die »Helfenden« in der Begegnung, sondern wir können viel von Trauernden mit Beeinträchtigung lernen. Wenn wir diese innere Haltung zulassen, ist die erste wesentliche Voraussetzung einer fruchtbaren Begegnung geschaffen: eine Annäherung auf Augenhöhe.

Von Herzen wünsche ich Ihnen alles Gute, wo immer das Leben Sie gerade hinführt.

Im März 2019 — Ihre Stephanie Witt-Loers

1 Menschen, die nicht der Norm entsprechen

Lange wurde darüber diskutiert, ob Menschen mit geistiger Beeinträchtigung Verluste überhaupt wahrnehmen. Es gibt leider bisher kaum eindeutige wissenschaftliche Untersuchungen dazu. Das liegt sicherlich auch an der großen Vielfalt und unterschiedlichen Ausprägungen der Erkrankungen. Bis heute hat sich jedoch in vielen Teilen unserer Gesellschaft die Meinung gehalten, dass Menschen mit geistiger Behinderung nicht trauern und/oder nicht trauern können. Festgemacht wird diese Annahme auch an Trauerreaktionen, die dem von der Gesellschaft erwarteten Verhalten bei einem Verlust nicht entsprechen. Solche Trauerreaktionen werden oft nicht verstanden, fehlgedeutet, negativ bewertet oder gar sanktioniert. Sie irritieren das soziale Umfeld in ihrer Direktheit und Offenheit manchmal. Dabei ist es nicht nur meine Erfahrung, dass sich Reaktionen trauernder Menschen mit geistiger Behinderung sowie deren Umgang mit Trauer nicht grundlegend von denen anderer Menschen unterscheiden.

Aus der Fehleinschätzung, dass Menschen mit geistiger Behinderung nicht trauern würden, Verlust nicht begreifen könnten, entstehen für Betroffene meist sehr belastende Konsequenzen. Hier sei mir nur die Frage gestattet, ob denn Menschen ohne geistige Behinderung sofort verstehen können, was der Verlust in all seinen Auswirkungen mit sich bringt. Ist nicht gerade dieses allmähliche Bewusstwerden der Sinn des Trauerprozesses selbst? Warum sollte dies auf Menschen mit geistiger Behinderung nicht ebenso zutreffen?

Zunächst sollten wir davon ausgehen, dass Menschen mit geistiger Beeinträchtigung mehr wahrnehmen und über ein größeres emotionales Verständnis verfügen, als wir es vielleicht annehmen! Warum sollten Menschen mit geistiger Behinderung die Veränderungen von Bezugspersonen, von Alltagsstrukturen, nach dem Tod eines nahen

Menschen aus dem Lebensumfeld nicht spüren? Nur weil sie dies vielleicht nicht unseren Erwartungen entsprechend ausdrücken können? Warum sollten sie die einhergehenden Veränderungen des eigenen Empfindens oder das Fehlen eines wichtigen Menschen selbst nicht wahrnehmen?

Wir sollten bedenken, dass das Selbstverständnis und die Kommunikation nach einem schweren Verlust unter den sogenannten »Gesunden« ebenfalls schwierig sind. Auch »gesunde« Trauernde kennen ihre Bedürfnisse häufig zunächst selbst nicht und können sie somit auch nicht ausdrücken. Daher ist es aus meiner Sicht nicht verwunderlich, dass das gegenseitige Verstehen und die Unterstützung von Menschen mit geistiger Beeinträchtigung, deren kognitive, kommunikative und psychomotorische Fähigkeiten eingeschränkt sind, umso schwerer fallen. Es scheint also auch um ein Kommunikationsproblem zu gehen. Ich bin sicher, dass Menschen mit geistiger Beeinträchtigung, wenn sie nicht informiert, nicht einbezogen werden, sich isoliert und diskriminiert fühlen, sie das Vertrauen zu ihren Bezugspersonen verlieren und der Schmerz nur vergrößert wird.

Wer gehört überhaupt zur Gruppe der sogenannten Menschen mit geistiger Behinderung? Ich habe mit verschiedenen Menschen, auch Betroffenen, darüber gesprochen. Es gab sehr unterschiedliche Haltungen und Meinungen, die sich auch auf medizinischer, ethischer und der gesellschaftlichen Ebene widerspiegeln. Es scheint generell schwer, eine eindeutige, allgemeingültig akzeptierte Definition zu finden. Inhaltlich existieren Definitionen, die von einer Minderung der Intelligenz im Sinne des ICD-10 sprechen. Hier geben verschiedene Grade der Intelligenzminderung die geistige Einschränkung im Sinne von Lernbehinderungen sowie in Bezug auf Selbstständigkeit an. Andere Begriffsbestimmungen beziehen sich eher auf die eingeschränkte Kommunikation des Menschen mit geistiger Behinderung.

Diagnosen, die ausschließlich über die Ermittlung des Intelligenzquotienten ermittelt werden, sind inzwischen eher selten geworden, dennoch sind Diskussionen, welche Defizite der Begriff »Mensch mit geistiger Behinderung« denn nun tatsächlich umfasst bzw. umfassen darf, nicht abgeschlossen. Es bleiben viele ungeklärte Fragen, betreffend z. B. die Abgrenzung zwischen Geist und Gehirn, zwischen geistigen und kognitiven Fähigkeiten; wie ist die emotionale Entwicklung und wie sind die Auswirkungen einer Verzögerung, ist die Trisomie 21 eine Erkrankung oder eine Genabweichung.

So zählten zu den geistigen Fähigkeiten eines Menschen auch das Vermögen, Gefühle – wie etwa Wut, Trauer, Freude, Glück oder auch Empathie – zu empfinden beziehungsweise auszudrücken. Dieses Fähigkeitsspektrum ist beispielsweise bei Menschen mit Down-Syndrom (Trisomie 21), denen bislang das Attribut einer geistigen Behinderung zugeschrieben wurde, normalerweise gar nicht beeinträchtigt, weshalb die gängige Bezeichnung ihren Kritikern als zu unscharf oder sogar als diskriminierend erscheint. (Wikipedia)

Diese vielfältigen Formulierungen, Inhalte und Sichtweisen, auch was die Kriterien anbetrifft, nach denen jemand als Mensch mit einer geistigen Behinderung bezeichnet werden darf, und die Frage, wie überhaupt eine solche Behinderung festzustellen ist, zeigen vielleicht, dass weiterhin ein lebendiger Prozess zu diesem Themenkomplex im Gange ist. Dies ist sicherlich, auch nach der Bearbeitung der »historischen Lasten« zum Umgang mit »Menschen, die nicht der Norm« entsprechen, an vielen Stellen weiterhin dringend notwendig. Das ist nicht nur geschichtlichen Aspekten, sondern ebenso der modernen medizinischen Entwicklung zu schulden. Die Definition der UN-Behindertenkonvention für Menschen mit Behinderung:

Menschen, die langfristige körperliche, seelische, geistige oder Sinnesbeeinträchtigungen haben, welche sie in Wechselwirkung mit verschiedenen Barrieren an der vollen, wirksamen und gleichberechtigten Teilhabe an der Gesellschaft hindern können. (Art. 1 S. 2)

Sie hilft hier ebenso wie die Differenzierung von Menschen mit geistiger Behinderung im ICD-10 der psychischen Erkrankungen unter F 7 »Intelligenzminderung« nur bedingt weiter und macht nur noch einmal deutlich, dass der Begriff »Mensch mit geistiger Behinderung« inhaltlich und formell sehr weit gefasst ist.

Wie brisant und konträr der Themenkomplex ist, wurde mir beim Schreiben immer wieder neu deutlich. Allein die inzwischen mögliche pränatale Diagnostik zum Erkennen des Downsyndroms durch einen einfachen Bluttest wird zu einer weiteren ethischen Diskussion um lebenswertes und nicht lebenswertes Leben führen, viele werdende Eltern in belastende Konflikte zwingen und unter unglaublichen Druck abzutreiben bringen. Schon heute gibt es nicht nur in Deutschland immer weniger Menschen mit Downsyndrom, weil neun von zehn der vorgeburtlich diagnostizierten Kinder abgetrieben werden (Spiegel online 15.03.2017, zuletzt aufgerufen 19. August 2018).

Ein Buch wie dieses könnte sich irgendwann erübrigen, weil häufiger abgetrieben und Behinderungen noch mehr stigmatisiert werden, als dies schon jetzt der Fall ist. Die pränatale Diagnostik und die daraus entstehenden Konsequenzen müssen aus meiner Sicht deshalb kritisch gesehen werden.

Neulich am Flughafen nahm eine junge Frau mit Downsyndrom sehr freundlich und professionell mein Sperrgepäck an. Es war eine kurze, schöne Begegnung. Cornelia, von der ich später noch berichten werde, eine 45 Jahre alte Frau mit einer Trisomie 21, die nach mehreren schweren Verlusten dennoch gern lebt, schätze ich sehr. Ich habe sie in mein Herz geschlossen und durfte viel von ihr lernen. Die Frau am Flughafen, Cornelia und viele andere Menschen würde es unter den heutigen Umständen vielleicht gar nicht geben. Das wäre ein großer Verlust für unsere Gesellschaft.

Wieso haben wir das Recht, darüber zu entscheiden, wer leben darf und wer nicht? Welches Leben wert ist, zu existieren und welches nicht? Was sind wir für Menschen, wenn wir Menschen die Chance auf ein erfülltes Leben verweigern, weil sie nicht in unser Gesellschaftsbild, nicht in bestimmte Normen passen? Was sind wir für eine kleinlich denkende Gesellschaft, die nur bestimmte Aspekte des Menschseins unterstützt und andere aussortiert? Wer bestimmt, welche Menschen eine Last und welche eine Bereicherung für unsere Gesellschaft sind? Hieran schließt sich aus meiner Sicht die Diskussion zum Lebensende an. Kommen wir, ganz profan gesagt, irgendwann dahin, dass Menschen sich an ihrem Lebensende gedrängt fühlen, sich selbst zu suizidieren, weil die gesellschaftliche Erwartung, niemandem zur Last fallen zu wollen/zu dürfen, sie direkt oder indirekt dazu zwingt?

Die Würde und das Lebensrecht eines jeden Menschen als Basis unserer Gesellschaft müssen gewahrt bleiben – und ich hoffe nur, dass wir die oben genannten Entwicklungen nicht zulassen.

Unsere moderne, medizinische Entwicklung bringt ethische Fragen mit sich, die wir lösen müssen und können. Vielleicht nicht auf der Schwarz-Weiß-Ebene: »Leben ja oder nein«, sondern auf einer Ebene, die Verantwortung übernimmt für Menschen, die in bestimmten Lebensbereichen und Situationen besondere Fürsorge benötigen. Dazu brauchen wir tragfähige Konzepte zur Unterstützung von werdenden Eltern oder pflegenden Angehörigen. Vor allem ist jedoch ein Menschenbild nötig, welches den Menschen in seiner grundsätzlichen Individualität, seiner Verletzlichkeit und Vergänglichkeit annimmt und wertschätzt.

Ich möchte hier anknüpfen und kurz von meiner eigenen, schmerzhaften Erfahrung vor über 23 Jahren berichten. Wir erwarteten voll Vorfreude unser zweites Kind. Ich war mit 30 Jahren im fünften Schwangerschaftsmonat, als ich mich plötzlich schlechter fühlte und meine Gynäkologin aufsuchte, die feststellte, dass unser ungeborener Sohn in meinem Bauch gestorben war. Es war ein unerwarteter und schmerzhafter Verlust. Entgegen der damals noch häufig vorherrschenden Haltung war es uns wichtig, unserem Sohn einen Namen zu geben. Zudem erschien es mir für mich passender, Johannes zu gebären und so von unserem Kind Abschied zu nehmen. Später wurde festgestellt, dass Johannes aufgrund einer Trisomie 21 und weiterer Behinderungen gestorben war. Wir hofften darauf, noch ein Kind zu bekommen. Da wir offen mit dem Tod und der Todesursache unseres Sohnes umgegangen waren, hörten wir bei der darauffolgenden Schwangerschaft aus unserem Umfeld Kommentare, die vielleicht wohlwollend gemeint waren, die wir jedoch niemals für möglich gehalten hätten. Wir sollten in jedem Fall die nicht ungefährliche Fruchtwasseruntersuchung (Amniozentese) vornehmen lassen, um abzutreiben, wenn sich bei der Untersuchung herausstellen würde, dass das Kind behindert sei. Ansonsten müsse uns ja klar sein, dass wir die Konsequenzen allein tragen müssten und nicht mit Unterstützung rechnen könnten.

Die einzige Frage, die ich dann stellte war: »Wenn euer gesundes Kind oder ihr selbst morgen durch einen Unfall zu einem Menschen mit Behinderung werden würdet, was würdet ihr dann tun?«

2 Wissen und Netzwerke contra Unsicherheiten

Die Begegnung und Begleitung von trauernden Menschen mit geistiger Beeinträchtigung erscheint vielen Menschen vielleicht auch deshalb schwer, weil es wenig fachliche Orientierung, Literatur, Unterstützungssysteme und somit große Unsicherheiten gibt. Gern möchte ich mit Ihnen deshalb im folgenden Kapitel auf mögliche Faktoren schauen, die Unsicherheiten auslösen können. Zudem werfen wir einen Blick auf Netzwerke und Aspekte, die uns Sicherheiten geben könnten.

Doppelte Überforderung

Wir leben in einer sich wandelnden Trauerkultur mit zunehmender Offenheit gegenüber vormals bestehenden Tabuthemen wie Sterben, Tod und Trauer. Integration ist ein wesentlicher Leitgedanke, wenn es um Menschen mit geistiger Beeinträchtigung geht. Dennoch gestaltet sich der konkrete Umgang mit trauernden Menschen mit geistiger Behinderung nicht nur für Angehörige, sondern auch für Betreuer*innen und anderes Fachpersonal alles andere als leicht.

Zwei Themenbereiche treffen zusammen, die durch Unsicherheiten, fehlendes Wissen und gesellschaftliche Vorurteile geprägt sind. Zum einen können die eingangs erwähnten unterschiedlichen Blickwinkel, nicht eindeutigen, nicht allgemeingültigen Definitionen und Kriterien zum »Krankheitsbild des Menschen mit geistiger Behinderung« verwirrend sein. Zum anderen führt die Konfrontation mit Sterben, Tod und Trauer bei vielen Menschen zu Hilflosigkeit und Ohnmacht. Leicht wird deshalb aus Unwissenheit auf falsche Forderungen an das Verhalten Trauernder und auf Mythen zurückgegriffen. Bei Behinderung und Trauer kumulieren dann die Schwierigkeiten, weil beide Felder mit Tabus, Ängsten und Unsicherheiten belegt sind. Dies führt oftmals zu Überforderung des Einzelnen sowie des Systems und dazu, dass Handlungen unterbunden oder Entscheidungen vermieden werden, die für Menschen mit geistiger Beeinträchtigung in ihrer Trauer hilfreich wären.

Persönliche Haltung und Wissen zu Trauerprozessen prüfen

In der Begleitung junger und älterer Menschen mit und ohne Behinderung habe ich immer wieder erfahren, wie wichtig und notwendig es ist, sich auf die bisweilen befremdlich erscheinenden Ideen und außergewöhnlichen Wege, die Trauernde für sich wählen, einzulassen. Wir sollten diese vor allem nicht bewerten und uns, wenn möglich, nicht von vorgefassten gesellschaftlichen Meinungen beeinflussen lassen. Wir sind in besonderer Weise aufgefordert, persönliche Werte und Normen immer wieder zu reflektieren. Neben sachlichem Wissen geht es um eine grundlegende eigene Haltung und ein wertschätzendes Menschenbild. Wer Menschen mit oder ohne Behinderung in ihrer Trauer begleiten möchte, benötigt Wissen und muss bereit sein, sich selbst zu reflektieren. Es bedeutet, ebenso kritikfähig wie mutig zu sein, eigene und gesellschaftliche Standpunkte zu überdenken. Wir sollten flexibel sein und uns auf die zuweilen fantasievollen, ungewöhnlichen Wege der Betroffenen einlassen. Und zugleich sollten wir erfinderisch sein mit den Angeboten, die wir machen. Hier ist es hilfreich, eine Haltung einzunehmen, die den ganzen Menschen einbezieht, denn Trauer erfasst den ganzen Menschen, in seiner Seele, seinem Körper und seinem Verhalten. Wesentlich ist es darum, die persönliche Haltung zum Umgang mit Trauer zu hinterfragen. Eigene Verlusterfahrungen, deren Bearbeitung, die Reaktionen des sozialen Umfelds, gesellschaftliche Normen und Werte sowie unsere Bewältigungsstrategien beeinflussen auch immer unser Verhalten trauernden Menschen gegenüber.

Unter Umständen können persönliche negative Erfahrungen sowie fehlendes oder falsches Wissen zu Trauerprozessen und Trauerreaktionen dazu führen, dass wir Trauernde ungewollt verunsichern, sie zusätzlich belasten, isolieren und/oder hilfreiche Unterstützung nicht in Anspruch nehmen lassen. Unsicherheit ist vielfach auch die Ursache dafür, das Geschehen und die Betroffenen zu ignorieren oder zu »vertrösten«. Trauernde, ob mit oder ohne

Behinderung, empfinden sich als Konsequenz dann häufig selbst als falsch und schämen sich für ihre Gefühle und Gedanken, die im Zusammenhang mit der Trauer auftauchen.

Nicht selten werden Trauernde mit geistiger Beeinträchtigung sogar für ihre Trauerreaktionen verurteilt, ausgeschimpft oder bestraft. Das Leid, das dadurch für Betroffene entsteht, können wir durch ehrliche Selbstreflexion und die Aneignung von Wissen verhindern.

Selbstreflexion als Schlüssel zu Trauernden

Ich möchte Sie einladen, mit mir einen Blick auf Ihre Kindheitsverluste, auf mögliche Ängste, Hoffnungen und Ressourcen zu werfen. Zum einen werden durch die Auseinandersetzung mit früheren Verlusten häufig eigene Ängste und/oder unverarbeitete Trauer deutlich, die möglicherweise den Umgang mit persönlichen Verlusten sowie den Zugang zu anderen Menschen in Verlustsituationen erschweren. Zum anderen bietet die Reflexion die Möglichkeit, eigene Verhaltensmuster besser zu verstehen, persönliche Bewältigungsstrategien zu deuten und diese gegebenenfalls zu verändern. Persönliche Befürchtungen können Hinweise darauf geben, an welchen Stellen wir in der Begegnung unser Verhalten und unsere innere Haltung wachsam überprüfen sollten. Individuelle Fähigkeiten hingegen können wir in der Begegnung möglicherweise auch noch einmal verstärkt nutzen, wenn wir uns ihrer bewusst sind (z. B. Flexibilität, Kreativität, Humor, Kontaktfreudigkeit, …).

Vielleicht ist es für Sie hilfreich, sich mit den folgenden Fragen zu beschäftigen.

a) Welche Befürchtungen habe ich in der Begegnung mit trauernden Menschen und insbesondere in Bezug auf Menschen mit geistiger Beeinträchtigung?
b) Welche Hoffnungen habe ich in der Begegnung mit trauernden Menschen mit geistiger Beeinträchtigung?
c) Welche Fähigkeiten habe ich? Was gelingt mir dadurch möglicherweise gut in der Begegnung mit trauernden Menschen mit geistiger Beeinträchtigung?
d) Welche Verluste waren in meiner Kindheit besonders schmerzhaft für mich? Was hat mir bei der Bearbeitung des Verlusts ge-

holfen, und was war eher zusätzlich belastend? Was hat mir gefehlt?

e) Wo könnten eigene negative Erfahrungen dazu führen, dass ich Entscheidungen, Meinungen in der Begegnung mit oder für trauernde Menschen mit geistiger Beeinträchtigung vertrete/treffe, die einseitig sind und den Betroffenen womöglich schaden könnten?

Zu müde, um immer zu kämpfen

Hinzu kommt, wie bereits eingangs gesagt, dass sich viele Eltern in ihrem sozialen Umfeld häufig rechtfertigen müssen, ihrem Kind den Weg ins Leben erlaubt zu haben. Es kann dauerhaft anstrengend sein, sich immer wieder wehren und erklären zu müssen. Darüber hinaus mit einer Haltung zu Sterben, Tod und Trauer aufzutreten, die allgemein nicht akzeptiert ist, kann zu Überforderung führen. Darum würde ein gesamtgesellschaftlich umfassenderes Wissensspektrum unterstützen und es erleichtern, wenn Angehörige und Betreuer Entscheidungen darüber fällen müssen, ob und wie Menschen mit geistigen Behinderungen bestmöglich in Abschiedsprozesse eingebunden werden können. Es fiele wahrscheinlich leichter, als Stellvertreter im Sinne der Betroffenen zu entscheiden und zu handeln, weil es eben nicht mehr um die grundsätzliche Frage ginge, ob wir informieren und beteiligen, sondern darum, wie dies individuell bestmöglich geschehen kann. Begleitende könnten aus dem so wichtigen sozialen Umfeld mehr Unterstützung und Verständnis für ihre so wertvolle und wichtige Aufgabe erfahren.

Persönliche Belastungen

Familienangehörige, Freunde, Betreuer*innen, Lehrer*innen sowie andere Berufsgruppen, die mit Trauernden mit geistiger Behinderung in Kontakt sind, haben durch eigene Belastungen (aktuelle Lebenssituationen wie z. B. Trennung, Krankheiten oder nicht betrauerte Verluste, …) häufig keine inneren und/oder äußeren Kapazitäten, um trauernde Menschen hilfreich zu begleiten. Dennoch sollten wir, privat wie in unserer beruflichen Rolle, dafür sorgen, dass Betroffene unterstützt werden. Wenn wir dies nicht selbst und/oder nicht allein leisten können, sollten wir andere Unterstützung aktivieren.

Nicht bewahren können vor neuem Unheil

Eltern, Betreuer*innen und andere Bezugspersonen können einen Menschen mit geistiger Behinderung, auch wenn das Schicksal ihm vielleicht schon viel zugemutet hat, nicht bewahren vor anderen, neuen traurigen Lebenserfahrungen. Sicher möchten viele Bezugspersonen den Betroffenen neues Unglück ersparen. Vielleicht spielt dieser Aspekt auch eine Rolle, wenn es darum geht, Menschen mit geistiger Behinderung über das Sterben oder den Tod eines Menschen aus dem sozialen Umfeld zu informieren und ihn einzubeziehen in den Abschiedsprozess. Es sollte uns jedoch klar sein, dass eine Ausgrenzung in einer solch bedeutenden Angelegenheit für Menschen mit geistiger Behinderung, die in ihrem Alltag zudem immer wieder Erfahrungen von Ausgrenzung machen müssen, besonders verletzend sein kann. Es wird eher zu Gefühlen der Einsamkeit und Isolation kommen. Die mit dem Tod einhergehenden Lebensveränderungen müssen dann ganz allein getragen werden. Das ist noch schwerer, als es ohnehin schon ist. Deshalb sollten wir dafür sorgen, den Betroffenen nicht zusätzliche, vermeidbare Belastungen aufzuerlegen. Der Tod im nahen Umfeld wird das innere und äußere Leben verändern – das lässt sich nicht verhindern.

Thomas (38 Jahre) lebt im Wohnheim. Seine Eltern kommen ihn häufig besuchen. Seine jüngere Schwester Lena, die in einer weiter entfernten Stadt studiert, kommt alle paar Monate vorbei. Als sie durch einen Fahrradunfall ums Leben kommt, teilen die Eltern Thomas den Tod nicht mit. Sie befürchten, dass der Verlust ihn zu sehr treffen und durcheinanderbringen würde. Nach dem Tod verändert sich Thomas für seine Bezugspersonen dennoch wahrnehmbar. Er wirkt mehr in sich zurückgezogen, spricht noch weniger als zuvor und schläft schlecht. Er fragt nie mehr nach seiner Schwester. Als eine Mitbewohnerin in der Wohngruppe stirbt, sagt Thomas plötzlich und unvermittelt: »Meine Schwester ist auch tot.« Später in der Begleitung erzählt Thomas, dass er gespürt habe, dass seine Eltern anders gewesen seien als vorher. Er habe sich gefragt, warum. Er dachte zuerst, dass er etwas falsch gemacht hätte. Als seine Schwester ihn dann nie mehr besucht habe, habe er gewusst, dass sie tot ist. Er habe seine Eltern nie danach gefragt, weil er gemerkt habe, dass sie nicht darüber reden wollten.

In der Einrichtung habe ihm auch keiner erklärt, warum die Besuche seiner Schwester ausblieben. Er habe gedacht, darüber dürfe man also nicht sprechen und nicht nachfragen.

Eigene Trauer zeigen

Das Beispiel zeigt, dass Bezugspersonen häufig unsicher sind, ob sie eigene Trauer zeigen und darüber sprechen dürfen. Dahinter steht die Sorge, dem Menschen mit geistiger Behinderung zu schaden und/oder ihn zu überfordern. Ein offener Umgang mit den eigenen Gefühlen und Gedanken, den Verlust betreffend, ermöglicht jedoch die Entwicklung von gemeinsamen Trauerritualen. So hätte Thomas sich z. B. von seinen Eltern und den Bezugspersonen der Einrichtung ernst genommen gefühlt, die Beziehungen in der Familie/im Wohnhaus hätten durch eine auch gemeinsame Bearbeitung des Verlusts gestärkt werden können und vieles mehr.

Betroffenen wird es helfen, um die Trauer der Bezugspersonen zu wissen. So beziehen sie veränderte Verhaltensweisen von Bezugspersonen nicht auf sich oder fühlen sich womöglich dafür verantwortlich.

Der offene Umgang mit den Gedanken und Gefühlen der Trauer lässt zudem eine neue Integrität zu. Die Grenze »nicht behindert«/»behindert« kann, so ist meine Erfahrung, durchbrochen werden. Es steht das Menschsein im Vordergrund!

Schutz und Fürsorge als gesellschaftliche Aufgabe

Aus meiner Sicht werden Familien mit einem Familienmitglied mit geistiger Beeinträchtigung nach dem Tod eines Angehörigen, wenn das Familiensystem zusammenbricht, viel zu wenig unterstützt. Es ist eine gesamtgesellschaftliche Aufgabe, sich die schreckliche Not, die Familien in diesem Zusammenhang häufig erleben müssen, ins Bewusstsein zu rufen und diese in die Sozialplanung und Behindertenhilfe einzubeziehen, damit Menschen in so schweren Lebenssituationen nicht allein gelassen werden. Wir müssen berücksichtigen, dass Menschen mit geistiger Behinderung immer wieder mit Verlustthemen konfrontiert sind, sei es durch den Tod eines Angehörigen, eines Mitbewohners oder den Verlust körperlicher und geistiger Fähigkeiten. Auch Einrichtungen sind häufig allein, wenn sie den Verlusten der Bewohner und deren Auswirkungen gegenüberstehen.

Netzwerke knüpfen und Einzelarbeit ergänzen

Menschen mit geistiger Beeinträchtigung werden zumeist von einem Netz von Betreuer*innen begleitet. Erleben Menschen mit geistiger Beeinträchtigung einen einschneidenden Verlust, halte ich es für wesentlich, dass sich dieses Netz von Unterstützer*innen mit seinen spezifischen Kompetenzen und persönlichen Erfahrungen ergänzt. Angehörige sollten ebenfalls selbstverständlich in das Netz der »Fachwissenden« (Ärzt*innen, Sozialarbeiter*innen, Heilpädagog*innen, Betreuer*innen, Psychotherapeut*innen, Trauerbegleiter*innen, …) einbezogen werden. Ähnlich einem Hilfeplangespräch in der Kinder- und Jugendhilfe sollte man sich Zeit für Austausch, der in gewissen Abständen wiederholt werden sollte, nehmen. Dabei sollten wir nicht vergessen, dass es zu den Fragen um Sterben, Tod und Trauer keine allgemeingültigen Antworten gibt. Vieles ist eine Glaubensauffassung und bleibt der persönlichen Deutung überlassen. Wir haben nicht das Recht, auch nicht in Bezug auf Menschen mit geistiger Beeinträchtigung, unsere eigenen Meinungen zum Maßstab zu machen. Jenseitsvorstellungen beispielsweise sind individuelle Bilder, die nicht von allen mitgetragen werden müssen.

Ich möchte Sie an dieser Stelle – als Angehörige wie als berufliche Bezugsperson – ermutigen: Schaffen Sie sich ein Netzwerk von Unterstützungsmöglichkeiten. Schauen Sie nach Hospizen, Trauerbegleiter*innen, Psycholog*innen und Seelsorger*innen in Ihrer Nähe. Sie finden qualifizierte Menschen, die eine Familie oder Institution (Sterbende/Mitbewohner*innen/Mitschüler*innen/Kolleg*innen/Angehörige/Team, …) vor einem bevorstehenden Tod und/oder danach beraten und begleiten. Wenn Sie noch nicht aktuell mit einem Todesfall konfrontiert sind, kann es hilfreich sein, um solche Ansprechpartner*innen zu wissen und präventiv Seminare zu besuchen.

Jeder Mensch hat das Recht auf Selbstbestimmung.

Es darf nicht gegen den erklärten Willen eines Menschen gehandelt werden. Dieses Grundrecht kann eingeschränkt werden, wenn jemand sich selbst oder andere Menschen gefährdet und/oder durch eine psychische Erkrankung oder geistige Behinderung nicht über die Fähigkeit zur selbstständigen Lebensführung verfügt. Dann kann das zuständige Amtsgericht für die jeweilige Person eine Betreuung durch andere einrichten.

Menschen mit geistiger Behinderung stehen in diesem Zusammenhang in einem besonderen Raum. Je nach Erkrankung werden sie als nicht urteilsfähig eingestuft. Damit entscheiden gesetzliche Vertreter in allen oder – nach dem Erforderlichkeitsgrundsatz – in bestimmten Bereichen für den betroffenen Menschen. Häufig führt das dazu, dass dies mit einer Haltung einhergeht, Menschen nicht in Entscheidungen einzubinden und/oder ihre Äußerungen und Bedürfnisse nicht ernst zu nehmen. Gerade, wenn es um Fragen im Zusammenhang mit Sterben, Tod und Trauer geht, werden Menschen mit Behinderungen oft nicht wahrgenommen und in Entscheidungsprozesse einbezogen. Selbstverständlich möchte ich damit nicht die grundsätzliche juristische Vollmacht, die in diesen Fällen sinnvoll und überlebenswichtig ist, anzweifeln. Ich möchte jedoch klar darauf hinweisen, dass diese Vollmacht nicht beinhaltet, unbeschränkt entscheiden zu dürfen. Entscheidungen müssen immer »im besten Interesse der Betroffenen«, auf Prozessen der Entscheidungsfindung für die Betroffenen beruhen, um an ihrer Stelle für sie zu bestimmen. Im Hinblick auf Sterben, Tod und Trauer bedeutet dies, dass Entscheidungsträger*innen über Fachwissen zum Themenkomplex verfügen und sich zudem selbstkritisch reflektieren sollten.

Die Angst zu überfordern – zu schaden

Warum wir eine Selbstbestimmung für Menschen mit geistiger Beeinträchtigung im Zusammenhang mit Sterben, Tod und Trauer da, wo diese möglich wäre, häufig nicht zulassen, kann verschiedene Ursachen haben. Es kann mit eigenen Ängsten, Wissenslücken, negativen Erfahrungen, der Struktur in der Familie oder im Wohnheim zusammenhängen. Es ist auch nicht immer die Erkrankung selbst, die manchmal schnell vorgeschoben wird, um Menschen mit Behinderung Diagnosen oder den Tod eines lieben Menschen nicht mitzuteilen, sie von schwer erkrankten Menschen fernzuhalten, ihnen den Abschied am Sterbebett zu verwehren oder sie von Trauerfeiern auszuschließen. Aus Angst, sie zu überfordern oder um sie vor schlimmen Erfahrungen zu schützen, reagieren Entscheidungsträger*innen häufig mit Ablehnung oder Unbehagen, wenn es darum geht, Menschen mit Behinderung in Abschiedsprozesse und Rituale zu involvieren oder sie wenigstens zu ihrer eigenen Meinung zu befragen.

Die Sorge, etwas Falsches zu sagen oder zu tun, die Angst vor Fehlentscheidungen, führt häufig auch dazu, unbewusst oder bewusst nur »halbherzige« Aufklärung anzubieten, um dann zu sagen, dass man es ja versucht habe. Solche »halben Wahrheiten« können gerade für Menschen mit geistiger Beeinträchtigung, die klare und verständliche Informationen benötigen, sehr verwirrend sein.

Falls Sie bemerken, dass Sie auch schon einmal solche Entscheidungen getroffen haben und sich jetzt Vorwürfe machen, möchte ich Sie bitten, nicht zu hart mit sich selbst zu sein. Wir alle sind nur Menschen, und böse Absichten stecken hinter solchen Verhaltensmustern meist nicht, sondern eher Unsicherheit und Sorge um den Ihnen anvertrauten Menschen. Vielleicht können Sie in der nächsten, ähnlichen Situation anders reagieren. Zudem möchte ich Sie an dieser Stelle bitten, für sich zu sorgen. Holen Sie sich die Informationen, die Sie selbst benötigen. Greifen Sie selbst auf Unterstützung (Angehörige, gute Freund*innen, Seelsorger*innen, Trauerbegleiter*innen) zurück. Sie müssen solche schweren Mitteilungen nicht allein machen, wenn Sie sich damit überfordert fühlen. Haben Sie bitte auch keine Angst vor Fehlern. Fehler passieren immer wieder – wenn dagegen auf der anderen Seite Ehrlichkeit und Respekt stehen, können Fehlentscheidungen überdacht und berichtigt werden.

Auswahl und Angebot von Informationen

Menschen mit geistiger Beeinträchtigung sind durch ihre Einschränkungen in vielfacher Weise auf die Fürsorge und ein verantwortliches Handeln ihres sozialen Umfelds angewiesen. Wir müssen bedenken, dass ihnen wichtige Informationen nicht so leicht zugänglich sind. Häufig können sie nicht selbst dafür sorgen, an Informationen zu kommen, weil sie z. B. nicht lesen oder mit den neuen Medien umgehen können oder weil inhaltliches Verstehen durch die kognitiven Einschränkungen schwierig ist und es eine einfachere Sprache braucht. Unsere Vorauswahl an Informationen ist meist geprägt durch unsere persönlichen Werte und Sichtweisen. Damit stellen wir Betroffenen bereits ein eingeschränktes, gefärbtes Wissensspektrum zur Verfügung.

Häufig greifen wir, meist nicht aus bösem Willen, manipulativ ein und verhindern vielleicht eine persönliche Meinungsbildung oder, wie das folgende Beispiel zeigt, durch unsere Vorbewertung die Entwicklung neuer Fähigkeiten.

David (37 Jahre) lebt im Wohnheim. Es fällt ihm nach dem Tod seiner Partnerin schwer, neue Kontakte aufzubauen. In der Begleitung äußert er, dass er sich Beziehungen und Kontakte zu anderen Menschen wünscht. Eine Wandergruppe interessiert ihn. Mutig geht er zu mehreren Treffen und knüpft neue Kontakte. Die Gruppe kommuniziert häufig über WhatsApp. David hat ein älteres Handymodell, welches nicht über eine WhatsApp-Funktion verfügt. Somit fehlen ihm immer wieder wichtige Informationen. In der Begleitung erzählt David, dass er sich ein neues Handy wünscht. In der Einrichtung ist man der Meinung, dass David sowieso nicht damit umgehen könne, deshalb bleibe es so, wie es ist. Nach einem Gespräch mit den Mitarbeiter*innen und dem Vorschlag eines Seniorenhandys mit Smartphone-Funktionen, lassen sich die Betreuer*innen auf einen Versuch ein. Seither nutzt David sehr gern sein neues Handy. Er kann gut damit umgehen und kann seine neuen Kontakte pflegen. Durch Aufklärung und bestimmte Einstellungen im Handy wird auch die Befürchtung, dass ziellose Bestellungen getätigt werden könnten, ausgeräumt.

Das Beispiel macht deutlich, dass wir Menschen mit geistigen Behinderungen manchmal einfach zu wenig zutrauen. Auch sie verändern sich nach einem einschneidenden Verlust. Auch ihnen ist es möglich, dass sie neue Fähigkeiten und Lebensperspektiven entwickeln. Wir müssen ihnen die Chance dazu geben.

Rolle der Stellvertreter*innen

Trauerreaktionen sowie die Bedürfnisse in der Trauer sind individuell, vielfältig und Veränderungsprozessen unterworfen. Darum sollten wir zunächst immer davon ausgehen, dass wir nicht wissen können, was gut und richtig ist für den trauernden Menschen. Meist wissen Betroffene dies selbst nicht und müssen es herausfinden. Dies sollte uns, gerade wenn wir die Rolle eines Stellvertreters für den trauernden Menschen einnehmen, bewusst sein. Wenn es möglich ist, sollten wir in gewissen Abständen in einfacher Sprache immer wieder nachfragen. Die Rolle impliziert nicht, darüber entscheiden zu dürfen, was Menschen mit geistiger Beeinträchtigung *glauben* sollen. Allzu leicht setzen wir Glauben und Wissen über Jenseitsvorstellungen gleich und vermitteln dies Menschen mit geistiger Beeinträchtigung auch so.

Als weiteren wesentlichen Aspekt sollten wir immer wieder kritisch prüfen, ob wir eigene Vermutungen wie Tatsachen behandeln. Nicht nur die Grenzen und Barrieren, die Menschen mit geistiger Beeinträchtigung in die Kommunikation einbringen, müssen einbezogen werden, auch die eigenen. Können Meinungen des trauernden Menschen zum Themenbereich nicht erfragt oder wahrgenommen werden, müssen Entscheidungen, die ihn betreffen, auf anderen Wegen gefunden werden.

Deshalb wäre es wünschenswert, dass der Themenkomplex schon zuvor selbstverständlich zum Leben gehört und in den Alltag integriert wird. Dann muss Wissensvermittlung nicht geballt in einem zeitlich engen Rahmen geschehen. Sprechen Sie in einfacher Sprache offen über die Themen Sterben, Tod, Bestattungsrituale und Trauer. Dieses Grundwissen kann im akuten Fall dann eine wichtige Ressource darstellen. Wenn Sprache nur sehr eingeschränkt genutzt werden kann, suchen Sie nach anderen Möglichkeiten der Wissens- und Erfahrungsvermittlung (Fotos, Besuch beim Arzt, Friedhof, Bestatter).

Nicht einer Meinung sein – Unterstützung bei Entscheidungsfindungen

Wie in anderen Lebensbereichen auch sind diejenigen, die für die Betroffenen entscheiden sollen (Eltern, Angehörige, Betreuer*innen, Team, …) nicht immer einer Meinung, was »im Sinne des Betroffenen« bedeutet. Hier kann es zu Konflikten, Gefühlen von Unzufriedenheit und Missstimmungen kommen. Es kann dann schwierig sein, einen Konsens zu finden. Um bestmögliche Entscheidungen zu finden, sollte die Selbstreflexion an erster Stelle stehen. Jeder muss bereit sein, das eigene Verhalten zu überdenken und persönliche Haltungen kritisch zu hinterfragen. Entscheidungen müssen in einem Prozess erarbeitet werden. Zudem möchte ich dazu ermutigen, im Austausch zu sein mit allen Beteiligten, die Verantwortung übernommen haben für den Menschen mit geistiger Behinderung. Wohneinrichtungen, Schulen, Werkstätten und Institutionen sollten auch daran denken, dass eine kollegiale Beratung sowie regelmäßige Teambesprechungen Entscheidungsprozesse sehr entlasten können. Hier sollten Angehörige ebenfalls einbezogen werden. Bestenfalls konnte dann, wenn gravierende Entscheidungen getroffen werden müssen, schon eine Vertrauens- und Kommunikationsbasis aufgebaut werden und wesentliche Informationen konnten ausgetauscht werden. Eine weitere Möglichkeit, Entscheidungen zu finden, die dem betroffenen Menschen möglichst entsprechen, ist die Nutzung »ethischer Konsile«.

Zudem können Supervisionen in einer solchen Situation ein hilfreiches Instrumentarium sein, um zu ausgewogenen Entscheidungen zu finden und Diskrepanzen zu überwinden. Solche Entscheidungsprozesse sollten vor dem Hintergrund von viel sachlichem Wissen, in neutraler Begleitung und mit einer selbstreflektorischen Haltung auf den Weg gebracht werden. Dazu gehört außerdem, Kritik zuzulassen, ein Feedback von anderen anzunehmen, und vor allem, den anderen zuzuhören, ohne schon vorab zu bewerten. Inanspruchnahme von Unterstützung in Entscheidungsprozessen ist *kein Zeichen von Inkompetenz* sondern von verantwortungsvollem Handeln und sollte auch *von allen* als solches verstanden werden. Meine Erfahrung ist, dass unausgesprochene und nicht ausgefochtene Konflikte die Befindlichkeit aller – auch der Betroffenen selbst – belasten, weil die angespannte Stimmung unterschwellig wahrgenommen wird.

Fortbildungen, Teamtage und Angebote zum Thema

Verlust, Abschied und Trauer gehören unweigerlich zum Leben jedes Menschen. Ausnahmslos werden wir alle einmal sterben. Darum kann es hilfreich sein, sich vorab mit diesen Lebensthemen emotional und sachlich auseinanderzusetzen. Persönliche Ängste und

Fragen können bearbeitet werden. Zudem, so zeigt die Erfahrung, kann Grundwissen uns selbst sowie unser Umfeld entlasten, weil Trauerreaktionen und Prozesse eher verstanden und akzeptiert werden können. Die Auseinandersetzung kann zu einer persönlichen Stärkung und Sicherheit beitragen. Sie kann auch zu der Erkenntnis führen, dass vielleicht noch »Baustellen« offen sind, die möglicherweise fachliche Unterstützung benötigen. Der Zusammenhalt im System kann gestärkt werden. Auf dieser Basis können Abschiede und Übergänge mit weniger Befürchtungen vor- und nachbereitet werden. Ich kann darum nur empfehlen, sich, bevor der akute Fall eintritt, mit diesen Lebensthemen zu befassen. Die Beschäftigung trägt nicht nur zur beruflichen, sondern auch zur persönlichen Bereicherung bei.

Nehmen Sie selbst (ob private oder berufliche Bezugsperson) Seminare zum Themenkomplex in Anspruch. Institutionen und Einrichtungen sollten Möglichkeiten für Menschen mit geistiger Behinderung und deren Angehörige anbieten, diese Lebensthemen aufzugreifen. Informieren Sie über Merkmale des Sterbens, Ursachen für den Tod, mögliche Trauerreaktionen und Bestattungsrituale. Im Kapitel 5 werden wir uns anschauen, wie viele einschneidende Verlusterfahrungen Menschen mit geistiger Behinderung (und deren Angehörige) bereits machen mussten. Nicht immer konnten diese angemessen betrauert werden. Angebote zu diesen Lebensthemen können für Betroffene eine wichtige Chance für eine Nachbearbeitung und zugleich eine Möglichkeit der Vorbereitung auf zukünftige Verluste sein, denn Veränderungssituationen, Lebensübergänge und Abschiedssituationen werden auch weiterhin das Leben begleiten und prägen.

Menschen mit Behinderung spüren Ausgrenzung

Immer wieder habe ich erlebt, dass Menschen mit geistiger Beeinträchtigung sich unendlich verletzt fühlten, weil sie übergangen, ihre Meinung nicht erfragt oder sie ausgeschlossen wurden von wesentlichen Informationen oder Ritualen. Sie waren enttäuscht, wütend, verwirrt, verängstigt, traurig, fühlten sich allein gelassen, beunruhigt, unwichtig. Sie äußerten Gefühle der Einsamkeit, des Ausgestoßenseins, und empfanden das Verhalten der anderen als Vertrauensbruch und zusätzliche Entwertung. Um dieses zusätzliche Leid zu vermeiden, müssen wir Betroffene einbeziehen und verantwortliche Entscheidungen im Sinne des Menschen mit geistiger Beeinträchtigung treffen.

Verantwortliche Entscheidungen treffen

Entscheidungen, die zum Wohl der Betroffenen gefällt werden sollen, dürfen darum nicht unreflektiert oder eigennützig getroffen werden. Es ist deshalb unumgänglich, Entscheidungen *ehrlich und selbstkritisch* zu hinterfragen, Absprachen zu treffen und/oder fachkompetente Personen in Entscheidungsprozesse einzubinden. Menschen mit geistiger Beeinträchtigung müssen, sehr individuell, ihren Fähigkeiten und der jeweiligen Situation angemessen einbezogen sowie informiert werden. Es müssen Wahlmöglichkeiten und größtmögliche Autonomie geschaffen werden. Wir sind dafür verantwortlich, die Würde und das Recht auf Selbstbestimmung von Menschen mit Behinderungen, dem Maße ihrer Erkrankung entsprechend zu erhalten und einem bestmöglichen Umgang mit Sterben, Tod und Trauer Raum zu geben.

Verantwortlich entscheiden bedeutet manchmal auch, persönliche Grenzen zu respektieren. Bitte geben Sie Aufgaben ab, wenn Sie sich überfordert fühlen. Sie sind deshalb, ob in der privaten oder beruflichen Rolle kein Versager, schlechter Mensch oder inkompetent. Wir dürfen nicht vergessen, dass wir selbst Veränderungs- und Abschiedsprozessen, Belastungen ausgesetzt sind, die uns nicht immer und zu jeder Zeit erlauben, hilfreich für andere da zu sein.

Gedanken und Wünsche zu Sterben und Abschied

An dieser Stelle möchte ich dazu ermutigen, mit Menschen mit geistiger Behinderung über ihre Gedanken und Wünsche zu Sterben, Tod und Abschied zu sprechen. Bitte *erfragen* Sie, was jemand sich für sein Sterben oder seine Bestattung wünschen würde. Hören Sie nach, welche Anliegen ihm wichtig sind. Gerade Trauersituationen bieten die Möglichkeit, sich konkreter mit der eigenen, unausweichlichen Endlichkeit zu befassen. Es kann für Betroffene und das soziale Umfeld sehr entlastend sein, zu wissen, dass persönliche Wünsche bekannt sind, respektiert und möglichst umgesetzt werden. Konkrete Traueranlässe und Bezugspunkte erleichtern solche Gespräche häufig, da das Gemeinte durch die gemachten Erfahrungen leichter verstehbar sein kann. Zudem können Fotos und Kurzfilme als Möglichkeiten der besseren Verständigung hinzugezogen werden. So wie es »Patientenverfügungen für Kinder« (USA »Decision Document«, England »Wish Document«) gibt, existieren bereits Patientenverfügungen für Menschen mit einer geistigen Behinderung. Eine Dokumentation ihrer Wünsche kann für sie wichtig und beruhigend sein. Diese Wünsche können durchaus in einer Patientenverfügung festgehalten werden. Auch dies ist ein Signal für Menschen mit Behinderung, dass sie sich ernst genommen fühlen können, auch wenn das Dokument vielleicht keine rechtliche Grundlage sein kann. Kümmern Sie sich also ruhig um die zuvor notwendige Aufklärung und die Ausführung.

Soll das Dokument rechtskräftig und mehr sein als ein »Leitfaden für die Begleitenden«, muss durch einen Sachverständigen bewertet werden, ob eine Einsichtsfähigkeit bei dem Menschen mit geistiger Behinderung vorliegt. Ist die Einsichtsfähigkeit nicht gegeben, kann der*die Betreffende selbst keine rechtskräftige Patientenverfügung verfassen. Für diesen Fall jedoch sieht § 1901a Absatz 2 BGB vor, dass der*die Betreuer*in dessen*deren Behandlungswünsche und mutmaßlichen Willen zu berücksichtigen hat. Betreuer*innen sollten sich darum rechtzeitig mit Fragen befassen, wie Betroffene für sich entscheiden würden, wenn sie dies könnten. Solche Fragen können bei gutem Kontakt, einer vertrauensvollen Beziehung und durch sensible Wahrnehmung Antworten finden.

Eingangs haben Sie schon über die vielfältigen Tätigkeiten der Arbeitsgruppe für Menschen mit geistiger Beeinträchtigung der Deutschen Gesellschaft für Palliativmedizin gelesen. Über die Seite der *Arbeitsgruppe* können Sie neben den unten genannten hilfreichen Broschüren zudem die Hilfen zur Assistenz und Begleitung von Myriel Gelhaus ausdrucken.

Sie können zu dieser Thematik in Ihrer Einrichtung auch einen oder mehrere Projekttage anbieten. Nutzen Sie dazu die genannten Patientenverfügungen und bereiten Sie einen »Wissenspool« zum Thema, den Fähigkeiten der Bewohner oder Mitarbeiter entsprechend, vor. Sie können hierzu z. B. die Unterstützung von qualifizierten Trauerbegleiter*innen, Hospizen oder von Anbietern für Fortbildungen anfragen. Sehr hilfreich können die Informationen der Arbeitsgruppe der Palliativversorgung für Menschen mit geistiger Beeinträchtigung sein.

Anbieter und Fortbildungsmöglichkeiten zum Themenkomplex finden Sie im Anhang des Buchs sowie über die Seite der Arbeitsgruppe der DGP.

Hilfreiches Material

Bayerisches Staatsministerium für Arbeit und Soziales, Familie und Integration/Bayerisches Staatsministerium für Gesundheit und Pflege: Palliative Care und Hospizarbeit in der Behindertenhilfe. Rahmenkonzept: https://www.bestellen.bayern.de/application/eshop_app000009?SID=799629124&ACTIONxSESSxSHOWPIC(BILDxKEY:%2710010516%27,BILDxCLASS:%27Artikel%27,BILDxTYPE:%27PDF%27) (abgerufen 08.02.2019)

Behrens, Friederike/Berlitz, Sarah/Kemmerling, Martin. Im Auftrag des Beirates für Menschen mit Behinderung der Stadt Rheine: Für mich, für dich, für jeden. Eine Broschüre in Leichter Sprache rund um Bestattungs-Vorsorge: http://rheine-bibliothek.de/Portals/0/Broschuere_Leichte_Sprache_Bestattungs-Vorsorge.pdf (abgerufen 29.11.2018)

Bruhn, Ramona/Straßer, Benjamin: Palliative Care für Menschen mit geistiger Behinderung: Interdisziplinäre Perspektiven für die Begleitung am Lebensende. Kohlhammer: Stuttgart 2014

Deutsche Gesellschaft für Palliativmedizin: Eine Stimme geben! Empfehlung der Deutschen Gesellschaft Palliativmedizin, Entscheidungsprozesse von Menschen mit kognitiver Beeinträchtigung am Lebensende zu begleiten: www.dgpalliativmedizin.de/images/Eine_Stimme_geben_Franke_et.pdf (abgerufen 14.01.2019)

Deutsche Gesellschaft für Palliativmedizin: Begleiten bis zuletzt: Was können wir tun, damit es gut wird? 2. überarb. Aufl. 2018: https://www.dgpalliativmedizin.de/arbeitsgruppen/arbeitsgruppe-palliativversorgung-fuer-menschen-mit-geistiger-beeintraechtigung.html (abgerufen 14.01.2019)

Fässler-Weibel, Petra/Jeltsch-Schudel, Barbara: Wer weiß denn, dass ich traurig bin? Paulusverlag: Freiburg/Schweiz 2008

Franke, Evelyn: Anders leben – anders sterben: Gespräche mit Menschen mit geistiger Behinderung über Sterben, Tod und Trauer. Springer: Berlin 2012

Gelhaus, Myriel: Angehörige möchten beschützt werden/Ein Bewohner ist gestorben/Ein Mitarbeiter geht/Muttis Schmetterlingsflügel: https://www.

dgpalliativmedizin.de/arbeitsgruppen/arbeitsgruppe-palliativversorgung-fuer-menschen-mit-geistiger-beeintraechtigung.html (abgerufen 29.11.2018)
Goldmann, Jürgen: Selbstbestimmung am Lebensende für Menschen mit geistiger Behinderung, Patientenverfügung in einfacher Sprache. Lighthouse – Verein für Hospizarbeit, Bonn: https://bonn-lighthouse.de/htm/artikel_091222a.htm (abgerufen 14.01.2019)
Kostrzewa, Stephan: Menschen mit geistiger Behinderung palliativ pflegen und begleiten: Palliative Care und geistige Behinderung. Hogrefe: Göttingen 2013
Patientenverfügung, Hinweise bei der Lebenshilfe: https://www.lebenshilfe.de/de/buecher-zeitschriften/lhz/ausgabe/20093/artikel/Die_neue_Patientenverfuegung.php?listLink=1 oder https://www.saarland.de/dokumente/thema_soziales/Patientenverfuegung_LS_END.pdf (abgerufen 14.01.2019)
Thanatos Bestattung: https://www.thanatos-berlin.de/bestattung-in-leichter-sprache (abgerufen 14.01.2019)
Woodgate-Bruhin, Martina: Wenn Menschen mit geistiger Behinderung sterben: Handlungsansätze für die Sozialpädagogik. Bachelor + Master Publishing: Hamburg 2014

3 Persönliche Haltung in der Begegnung

Ein Grundsatz ist, laut Wikipedia, eine Erkenntnis, Aussage oder Regel, welche die Basis für nachfolgende Überlegungen, Aussagen oder Tätigkeiten bildet. Die Begleitung von trauernden Menschen mit einer geistigen Beeinträchtigung setzt einerseits eine vertrauensvolle Beziehung, Wissen und Eigenreflexion sowie andererseits eine unterstützende, respektvolle und wohlwollende Haltung voraus.

Im folgenden Kapitel möchte ich in Anlehnung an den theoretischen Ansatz der klientenzentrierten Gesprächstherapie von Carl Rogers erläutern, was diese grundsätzliche Haltung im Einzelnen bedeutet. Das humanistische Menschenbild von Carl Rogers, den Menschen als Einheit, als ganzheitliches Wesen (Kognition, Emotion, Motivation) zu sehen und seine Auffassung, dass Menschen auf Beziehungen auf Augenhöhe angewiesen sind, um sich zu entwickeln, sind für mich in der Begegnung mit Menschen mit geistiger Beeinträchtigung wesentliche Grundlagen.

Aus meiner Sicht hängt das Verstehen von trauernden Menschen mit geistiger Behinderung nicht allein davon ab, dass sie sich uns vielleicht schlecht verständlich machen können, sondern ganz wesentlich von unserer Bereitschaft und Fähigkeit, sie verstehen zu lernen. Folgende Grundsätze können eine Basis sein, um in Kommunikation mit Trauernden zu kommen und hilfreich an ihrer Seite zu sein.

Trauer ist ein Lebensthema

Trauer gehört zu unserem Leben und ist notwendig, um einen persönlichen Umgang mit Verlusten und Krisen zu finden, die allen Menschen mit und ohne Behinderung im Laufe ihres Lebens immer wieder begegnen. Menschen durchlaufen permanent Veränderungsprozesse, die Abschiede und Neuerungen mit sich bringen. Damit verbunden sind meist intensive Gefühle. Neben Schmerz und Trauer können dies auch Ängste vor Neuerungen und Veränderungen sein. Im individuellen Trauerprozess können sich Handlungs- und Bewältigungsstrategien entwickeln und ein möglichst selbstbestimmter Umgang mit Gefühlen, Gedanken und Verhaltensweisen, die der Verlust mit sich bringt, sowie Fähigkeiten zur Selbstberuhigung gefunden werden. Wird eine Auseinandersetzung gestattet und gefördert, werden die Betroffenen entsprechend informiert und begleitet, ist immer wieder festzustellen, dass solche Prozesse dazu führen, dass Trauernde – mit geistiger Beeinträchtigung und ohne – auch für andere Verantwortung in Krisenzeiten übernehmen können. Kommunikationsformen verbaler oder nonverbaler Art zu schweren Themen können entwickelt und geübt werden. Auch das Einfordern und die Inanspruchnahme von Unterstützung können erleichtert und selbstverständlicher werden. Letztendlich werden zudem das Selbstbewusstsein und der Mut, persönliche Wege zu gehen, gefördert. Der Trauerprozess kann daher nicht nur den Umgang mit dem aktuellen Verlust ermöglichen, sondern zugleich den Einzelnen wie die Gemeinschaft stärken.

Anna-Maria, 36 Jahre, lebt in einem betreuten Wohnhaus. Anna-Maria zeigt ihre Trauer nach dem Tod der Oma sehr offen. Sie schreit, weint, zieht sich zurück oder läuft unruhig im Haus umher. Sie trägt immer ein Foto ihrer Oma mit sich, dass sie jedem zeigt und dazu sagt: »Das ist Oma, die ist ganz tot. Kommt mich nicht mehr besuchen.« Ihr Verhalten wird akzeptiert. Die Mitbewohner*innen werden von den Betreuer*innen über Trauer und ihren Ausdruck informiert. Es werden besondere Taschentücher verteilt, Anna-Maria bekommt öfter ihr Lieblingsessen, eine Kerze für die Oma wird gestaltet. Anna-Maria bekommt viel Zuwendung von den Betreuer*innen. Dies sind insgesamt Signale, die die anderen Mitbewohner registrieren. Als drei Wochen später Lydia, eine Bewohnerin der Einrichtung, stirbt, schlagen die anderen Mitbewohner von selbst vor, dass ein Foto von Lydia aufgestellt und eine Kerze angezündet werden soll. Zudem wünschen sie zusammen den Film »Imagine« zu schauen, den Lydia immer wieder gern gesehen hat. Eine Bewohnerin reicht einer anderen wortlos eines der besonderen Taschentücher hin, als diese vor Lydias Bild steht und weint.

Respekt

Der respektvolle Umgang beginnt damit, dass wir Menschen mit geistiger Behinderung nicht wie Kinder behandeln. Wir begegnen erwachsenen Menschen, die ihre persönlichen Lebenserfahrungen und Wünsche mit sich bringen. Wir sollten nicht voraussetzen, dass *wir* wissen, was trauernden Menschen mit geistiger Behinderung guttut. Wir müssen es auf sensible, feinfühlige Art herausfinden und respektieren. Es gilt Respekt zu haben vor der Zeit und dem Raum, den Betroffene benötigen, um ihre Bedürfnisse zu erspüren, Umgangsformen für sich zu finden. Entscheidungen benötigen oft sachliches Wissen, welches wir trauernden Menschen ehrlich in einer für sie verständlichen Form zukommen lassen müssen. Respektvoller Umgang bedeutet auch, individuelle, dem*der Betroffenen entsprechende Angebote zu machen und nicht persönlich beleidigt zu sein, wenn diese zurückgewiesen werden. Menschen mit geistiger Beeinträchtigung müssen häufig mit eingeschränkter Selbstbestimmung und Selbstständigkeit leben. Selbst wählen zu dürfen, eigene Ideen zu entwickeln und zu realisieren, bedeutet darum auch eine Stärkung des Selbstwertes und stellt eine wesentliche Ressource im Trauerprozess dar. Ich bin immer wieder beeindruckt, welche häufig ungewöhnlichen Wege Menschen im Umgang mit dem erlebten Verlust für sich finden. Nicht nur in dieser Hinsicht durfte ich viel von Menschen mit geistiger Behinderung lernen. Dafür bin ich sehr dankbar.

Offenheit

Wir sollten trauernden Menschen grundsätzlich signalisieren, dass sie Fragen stellen dürfen, aktuell und auch später immer wieder. Bekommen Trauernde das Gefühl, dass ihren Fragen ausgewichen wird, sie als unangebracht empfunden oder nicht ehrlich beantwortet werden, ist die Konsequenz erfahrungsgemäß, dass das Fragen eingestellt wird. Trauernde spüren sehr schnell, ob das Fragen Sinn macht oder sie mit den Fragen, die sie beschäftigen, allein bleiben und zurechtkommen müssen.

Der Grundsatz der Offenheit wird auch gegenwärtig noch in Teilen der Gesellschaft durch tabuisierendes, restriktives Verhalten und fehlendes Wissen zu Trauerprozessen eingeschränkt. So erlebe ich immer wieder, dass es nicht selbstverständlich ist, dass Kinder in der

Kita über den Tod des Opas oder der Mutter sprechen dürfen und dort Trost und Anerkennung ihres Verlusts erfahren. Wir müssen uns vielleicht auch die kritische Frage stellen, wie wir Trauernde mit geistiger Beeinträchtigung verstehen wollen, wenn Kommunikation in vielen Lebensbereichen auf kurze Mitteilungen reduziert wird, bei denen Aspekte der psychosozialen Situation häufig nicht mehr wahrgenommen werden können und als wichtiges Mittel, den Zustand des anderen zu deuten, verloren gehen.

Begleiter sind Menschen

Niemand macht alles richtig. Begleiter *innen (Angehörige wie Professionelle) sind nur Menschen. Es kann durchaus passieren, dass sich ungewollt Haltungen oder Verhaltensweisen einschleichen, die das bisher vorherrschende, gesellschaftliche Bild festigen, Menschen mit geistiger Beeinträchtigung würden nicht trauern oder müssten in ihrer Trauer nicht ernst genommen, nicht oder nicht ehrlich informiert werden. Unachtsamkeit, Überforderung sowie eigene belastende Erfahrungen und Ängste können solche Haltungen sowie Vermeidungsstrategien auslösen und im schlimmsten Fall dazu führen, dass Unterstützung von Seiten wichtiger Bezugspersonen ausbleibt. Nehmen wir wahr, dass wichtiger Beistand für Betroffene ausbleibt, sollten wir, bevor wir negativ werten, immer auch daran denken, dass Bezugspersonen Menschen mit eigenen Schwächen und Verletzlichkeiten sind, die vielleicht selbst Unterstützung benötigen. Insgesamt können wir als Multiplikator*innen für eine andere Haltung in der Gesellschaft sorgen und dazu beitragen, dass ein gesamtgesellschaftliches Umdenken stattfindet, damit trauernde Menschen mit geistiger Beeinträchtigung in ihrer Trauer nicht allein bleiben und/oder zusätzlich belastet werden.

Wertschätzung

Neben sachlichem Wissen geht es um ein wertschätzendes Menschenbild. Wenn wir Menschen mit oder ohne Behinderung in ihrer Trauer begleiten möchten, sollten wir uns wertfrei und flexibel auf die zuweilen fantasievollen ungewöhnlichen Wege der Betroffenen einlassen und zugleich selbst erfinderisch sein mit den Angeboten, die wir machen.

Vielleicht können wir manchmal Handlungen, Anliegen und Bedürfnisse von trauernden Menschen mit geistiger Beeinträchtigung nicht einordnen oder sie irritieren uns. Ich habe in verschiedenen Begleitungen selbst schon solche Erfahrungen gemacht. Nachdem ich mich auf die außergewöhnlichen Handlungen eingelassen habe, konnte ich im Nachhinein die Bedeutung für den Menschen mit geistiger Beeinträchtigung verstehen und durfte zugleich erleben, dass die Betroffenen einen für sich hilfreichen Umgang mit dem Verlust finden konnten. Niemals hätte ich dieses Angebot so passend für die Trauernden machen können. Allein durch die vertrauensvolle Beziehung, den Raum, die Zeit und die grundlegende gegenseitige Wertschätzung war eine solche Entwicklung möglich.

Der um seine Mutter trauernde Jörg (Frühkindlicher Autismus), forderte mich in der Begleitung auf, mit ihm Sankt Martin zu spielen. Ich sollte als Bettler auf dem Boden sitzen. Jörg, als Sankt Martin, kam vorbei, sprach fürsorglich und mitfühlend mit mir armem Bettler. Er gab mir von seinem Mantel und erzählte zum Schluss, tröstend, dass er selbst auch etwas Schweres erlebt habe, nämlich den Tod seiner Mutter. »Weißt du Bettler, solche Zeiten werden auch wieder anders. Jetzt bin ich ein erwachsener Mann, der Sankt Martin. Ich kann über den Tod und von Mama reden. Früher als ich jünger war, ging das nicht, weil ich so traurig war. Ich kann ohne Mama leben, auch wenn sie mir manchmal fehlt, und ich kann sogar anderen helfen, so wie dir.« Dieses Erlebnis hat mich sehr berührt. Ich habe immer wieder neu großen Respekt vor der Art und Weise, wie Menschen, kleine, große, »gesunde und kranke« ihren Verlust bearbeiten, um damit leben zu lernen.

Wertschätzung bedeutet deshalb für mich auch, dass wir Menschen mit geistigen Behinderungen aufgrund ihrer Behinderung und den damit verbundenen Einschränkungen nicht automatisch von gewissen Bereichen ausgrenzen oder sie von bestimmten Themen fernhalten. Wir zeigen Wertschätzung, indem wir solche Bedingungen schaffen, die notwendig sind, um Teilhabe, Verständigung, Raum und individuelle Bearbeitung zu ermöglichen. Zugleich müssen wir ebenso kritikfähig wie mutig sein und bereit, persönliche wie gesellschaftliche Normvorstellungen und Werte zu überdenken. Darüber hinaus bedeutet Wertschätzung für mich, dass wir keine Bewertungen darüber abgeben, wenn Menschen anders mit ihrer Trauer umgehen als wir selbst oder sie sich anders verhalten, als wir es vielleicht erwarten. Bewertungen, Unverständnis und Missverständnisse können schnell zu unnötigen, zusätzlichen Belastungen für Betroffene führen.

Ehrlichkeit

Wollen wir eine tragfähige, vertrauensvolle Beziehung zu trauernden Menschen mit geistiger Beeinträchtigung aufbauen, ist es aus meiner Sicht unabdingbar, dass wir ehrlich sind. Auch das ist eine Sache des Respekts und der Begegnung auf Augenhöhe, die das Gegenüber wahrnehmen wird. Es bedeutet, Fragen nicht auszuweichen, die vielleicht unangenehm sind, deren Antwort traurig oder erschreckend ist. Wir dürfen keine falschen Antworten geben, weil wir den Betroffenen schonen oder eigene Ängste umgehen möchten, und wir müssen auch nicht auf alle Fragen eine Antwort haben. Ganz einfach und schlicht ehrliche Antworten zu geben, ist das wesentliche Fundament für eine vertrauensvolle Beziehung und Begleitung. Sind Bezugspersonen ehrlich in der Beziehung zu Menschen mit geistiger Beeinträchtigung, kann innere Verbundenheit und Vertrauen wachsen. So können miteinander schwere Lebensthemen angegangen werden. Ich habe häufiger erlebt, dass diese für mich selbstverständliche ehrliche Basis für Menschen mit geistiger Beeinträchtigung neu war und sie sich immer wieder durch Nachfragen vergewissern mussten, ob es bei unserer zu Anfang der Begleitung eindeutig ausgesprochenen Vereinbarung, dass ich ehrlich wäre, bliebe. In einer ehrlichen Beziehung können belastende und quälende Fragen gestellt und Ungewissheiten geklärt werden, die zuvor keinen Raum gefunden haben, wie z. B. »Was kommt nach dem Tod?«, »Tut sterben weh?«, »Muss ich auch sterben?«

> Wir müssen ehrlich sein, wenn wir den Sorgen und Nöten von Menschen mit geistiger Beeinträchtigung gerecht werden wollen. Der *ehrliche* Dialog sollte Grundsatz unserer Beziehung sein. Unterstützung bedeutet, klar und deutlich zu sagen, dass Menschen mit geistiger Beeinträchtigung sich darauf verlassen können, dass wir ehrliche Antworten geben und keine für sie wich-

tigen Informationen zurückgehalten werden. Meine Erfahrung ist, dass dieses klar und deutlich benannte *Versprechen* auf viele Menschen mit geistiger Beeinträchtigung entlastend und beruhigend wirkt. Sie müssen sich nicht zusätzlich Gedanken darum machen, was oder wie viel von dem stimmt, was sie erfahren. Beispielsweise, ob der Schwerkranke jetzt sterbend ist, sie von der Trauerfeier ausgeschlossen wurden oder ob sie nach dem Tod eines Familienmitglieds in eine Wohneinrichtung wechseln müssen. Die Auseinandersetzung mit solchen Spekulationen kostet Trauernde zusätzlich wertvolle Kraft, die sie für die Bearbeitung ihrer Trauer benötigen. Wir können eigentlich mit ganz einfachen Mitteln dafür sorgen, dass wesentliche Kraftreserven erhalten bleiben. Vielleicht sind es unsere eigenen Ängste und Sorgen vor möglichen Reaktionen des Menschen mit geistiger Beeinträchtigung, wenn es um Sterben und Tod geht, die verhindern, dass wir uns darauf einlassen. Dabei kann, wenn wir innerlich bereit sind, gerade durch diese Lebensthemen so viel Nähe zueinander entstehen, die zugleich Distanz zulässt. Um Verständnis sollten wir uns immer wieder neu bemühen, zugleich müssen wir die Trauer in all ihren Facetten aushalten. Auch dazu müssen wir bereit sein, wenn wir trauernden Menschen mit geistiger Behinderung zur Seite stehen wollen.

Kongruenz

Hiermit ist ein »echt« sein, »transparent sein«, wie Carl Rogers es nennt, sich selbst und dem trauernden Menschen gegenüber gemeint. Gefühle und Gedanken dürfen geäußert werden, ohne dass wir als Begleiter*innen werten oder beurteilen. Wir sollten uns darum nicht hinter privaten oder beruflichen Rollen oder Normen verstecken. Es ist die *Begegnung auf Augenhöhe* gefordert. Das ist angesichts der Beeinträchtigungen, die Menschen mit geistiger Behinderung mitbringen, sicherlich für uns als Begleiter*innen die ganz besondere Herausforderung. Auch deshalb ist Selbstreflexion von zentraler Bedeutung. Nicht wir »wissen« und »weisen« den »richtigen« Weg, sondern erst die Haltung, dass die Trauernden mit geistiger Beeinträchtigung und wir als Begleiter*innen gleichberechtigt sind, ermöglicht eine gemeinsame Suche nach Ressourcen und bestmöglichen Lösungen. Wir sollten darum nur das sagen, was wir wirklich fühlen, und uns so verhalten, wie wir sind. Eine *Inkongruenz,* also Signale auf verbaler und nonverbaler Ebene, die nicht übereinstimmen, nehmen gerade Menschen mit geistiger Beeinträchtigung sehr sensibel und feinfühlig wahr. Inkongruentes Verhalten führt dazu, dass trauernde Menschen sich nicht verstanden fühlen, sich gar nicht erst öffnen oder sich wieder zurückziehen.

Eine kongruente Haltung kann die unmittelbare Begegnung »von Mensch zu Mensch« ermöglichen. Diese Basis kann dem trauernden Menschen mit geistiger Beeinträchtigung eine wichtige Stärkung des Selbstwerts ermöglichen sowie neue Lernerfahrungen in seiner aktuellen Lebenssituation eröffnen. Sicherlich ist es nicht einfach und nicht immer möglich, völlig transparent und kongruent zu sein: Dafür sind wir Menschen. Ich glaube dennoch, die grundsätzliche innere Haltung und der ehrliche Wille, diese Haltung anzustreben, werden für den Menschen, dem wir begegnen, spürbar sein und so eine tiefere Beziehung ermöglichen.

Warmherzigkeit und Empathie

Ich bin fest davon überzeugt, dass es in der Begegnung mit trauernden Menschen mit geistiger Beeinträchtigung ebenso wie in Begleitung anderer trauernder Menschen darauf ankommt, dass wir uns »einlassen« auf diese Beziehung und Betroffenen mit ehrlicher Herzenswärme begegnen. Hier sollten wir uns kritisch fragen, ob wir eine solche liebevolle, offene Haltung authentisch aus unserem tiefsten Herzen heraus einnehmen und empfinden können. Aus meiner Erfahrung ist sie die Brücke zum trauernden Menschen. Spüren Menschen, dass wir uns ihnen positiv zuwenden, sie bedingungslos ohne Vorbehalte annehmen, können sie sich mit ihren Sorgen, Ängsten und schambesetzten Themen öffnen. Unsere persönliche, wertfreie Haltung, ein einfühlsames Wahrnehmen, Verstehen und Zuhören kann es ermöglichen, die Welt aus der Sicht und Perspektive des Betroffenen zu sehen und so dessen Werte, Ängste und Bedürfnisse zu verstehen.

Warmherzige, empathische, ehrliche Anteilnahme, ein eigenes offenes Herz und Begegnung auf Augenhöhe wird das Herz der Betroffenen öffnen und es ihnen ermöglichen, Vertrauen zu entwickeln. Dieses

Vertrauen in einer unsicheren Lebenssituation ist die Basis einer respektvollen Beziehung und damit einer hilfreichen, liebevollen Begleitung. Ohne dieses grundlegende, gegenseitige Vertrauen wird eine hilfreiche Unterstützung aus meiner Sicht schwer sein. Von beiden Seiten darf darum auch entschieden werden, diese Brücke nicht zu betreten.

Exkurs: Meine Tochter trauert

Eine Mutter erzählt von der Trauer ihrer Tochter Daria, 43 Jahre, Downsyndrom.

Meine Tochter Daria hat schon einige schwere Verluste hinnehmen müssen. Diese hat sie sehr emotional mit lautem Weinen verarbeitet. Sie hat über diese Trauer nie lange gesprochen.

Vor den Beerdigungen hatte sie wahrscheinlich Angst, denn den Trauerweg von der Kirche bis zum Grab versuchte sie zu umgehen. Das Reue-Essen (Zusammentreffen nach der Trauerfeier, um gemeinsam zu essen und sich an den Verstorbenen zu erinnern – Ritual) war ihr aber immer wieder wichtig. Den Verlust ihrer Großeltern hat sie sehr betrauert, aber nur für kurze Zeit. Dann starb vor acht Jahren ihre fünfeinhalb Monate alte Nichte Carla, die sie nur im Krankenhaus kennenlernen durfte. Nach diesem Tod hat sie wesentlich länger getrauert. Sie hat oft geweint und gefragt: »Warum musste Carla sterben?«

Vor 18 Monaten starb dann ihr über alles geliebter Papa, mein Ehemann. Der Papa war 19 Tage im Krankenhaus. Meine Tochter lebt die Woche über in einem Wohnhaus. Sie war sehr unsicher, ob sie ihn besuchen sollte oder nicht. Mein Mann war ebenfalls ängstlich, da er wahrscheinlich spürte, wohin ihn diese Reise führen würde.

Er meinte, es sei besser, den Besuch noch rauszuschieben. Meine Tochter fuhr dann während des Krankenhausaufenthaltes ihres Vaters mit dem Wohnhaus für eine Woche in die Ferien. Sie hatte während vergangener Urlaube nie zu Hause angerufen. In diesem Urlaub war es anders.

Während dieses Urlaubs rief sie mich täglich an und fragte: »Wie geht es dem Papa?« Meine Antwort lautete: »Es geht so.« Sie war montags gefahren und in der gleichen Woche bekam ich Samstagmorgen den Anruf aus der Uniklinik, ich möge sofort kommen. Als ich dort ankam, war mein Mann bereits gestorben.

Am Abend davor hatte der Arzt uns noch große Hoffnung gemacht. Samstagnachmittag rief meine Tochter wieder an und fragte: »Wie geht es dem Papa?« Ich antwortete schweren Herzens: »Es geht so.« Ich konnte und wollte ihr nicht am Telefon sagen, der Papa ist tot. Ihre Urlaubsbetreuer wurden über den Tod meines Mannes informiert. Meine Tochter wusste es nicht. Dienstagmittag brachte man sie zu mir nach Hause.

Intuitiv hatte sie aber gespürt, was passiert war. Sie stieg aus dem Auto und sagte mir unter bitteren Tränen: »Der Papa ist tot. Ist der Papa tot?« Ich habe nur genickt. Wir lagen uns in den Armen und haben beide nur sehr geweint. Mein Mann war acht Tage in einem Bestattungshaus. Ich habe ihn täglich besucht, meine andere Tochter mit ihrer Familie ebenfalls. Meine kleine vierjährige Enkelin wollte, dass ihre Mama dem Opa das Buch vorlas, das er ihr immer vorgelesen hatte.

Daria wollte nicht mit zu ihrem verstorbenen Papa. Sie hatte wahrscheinlich gar keine Vorstellung, wie sie ihn vorfinden würde, und somit große Angst. Ich habe sie dann auch nicht mitgenommen. Ob das die richtige Entscheidung war, das weiß ich heute nicht mehr.

Dann musste ich auch noch einen Tag mit Daria ins Krankenhaus, da sie plötzlich starke Schmerzen im Unterbauch hatte. Eine körperliche Ursache konnte nicht gefunden werden. Dann kam der Tag der Beerdigung. Daria wurde nach der Beisetzung während des Reue-Essens von zwei Mitarbeiterinnen des Wohnhauses liebevoll begleitet.

Wie sollte unser Leben nun weitergehen? Es war eine sehr, sehr traurige Zeit. Nach ein paar Wochen bekam ich die Adresse von einer Trauerbegleiterin. Meine Tochter und ich bekamen einen Termin bei Frau Witt-Loers, die das Institut Dellanima leitet. Sie wurde für meine Tochter eine ganz wichtige Vertrauensperson. Frau Witt-Loers besuchte auch das Wohnhaus, um den Mitarbeitern die Trauerbewältigung näherzubringen. Dadurch sollte auch mehr Verständnis für die Trauernden, die dort leben, geweckt werden. Ich bin sehr froh, so eine große Unterstützung von Frau Witt-Loers erfahren zu dürfen.

4 Trauerprozesse und Trauerreaktionen verstehen

Vielleicht hofften Sie, in diesem Buch eine »Anleitung« zu finden, wie Trauer Schritt für Schritt abgearbeitet und begleitet werden kann, bis »alles wieder gut« ist. Leider muss ich Sie da enttäuschen. Trauerprozesse sind immer ganz persönliche Wege. Es gibt nicht »die Trauer« im Allgemeinen und auch nicht »die Kindertrauer, Männertrauer, Trauer von Menschen mit Einschränkungen …«. Trauerprozesse sind einzigartig, so wie wir Menschen einzigartig sind. Eine Allgemeingültigkeit für ein bestimmtes Vorgehen gibt es nicht, weder mit noch ohne Behinderung. Jeder Mensch muss als einzigartiges Individuum in seiner Gesamtheit und in seiner aktuellen Situation wahrgenommen und unterstützt werden.

Keine Sorge, dennoch gibt es Orientierungshinweise darauf, welche Unterstützungsangebote hilfreich sein könnten. Vorhandenes Wissen zu Trauerprozessen, Trauerreaktionen und anderen Aspekten rund um den Themenkomplex können entlasten und Verständnis schaffen. Das gilt für die Trauernden selbst und für begleitende Bezugspersonen. Unangemessene, nicht den Bedürfnissen entsprechende Forderungen, ob und wie zu trauern sei, können dadurch zumindest teilweise vermieden werden.

Als Begleitende, ob in privatem oder professionellem Kontext, dürfen wir nicht außer Acht lassen, dass wir die Beziehungs- und Bewältigungsprozesse anderer auf vielfältige Weise mit beeinflussen. Wir sind also im Rahmen unserer Verantwortung aufgefordert, uns immer wieder zu reflektieren, zumal auch wir selbst permanent Veränderungs- und Abschiedsprozessen unterworfen sind.

4.1 Grundsätzliches

Trauer verstehen

Der Verlust eines nahestehenden Menschen ist ein tiefer Lebenseinschnitt, mit oft weitreichenden Konsequenzen für die Menschen, die zurückbleiben. Trauer kann mit intensiven, bisher nicht gekannten Gefühlen, Gedanken und Fragen überfluten. Das kann sehr verwirrend sein, für den Trauernden selbst und für sein Umfeld. Es geht darum, sich an veränderte Lebensumstände anzupassen, Lebensplanungen und Gewohnheiten aufzugeben. Neue Perspektiven müssen häufig erst mühsam entwickelt werden. Menschen erleben sich in einer extremen Ausnahmesituation, oft mit vielen Fragen und Unsicherheiten. All diese normalen Reaktionen auf einen Verlust müssen wir auch Menschen mit geistiger Beeinträchtigung zugestehen und ihnen ihre eigene, ganz persönliche Art des Umgangs damit »erlauben«.

Trauer um Verlorenes und nicht Gelebtes

Trauer entsteht da, wo innere Verbundenheit empfunden wird. Dabei sagt die Dauer der Bindung nichts über die Intensität der Trauer aus. Sprich: Wir können auch schmerzvoll um Menschen trauern, die wir noch nicht lange gekannt haben. Es ist möglich, dass wir um Menschen trauern, die wir nicht kennenlernen konnten. Großeltern zum Beispiel oder den Sänger, den wir so verehren. Dann trauern wir um »nicht gelebte Beziehungen«, darum, dass wir Dinge mit diesem Menschen nicht erleben konnten.

Trauerprozesse sind Veränderungs- und Anpassungsprozesse

Trauer erfasst den ganzen Menschen. Körperlich, seelisch, in seinem Verhalten und in seinem Denken. *Alle* Trauernden sollten deshalb unter ganzheitlichen Aspekten begleitet werden. Gerade in der Begleitung von Menschen mit geistiger Behinderung spielt diese humanistische Sichtweise eine besonders wichtige Rolle. Alle Menschen machen zwangsläufig Verlusterfahrungen. Trauer ist Teil unseres Lebens, eine natürliche Reaktion, die Antwort auf Verlust und ein sehr komplexer Prozess. Unser Lebensweg ist geprägt von kleinen und großen Abschieden. Trauer ist nicht unser Feind. Sie hilft uns, mit Übergängen umzugehen, durch Krisenzeiten zu finden. Übergänge und Anpassungsprozesse sind von Verunsicherungen und anderen intensiven Gefühlen begleitet. Jeder Mensch trauert um seine individuellen Verluste mit seinen ihm eigenen Fähigkeiten. Jeder braucht seine Zeit, um den Verlust zu akzeptieren, sich den neuen Lebensumständen anzupassen und mit den einhergehenden Gefühlen und Gedanken umzugehen, an Körper und Seele zu heilen und sich auf neue Beziehungen einzulassen. Trauer verändert das Verständnis, was wir von uns selbst und unserer Umwelt haben. Vieles wird hinterfragt und neu definiert. Trauerprozesse müssen durchlebt werden und sind von vielen unterschiedlichen Faktoren (Todesumstände, Bindung, Ressourcen, Risikofaktoren, Kultur, Religion, Geschlecht, Finanzen, soziales Netz, eigene psychische und physische Gesundheit, …) abhängig.

Manchmal können frühere Verluste oder alte Lebensthemen im aktuellen Trauerprozess wieder auftauchen.

Ist der Tod absehbar, zum Beispiel durch eine unheilbare Krankheit, setzt der Trauerprozess schon vor dem Tod ein.

Trauer braucht Zeit und Raum

Einen geliebten Menschen werden wir immer wieder schmerzlich vermissen. Trauer kann darum nach dem Verlust ein Teil unseres weiteren Lebens sein. Sie hört nie ganz auf und ist nie wirklich abgeschlossen. Dennoch ist es möglich, wieder zu einem erfüllten Leben zu finden.

4.2 Trauerreaktionen

Mögliche Reaktionen auf einen Verlust

Im Folgenden habe ich beispielhaft einige mögliche Reaktionen gesammelt. Informationen zu Trauerreaktionen können für Betroffene und das soziale Umfeld entlastend sein. Fehlinterpretationen und negative Bewertungen können durch die sachliche Sicht vermieden werden. Menschen erleben als Ausdruck ihrer Trauer häufig ein Chaos von Gedanken und Gefühlen. Dieses Chaos zu ordnen, kann für Menschen mit geistiger Einschränkung besonders mühsam sein. Wir sollten bedenken, dass viele »gesunde« Trauernde sich immer wieder fragen, ob sie noch normal sind, normal denken und fühlen, weil die Wucht und Vielfalt der Reaktionen auf den Verlust so verwirrend sein können.

Intensive, widersprüchliche, verstörende Gefühle

In der Trauer können viele unterschiedliche, sehr intensive und oft widersprüchliche oder verstörende Gefühle wie Schmerz, Traurigkeit, Heiterkeit, Kummer, Nicht-wahrhaben-Wollen, Verzweiflung, Liebe, Neid, Ohnmacht, Wut, Scham, Panik, Freudlosigkeit, Angst, Trauer, Sehnsucht und Dankbarkeit auftauchen. Das Erfahren dieser gewaltigen, gegensätzlichen Gefühle kann verwirrend und beängstigend sein.

Irritierend kann es für die Betroffenen und das Umfeld sein, wenn Gefühlsäußerungen scheinbar nicht zur Situation und zur Mimik passen (Parathymie/Paramimik). Wir sollten nicht glauben, dass nur Menschen mit geistiger Beeinträchtigung in »entgegengesetzter Form«, also z. B. lächelnd, wenn sie traurig sind, auf den Verlust reagieren. Dieses Verhalten kann bei Menschen mit geistiger Behinderung und auch bei sogenannten »gesunden Menschen« vorkommen. Es kann ein Zeichen von Überforderung sein. Leider deutet das soziale Umfeld dieses Verhalten häufig als Indiz, dass der Mensch nicht oder falsch trauert, oder der Betroffene wird nicht ernst genommen. Wenn wir verunsichert sind, sollten wir nicht einfach deuten. Wir können zeigen, dass wir unser Gegenüber ernst nehmen und behutsam nachfragen.

Durch den Verlust zeigt sich vieles plötzlich aus einem anderen Blickwinkel und erschüttert das Selbst- und Weltbild bis ins Tiefste. Selbstsicherheit und das Vertrauen in das Gute, das Positive in der Welt sind häufig verloren und Gefühle von Überforderung können auftreten.

Alle Gefühle haben ihre Berechtigung, auch Wut, Schuld, Neid, Erleichterung und Hass. Zudem können starke Wünsche nach Sicherheit, Nähe, Hoffnung und Zuversicht die Gedanken und Gefühle der Trauernden bestimmen.

Wir sollten Trauernden mit geistiger Beeinträchtigung zudem einen schnellen Wechsel von Gefühlen zugestehen und diesen nicht als ein falsches oder nicht stattfindendes Trauern deuten. Zudem kann es durchaus ein normales Verhalten nach einem Verlust sein, dass Menschen mit geistiger Beeinträchtigung sehr anhänglich sind und Trennungsangst entwickeln. Anhänglichkeit und Trennungsangst kann für Bezugspersonen anstrengend, lästig und manchmal »nervend« sein. Sie sollten jedoch als Ausdruck der Unsicherheit nach dem Verlust verstanden und nicht bestraft oder ignoriert werden. Bitte schauen Sie darum nicht wertend auf das Verhalten und auf Verhaltensänderungen des Betroffenen. Hier können sich Bedürfnisse zeigen, die hinter bestimmten Verhaltensweisen stehen. Häufig kann der Wunsch nach Zuwendung und Sicherheit nicht direkt ausgedrückt werden. Erlauben Sie Trauernden ihre individuellen Gefühle, ihren Seelenzustand. Sie haben das Recht, untröstlich und verzweifelt zu sein und sich verlassen zu fühlen, denn sie haben einen bedeutsamen Menschen verloren.

Alltagsaktivitäten können schwerfallen, die tägliche Pflege oder Essen und Trinken können im Rahmen der Trauer vernachlässigt werden. Emotionale und körperliche Sicherheiten können verloren gehen. Das Körperempfinden kann verändert sein. Menschen erleben, dass ihr Köper ihnen fremd ist oder sie ihn gar nicht mehr richtig spüren. Manche Trauernde ziehen sich aus ihrem sozialen Umfeld zurück. So können Trauernde mit und ohne geistige Einschränkung auf den Verlust reagieren.

Hilfreich kann es für Menschen mit geistiger Beeinträchtigung sein, wenn sie in ihren Alltagsaufgaben bestärkt und Alltagsstrukturen möglichst erhalten und gefördert werden. Gerade, wenn durch den Verlust Gewohntes und Vertrautes weggebrochen ist, kann es hilfreich sein, bewusst zu machen, dass bestimmte Menschen weiter da sind, und zu erleben, dass Dinge geblieben sind und/oder noch getan werden können.

Wut

Viele Menschen empfinden nach dem Tod eines nahestehenden Menschen, Verzweiflung, Wut und Aggression, weil der*die Verstorbene einfach weg ist, sie allein gelassen hat, vielleicht nicht mehr für sie sorgen, sie schützen oder liebevoll für sie da sein kann.

Bitte unterbinden oder sanktionieren Sie den Ausdruck von Wut nicht. Sie sollte sich nicht nach innen richten, sondern äußeren Ausdruck finden. Selbstverständlich dürfen Wutausbrüche nicht gegen die Regel »Andere und sich selbst nicht verletzen und die Gegenstände anderer nicht zerstören« verstoßen. Dennoch wird es genügend Ausdrucksmöglichkeiten geben, die den Fähigkeiten des Menschen mit geistiger Beeinträchtigung entsprechen. Lassen Sie die Trauernden schimpfen, schreien, laut Musik hören, trommeln, stampfen, lassen Sie sie etwas zerstören, Sockenbomben an die Wand werfen. Weitere Möglichkeiten zur Regulation von Wut finden Sie im Kapitel 8.4.
Es ist ein natürliches Bedürfnis, laut zu sein und etwas zerstören, weil das Schicksal ungerecht zu einem ist. Der Schmerz kann so erträglicher werden.

Verwirrende, quälende Gedanken, Grübeln und Schuld

Neben verstörenden, intensiven Gefühlen können verwirrende, quälende Gedanken oder Grübelschleifen Begleiter in der Trauer sein. Gerade, wenn kognitive Einschränkungen bestehen, können diese besonders irritierend sein. Kommen zusätzlich Informationslücken hinzu, können wir uns vielleicht im Ansatz vorstellen, was Menschen mit geistiger Beeinträchtigung erleiden müssen.

Es ist möglich, dass Menschen mit geistiger Beeinträchtigung glauben, am Tod eines Menschen schuld oder mitschuldig zu sein. Hier können Gedanken, für nicht genug Sicherheit gesorgt und durch Versäumnisse oder eigenes Verhalten zum Tod beigetragen zu haben, auftauchen. Menschen können davon überzeugt sein, dass der Tod die Folge von Streit, Hass oder Neid ist. Manche dieser Gedanken erscheinen uns möglicherweise so absonderlich, dass wir sie schnell abwehren und nicht weiter beachten. Ich möchte Ihnen empfehlen, diese Gedanken ernst zu nehmen, mit dem*der Betroffenen darüber zu sprechen. Versichern Sie dem*der Trauernden, dass er*sie keine

Schuld, keine Verantwortung trägt am Tod des Menschen. Erklären Sie in »leichter Sprache« die Todesursache. Häufig ist es auch notwendig zu erklären, dass alles versucht wurde, um den Tod zu verhindern, dass der Tod nicht verhindert werden konnte oder/und dass die Trauernden auch nichts hätten tun können, um den Tod abzuwenden. Verstorbene können auch nicht wieder lebendig gemacht werden.

Sebastian (23 Jahre/Downsyndrom) glaubte, am Tod der Mutter schuld zu sein, weil er immer, wenn er sich über sie geärgert hatte, sein »Unglückslied« für sie sang. Nach dem Tod der Mutter dauerte es Monate, bis er über seine belastenden Gedanken sprechen und entlastet werden konnte.

Schuld kann auch dann entstehen, wenn andere Argumente nicht mehr greifen, Wissen und/oder Informationen zum Geschehen fehlen. Schuldgedanken können dann aus dem Bedürfnis entstehen, den Tod erklären und Ursachen für ihn finden zu wollen. Sie tauchen oft da auf, wo Todesumstände den Betroffenen rätselhaft erscheinen. Gerade bei Menschen mit geistiger Beeinträchtigung entstehen aufgrund von fehlendem Wissen, Verständnis, vorenthaltender Information und der kognitiven Einschränkung Gedankenkonstrukte, die sehr belastend sein können. Darum müssen wir uns viel Zeit für Betroffene nehmen, sie besonders sensibel wahrnehmen sowie behutsam, geduldig und verständlich erklären.

Die Mutter von Sven, 17 Jahre, ist an Krebs gestorben. Sven hat geistige und körperliche Behinderungen. Er versteht zunächst nicht, dass der Tod der Mutter endgültig ist und sie nicht wiederkommen kann. Er hat Informationen aus dem sozialen Umfeld in sein Todesverständnis eingebaut. Sven glaubt daher an einen Teufel, der für das Schlechte auf der Welt verantwortlich ist – so auch den Tod der Mutter. Er betont in vielen Stunden, dass er die Polizei einschalten könne, damit diese den Teufel verhafte und so die Mutter wieder freikomme. Die »Teufelsvorstellung« macht Sven zudem Angst, denn wenn der Teufel die Mutter geholt hat, wen holt er als Nächsten. Sven macht sich zudem Gedanken, wie er sich und seine Angehörigen vor diesem Teufel schützen könne. Insgesamt sind diese Vorstellungen für Sven sehr beängstigend.

Angst

Der Tod eines Menschen kann bei Betroffenen sehr belastende Ängste auslösen. Es kann die Angst sein, selbst sterben zu müssen, Angst um die eigene Gesundheit oder Angst, dass weitere Menschen aus dem Lebensumfeld sterben müssen. In den Begleitungen habe ich immer wieder erlebt, dass solche Ängste sehr ausgeprägt sein können. Zum einen, weil Betroffene um ihre Abhängigkeiten von anderen Menschen wissen, zum anderen, weil Strategien fehlen, um mit Ängsten umzugehen. Manchmal spielen auch Ängste eine Rolle, die sich aus der Fantasie und fehlendem Wissen entwickeln. So erzählte eine Klientin, dass sie ihre Angst, selbst sterben zu müssen, auf keinen Fall zeigen dürfe, damit der Tod nicht käme, um sie zu holen. Schaffen Sie einen vertrauten Rahmen, damit Ängste geäußert werden können. Wiederholte Gespräche, Informationen und andere Angebote können helfen, Ängste aufzulösen.

Körperliche Reaktionen und verändertes Verhalten

Trauernde können auf den Verlust mit Unruhe, Umherlaufen, Gereiztheit, Konzentrationsschwierigkeiten, Müdigkeit, Erschöpfung, Herzschmerzen, Herzrasen, Übelkeit, Bauch- und Magenschmerzen, Essstörungen, Kopfschmerzen, häufigen Infekten oder Schlafstörungen (keinen Schlaf finden, nächtliches Aufwachen, nicht einschlafen können, intensive Träume, Alpträume) reagieren. Weitere Reaktionen auf den Verlust können sein: Rückzug und Isolation, nicht angefasst werden wollen, eine angespannte körperliche Haltung (Verkrampfungen von Händen, Füßen), verkniffenes Gesicht, Zähne aufeinander beißen, Zähneknirschen, Haare drehen, ziehen oder ausreißen, Erstarrung, Depressivität, Aggression, extreme Suche nach Nähe, distanzloses Verhalten, angepasstes Verhalten, Aufmerksamkeits- und Lernschwierigkeiten, regressives Verhalten (bereits Erlerntes nicht mehr können, einnässen, Sprachstörungen, nicht mehr allein Zähne putzen, …), Schuldgedanken. Solche Verhaltensweisen können Reaktionen auf einen Verlust und Signale dafür sein, dass die Betroffenen Unterstützung benötigen.

Bei Menschen mit geistiger Beeinträchtigung vermischen sich Symptome der Erkrankung und Trauerreaktionen. Das Verständnis der Betroffenen für sich selbst und das des Umfelds wird dadurch erschwert. Gerade darum ist es umso wichtiger, Verhaltensänderungen sehr sensibel wahrzunehmen.

Bitte achten Sie grundsätzlich unbedingt darauf, dass Betroffene ausreichend und gesund essen und trinken. Haben Sie den Eindruck, dass es dem Trauernden körperlich (Herzrasen, Gewichtsabnahme, Schlafstörungen, …) nicht gut geht, lassen Sie die Symptome ärztlich abklären.

4.3 Themen der Trauer – Aufgaben der Trauer

Ohne den Gestorbenen weiterzuleben, stellt Menschen vor enorme Herausforderungen. Trauernde Menschen mit geistiger Beeinträchtigung setzen sich auf ihre Art mit den ihnen zur Verfügung stehenden Fähigkeiten und Mitteln mit dem Verlust auseinander. Dieser Prozess kostet körperliche und seelische Kraft.

Es gilt, verschiedene Themen der Trauer zu durchleben, Traueraufgaben zu bearbeiten. Wann, wie lange und wie oft Menschen sich mit den einzelnen Themen befassen, welche Hürden sie dabei bewältigen müssen und welche Unterstützung sie dabei benötigen, lässt sich pauschal nicht sagen. Es kann hilfreich sein, einen Überblick über diese in immer neuen Abwandlungen auftretenden Themen zu haben. Meine Erfahrung in der Praxis mit der Arbeit des Aufgabenmodells zeigt, dass sich Themen überschneiden und einzelne Bewältigungsstrategien häufig zwei oder mehr Themen gleichzeitig einbeziehen.

Der amerikanische Trauerforscher William Worden (2010) unterscheidet vier Themen bzw. Aufgaben der Trauer, die von Chris Paul ergänzt sowie mit Themen von Dennis Klaas und Robert Neimeyer erweitert wurden. Die Themen der Trauer können wiederholt auftauchen und unter anderen Aspekten und Sichtweisen angegangen werden. Der Verlust wird so immer wieder neu in die eigene Lebensbiografie eingeordnet. Das Überleben steht zunächst im Vordergrund.

Den Verlust als Realität akzeptieren und den damit einhergehenden Schmerz zu verarbeiten sind weitere Themen, die im Trauerprozess auftauchen. Menschen mit geistiger Beeinträchtigung müssen sich in einer veränderten Lebenswelt ohne den Verstorbenen zurechtfinden und dem Gestorbenen andere Plätze im eigenen Lebensgefüge geben.

Ball-Jonglage

Ich möchte Ihnen diese Themen in einer von mir abgewandelten und ergänzten Form vorstellen. In meinem letzten Buch habe ich im Zusammenhang mit den Traueraufgaben das Bild der Ball-Jonglage beschrieben. Gern möchte ich es hier wieder aufgreifen. Es geht darum, die Themen der Trauer (Kugeln), die sich den Trauernden (Spieler*innen) stellen, zu bewegen und dabei darauf zu achten, dass die Kugel in der Mitte (Ich – die Existenz, das Überleben) erhalten bleibt. Ist eine Kugel scheinbar aus dem Weg geräumt, kann sie später an anderer Stelle wieder auftauchen. Um eine oder mehrere Kugeln gleichzeitig zu bearbeiten, brauchen Sie das notwendige Rüstzeug (z. B. Wissen, kognitive, emotionale Fähigkeiten, Unterstützung, Zeit, Raum, …). Jonglieren bedeutet, sich zu bewegen, etwas zu bewegen, zu steuern, eine neue Sicht einzunehmen, Reihenfolgen und Muster zu verändern, zu kombinieren, leichte und weniger leichte Muster zu wählen, sich zu üben, in eine Balance zu finden, und vieles mehr. Fakt ist, dass Anfänger in der Ball-Jonglage tatsächlich nur Stunden oder allenfalls einige Tage brauchen, um mit drei Bällen jonglieren zu lernen. Mit vier Bällen dauert der Lernprozess Wochen bis Monate und mit fünf bis sechs Bällen Monate bis Jahre, während derer sich durch Übung die Sinne für das Fangen und Werfen immer mehr verfeinern.

Das Bild macht, so denke ich, deutlich, wie anstrengend der Prozess des Trauerns sein kann. Jetzt stellen Sie sich bitte vor, Sie müssten diese Ball-Jonglage unter erschwerten Bedingungen leisten. Sie sehen schlecht, haben Probleme mit Koordination und Konzentration und es fehlen Ihnen an jeder Hand zwei oder mehr Finger (cerebrale Beeinträchtigungen). Wie schwer der Umgang mit dem Verlust für Menschen mit geistiger Beeinträchtigung sein kann, wird nun vielleicht ein wenig deutlicher. Schauen wir uns an, welche »Bälle« als Aufgaben zu bearbeiten sind.

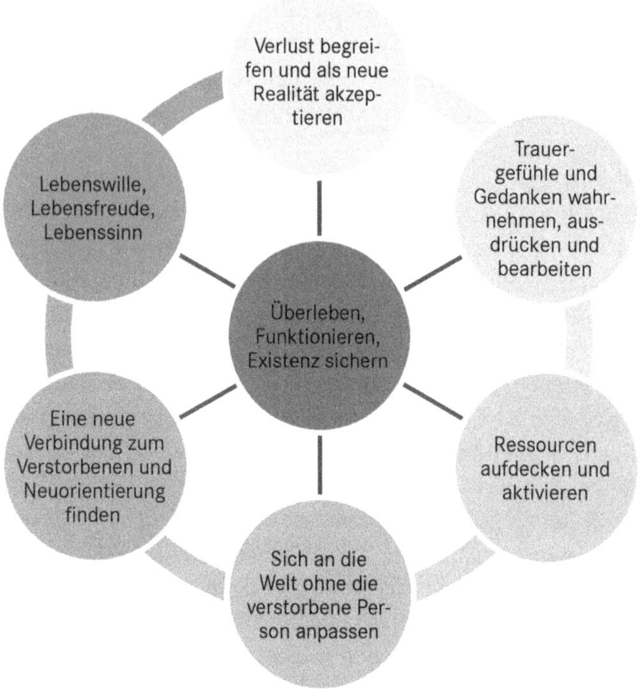

Abbildung 1: Jonglieren mit den Themen der Trauer

Traueraufgabe: Überleben sichern

Die von Chris Paul (Schuld – Macht – Sinn, 2010, S. 86 ff.) formulierte Traueraufgabe »Überleben sichern« bestimmt zu Anfang häufig den Trauerprozess. Gerade, weil Menschen mit geistiger Beeinträchtigung meist lebenslang auf die Fürsorge anderer angewiesen sind, kann der Tod eines nahestehenden Menschen zu existenziellen Sorgen (primäre Bedürfnisse müssen gesichert werden: z. B. Essen, Schlaf, Wohnstätte, Wärme, Sicherheit, Versorgung von Krankheiten und Verletzungen) führen. Das »Überleben« sicherzustellen, kann darum zunächst vorrangig sein. Andere Themen der Trauer können deswegen manchmal erst später oder weniger intensiv bearbeitet werden.

Durch den Tod eines nahestehenden Menschen können für Trauernde mit geistiger Beeinträchtigung innere und äußere Sicherheiten verloren gehen. Betroffene können den Tod eines nahen Menschen als physische und psychische Bedrohung erleben. Enge und wenige Bindungen zu Bezugspersonen lassen häufig existenzielle Abhängigkeiten entstehen. Lebt der Mensch mit geistiger Beeinträchtigung noch in der Ursprungsfamilie, kann der Tod eines Familienmitglieds bedeuten, dass ein Wechsel in eine Einrichtung ansteht. Andere Betroffene fragen sich, wer das Geld zum Lebensunterhalt jetzt verdient oder ob die Mutter oder sie selbst wohlmöglich auch sterben müssen.

Nicht selten kümmern sich enge Bezugspersonen/Angehörige sehr fürsorglich um konstante, bestmögliche medizinische Versorgung der Menschen mit geistiger Beeinträchtigung. Sie nehmen regelmäßig Vorsorgetermine wahr, lassen Hörgeräte oder/und die Brille prüfen, bringen die Betroffenen zur Physiotherapie, zum Zahnarzt usw. Weil sie die Betroffenen meist sehr gut kennen, können sie körperliche und seelische Veränderungen vielfach schneller wahrnehmen, deuten und darauf reagieren als andere Betreuer*innen. Viele Institutionen können eine so umfangreiche Betreuung, wie Angehörige sie oft leisten, selbst dann noch, wenn der Mensch mit geistiger Beeinträchtigung bereits in einer Institution lebt, nicht erbringen. Enge Bezugspersonen sind für Menschen mit geistiger Beeinträchtigung meist auch diejenigen, die Kontaktmöglichkeiten in das soziale Umfeld eröffnen und pflegen. Nach dem Tod einer engen Bezugsperson können viele solcher Unterstützungen wegfallen. Menschen mit geistiger Beeinträchtigung sehen sich darum häufig existenziellen und bedrohlichen Fragen gegenüber, die sie überfordern und sehr ängstigen können.

Unter dem Aspekt des »Überlebens« kann es sein, dass Menschen mit geistiger Beeinträchtigung ihre eigene Trauer zugunsten anderer, stark unter dem Verlust leidender Bezugspersonen, zurückzustellen. Intuitiv versuchen sie, die belastete Bezugsperson zu schonen. Schmerz und Trauer über den Verlust kann dann nachgeholt werden und sich in anderen Zusammenhängen zeigen. Bearbeiten Betroffene später, wenn Bezugspersonen stabil wirken, ihre eigene Trauer, wird diese nicht immer als solche erkannt, ernst genommen, manchmal auch sanktioniert oder negativ bewertet. Leider habe ich in diesem Zusammenhang schon Sätze gehört wie: »Der will sich mit der Trauer um die Mutter jetzt nur aufspielen und Vorteile haben. Sie ist schließlich schon zwei Jahre tot.« Häufig sind sich Bezugspersonen nicht bewusst, welches Ausmaß der Tod für Betroffene annimmt.

Traueraufgabe: Den Verlust als Realität akzeptieren

Den meisten Menschen fällt es schwer, den Verlust als Realität zu begreifen. Zu verstehen, was passiert ist, dass der Mensch gestorben ist, nicht wiederkommen kann, braucht kognitive und emotionale Fähigkeiten, Informationen, Raum und Zeit. Diese Aspekte stehen Menschen mit geistiger Beeinträchtigung nicht immer in vollem Umfang zur Verfügung. Einerseits, weil die kognitiven Fähigkeiten eingeschränkt sind, und auch, weil das soziale Umfeld Information, Zeit und Raum sowie Möglichkeiten, Abschied zu nehmen, nicht immer zur Verfügung stellt. Das erschwert die Bearbeitung der ohnehin schweren Traueraufgabe zusätzlich. Um sich an die neue Lebenssituation anpassen zu können, muss die neue Wirklichkeit, die Realität des Todes, anerkannt werden. Den Verstorbenen *zu sehen, zu fühlen, zu hören,* zu erleben, dass der Mensch gestorben ist, erleichtert es Betroffenen deshalb oft, den Tod des nahestehenden Menschen als eine Tatsache zu begreifen, während es den Trauerprozess erschwert, wenn in keiner Form die Möglichkeit besteht, Abschied zu nehmen. Ein plötzlicher Tod kann das Anerkennen des Verlusts als Realität deshalb schwierig machen.

Menschen mit geistiger Beeinträchtigung verstehen die Realität des Verlustes ihren Fähigkeiten entsprechend. Manchmal geschieht dies nach und nach. Mit den Einschränkungen der Erkrankung und ohne entsprechend aufbereitete Informationen, in einer dem Betroffenen angepassten verständlichen verbalen und nonverbalen Form, kann die neue Realität verwirrend und beängstigend sein. Weil Veränderungen, die der Tod der Person auslöst, wahrgenommen werden und aufgrund fehlender grundlegender Informationen nur mit kognitiven Einschränkungen gedeutet werden können, entstehen häufig verworrene Sichtweisen auf das Ereignis. Daraus können beispielsweise unnötig belastende Schuldgedanken und Ängste entstehen.

> Wir können mithilfe der drei Aspekte des Todesverständnisses, auf die ich im Kapitel 7 noch eingehen möchte, versuchen, zu verstehen, was die Betroffenen bereits verstanden haben. Eine natürliche Reaktion auf einen schweren Verlust ist das *Nichtwahrhabenwollen*. Vielleicht kennen Sie eine solche Reaktion aus eigenen Verlusterfahrungen selbst auch. Selbstschutz vor der fürchterlichen Wahrheit kann hier eine Rolle spielen, wenn wir die Realität zunächst nicht begreifen wollen/können. Selbst dann, wenn wir glauben, die neue Realität akzeptiert zu haben, kann es passieren, dass wir uns erneut vor der Frage sehen, ob der Verstorbene tatsächlich nicht wiederkommen wird. Menschen mit und ohne geistige Einschränkungen können dieses Hadern und Ringen mit der neuen Realität erleben.

Es ist darum erforderlich, die Informationen zum Geschehen nicht nur bei Menschen mit geistiger Beeinträchtigung, (hier aufgrund der kognitiven Einschränkungen noch einmal mehr) mehrfach zu wiederholen und Zeit, auch über Wochen und Monate, für dieses Begreifen zu geben. Wir sollten Gelegenheiten bieten, über das Geschehen, den*die Verstorbene*n zu sprechen, nachzufragen und dann, wenn es noch möglich ist, ein haptisches Begreifen ermöglichen.

Die Realität vorzuenthalten oder sie zu beschönigen ist nicht hilfreich. Betroffene werden trotzdem spüren, dass etwas passiert ist, und verlieren, wenn ihnen das Sterbenmüssen oder der Tod eines nahen Menschen verschwiegen werden, das Vertrauen in ihre Bezugspersonen. Menschen mit geistiger Beeinträchtigung sind auf unsere Informationen darüber, wie eine tödliche Krankheit einen Menschen und seine Fähigkeiten verändert, sowie zum Tod eines nahestehenden Menschen angewiesen, um zu verstehen, warum dieser Mensch nicht mehr zu ihnen kommt, nicht mehr für sie da sein kann.

Ich finde es unglaublich traurig, dass Menschen mit geistiger Beeinträchtigung leider auch heute noch in dem Glauben gelassen werden, dass enge Bezugspersonen sie im Stich gelassen hätten, anstatt ihnen ehrlich zu sagen, dass dieser Mensch nicht mehr da sein kann, weil er gestorben ist. Es ist aus meiner Sicht viel schlimmer, mit dem Gefühl zu leben, verlassen worden zu sein, als zu wissen, dass der nahestehende Mensch sicher weiter da gewesen wäre, wenn er es gekonnt hätte. Wir müssen uns darüber klar sein, dass wir mit einem solchen Verhalten auch die liebevolle, tröstliche Verbundenheit über den Tod hinaus als wichtige Ressource im weiteren Leben verwehren.

Unzureichende oder unklare Auskünfte verwirren und führen letztendlich zu falschen und oft beängstigenden Interpretationen. Ermöglichen Sie darum ein Begreifen des Geschehens. Lassen Sie Menschen mit geistiger Beeinträchtigung teilhaben an Abschieden am Sarg und an der Trauerfeier. Wenn Sie sich selbst mit der Begleitung zu diesen Abschieden überfordert fühlen (gleichgültig, ob Sie Angehörige*r oder Betreuer*in sind), suchen Sie bitte Menschen, die hilfreich unterstützen (Seelsorger*innen, Trauerbegleiter*innen, Institutionen, …). Abschied nehmen zu können, ist auch eine Form, den Verlust zu begreifen. Ganz eindrücklich beschreibt eine Mutter im Anschluss an dieses Kapitel, wie ihr Sohn mit geistiger Beeinträchtigung sich von seinem sterbenden Bruder nach und nach verabschieden konnte. Plötzliche Tode sind gerade so schwer zu verstehen, weil sie völlig unerwartet in unser Leben brechen.
Schließen wir Menschen mit geistiger Beeinträchtigung von Abschiedsritualen, die helfen, den erlittenen Verlust zu akzeptieren – wie Trauerfeier oder Beerdigung – aus, bleiben sie allein mit der Verlusterfahrung, dass da jemand »gegangen« ist, ohne Abschied zu nehmen. Zukünftige Begegnungen mit Sterben, Tod und Trauer können dann mit starken Angstgefühlen, Unsicherheit und Hilflosigkeit besetzt sein.

Abschiede und Trauerprozesse »aktiv« gestalten

Damit ist gemeint, den Abschied und den Prozess der Trauer selbst mitzugestalten. Den Tod können wir nicht verhindern. Eigene Handlungsfähigkeit kann uns jedoch das Gefühl geben, nicht gänzlich ausgeliefert und ohnmächtig zu sein. Dadurch bleibt das Selbstwertgefühl eher erhalten bzw. wird gestärkt. Wir sollten Menschen darum die Gelegenheit geben, noch etwas für Sterbende oder Gestorbene zu tun. Können wir selbst, und seien es noch so kleine Gesten, etwas für den nahestehenden Menschen tun, nimmt uns dieses Tun das Gefühl der Ohnmacht und Hilflosigkeit. Deshalb sollten wir auch Menschen mit geistiger Beeinträchtigung in solche Prozesse einbinden und ihnen Gelegenheit geben, sich zu beteiligen. Zugleich sollten unsere Angebote den Fähigkeiten des Menschen mit geistiger Beeinträchtigung entsprechen. Wir sollten unbedingt darauf achten, nicht zu überfordern, damit die »Entlastung des Tuns« auch empfunden werden kann. Es ist ebenfalls wichtig, über das, was geschieht und was weiter geschehen wird, in angemessener Weise zu informieren.

Es gibt vielfältige Mittel und Wege, Abschiede aktiv zu gestalten, die jedoch zu den Betroffenen passen sollten. Möglichkeiten wären beispielsweise das Aufstellen einer Kerze und/oder eines Fotos, das kreative Gestalten von Kerzen, Herzen, Bildern oder Steinen. Zudem kann für den Sterbenden oder Gestorbenen gesungen, musiziert oder dessen Lieblingsstück gespielt werden.

Es können auch kleine Hilfsdienste für den Sterbenden geleistet werden, wie Tee reichen oder Taschentücher bringen o. Ä. In den Kapiteln 7 und 8 finden Sie weitere Hinweise, die das Verstehen des Todes und der damit in Zusammenhang stehenden Rituale erleichtern können.

Trauergefühle und Gedanken wahrnehmen, ausdrücken und bearbeiten

Verlust bedeutet immer auch Schmerz und Traurigkeit, weil etwas Wichtiges verloren gegangen ist und vermisst wird. Menschen erleben viele unterschiedliche, intensive, manchmal auch sehr widersprüchliche Gefühle nach einem Verlust. Aus meiner Erfahrung unterscheiden sich die Reaktionen von Menschen mit und ohne geistige Beeinträchtigung nicht grundlegend.

Wesentlich scheint mir eher zu sein, dass Trauerreaktionen von Menschen mit geistiger Beeinträchtigung für das soziale Umfeld nicht immer wahrnehmbar (z. B. »Er trauert ja gar nicht«, »Der war schon vorher so verrückt.«) oder als Reaktion auf den Verlust (z. B. »Sie ist unruhig und aggressiv.«) verstanden werden. Zudem bewertet das Umfeld manche Reaktionen (z. B. »Er ist nach dem Tod der Mutter zum Fußball gegangen.«) als unangemessen. Menschen mit geistiger Beeinträchtigung wird darüber hinaus häufig nicht zugetraut, dass sie mit belastenden Gefühlen umgehen können. Die oben benannten Aspekte führen zu Forderungen an den Trauernden oder dazu, dass Unterstützung und Verständnis ausbleiben. Trauernde bleiben dann mit verwirrenden Gefühlen und Gedanken allein. Unter solchen Umständen kann es kaum gelingen, eigene Bewältigungsstrategien zu entwickeln. Die oben genannte Traueraufgabe formuliert, dass schmerzhafte Gefühle durchlebt und verarbeitet werden sollten. Dauerhaft unterdrückte Gefühle und Gedanken können zu körperlichen und psychischen Erkrankungen führen. Betroffene benötigen darum Möglichkeiten, ihre Gefühle wahrnehmen und auf verschiedenste Weise ausdrücken zu dürfen sowie einen ganz persönlichen Umgang mit dem Verlust zu finden.

Jenny, deren Mutter gestorben ist, geht auf meine Frage, was sie tue, wenn sie traurig sei, zu meinem Klavier. »Ich spiele immer wieder mein Trauerlied auf dem Keyboard zu Hause.« Jenny spielt die Melodie zu »Alle meine Entchen« und singt dazu ihren eigenen kurzen Text: »Mama du bist weg. Wärst du doch noch hier. Ich bin traurig ohne dich.«

Ich möchte in diesem Zusammenhang auf meine Erweiterung der Traueraufgaben bezüglich des veränderten Denkens hinweisen. Neben intensiven Gefühlen tauchen im Trauerprozess häufig auch belastende Gedanken und quälende Gedankenspiralen auf. Dieses Denken habe ich auch bei Menschen mit geistiger Beeinträchtigung wahrgenommen. Beispielsweise kreisten die Gedanken eines jungen Mannes immer wieder um die Frage: »Warum hat sie nicht Luft geholt? Ist doch einfach, Luft holen.«

Die Frage nach dem »Warum«, kann inhaltlich ebenso vorkommen wie das Nachdenken über letzte Worte, letzte Stunden, nicht gesagte Worte und/oder Gesten, den verpassten Abschied, Fragen ohne Antwort und/oder Schuld. Gedankenspiralen können sehr anstrengend und quälend sein. In der Begleitung sollten sie deshalb berücksichtigt und Möglichkeiten angeboten werden, einen Umgang damit zu finden.

Wir sollten uns daran erinnern, dass Menschen – ob mit oder ohne geistige Beeinträchtigung – für uns nicht immer offensichtlich trauern und/oder mit Gefühlen auf den Verlust reagieren, die wir nicht erwarten. Dennoch *können* sie trauernd sein! Dies sollten wir ebenso für denkbar halten wie andere Möglichkeiten. Beispielsweise, dass der Mensch nicht trauert oder dass es um eine allgemeine Betroffenheit geht, die der Tod, die Todesumstände an sich ausgelöst haben, und nicht um die verlorene Bindung zum Verstorbenen. Es geht darum, sensibel wahrzunehmen. Wir sollten Trauer nicht erwarten oder aufdrängen. In einem Wohnheim werden nicht alle Bewohner gleich intensiv um einen Betreuer oder Mitbewohner trauern, weil unterschiedlich enge Beziehungen zum Verstorbenen bestanden haben. Nehmen Sie darum jeden Menschen aufmerksam wahr, machen Sie Angebote, die angenommen und abgelehnt werden dürfen. Lassen Sie Raum und Zeit für das, was der Tod eines Menschen auslösen kann.

Ressourcen aufdecken und aktivieren

Um nicht an ihrem Trauerprozess zu zerbrechen, brauchen Trauernde seelische und körperliche Kraft. Das bedeutet: Alles, was stärken, erfreuen oder Mut und Zuversicht schenken kann, sollte wahrgenommen, aktiviert und genutzt werden. Aus meiner Sicht ist dies die wichtigste Grundlage, damit Trauerprozesse bearbeitet werden können. Daher habe ich diese Aufgabe den Themen der Trauer hinzugefügt. In der Begleitung kann dafür gesorgt werden, dass das individuelle »Ressourcenregal« mit vielen ganz unterschiedlichen »Gläsern« und »Dosen« gefüllt ist, die je nach Situation und nach Bedarf genutzt werden können. Trauernde brauchen häufig die Ermutigung, diese Kraftquellen zu erschließen und zu nutzen. Nicht immer »erlaubt« das soziale Umfeld selbstverständlich die Nutzung individueller Ressourcen. Gründe hierfür können in der Annahme liegen, dass nur bestimmte Verhaltensweisen in der Trauer angemessen seien und entsprechend sachliches Wissen zu Trauerprozessen fehlt.

Unsere Unterstützung sollte darum ressourcenorientiert sein. Wir sollten Trauernde ermutigen, gut für sich zu sorgen, und sie dabei unterstützen, mögliche potenzielle und für sie stimmige Kraftquellen zu finden. Wir können durch die Stärkung des Selbstwerts und des Selbstvertrauens eine große Unterstützung im Trauerprozess des Betroffenen sein. Viele weitere Hinweise zur Ressourcenarbeit finden Sie im Kapitel 7.

Sich an die Welt ohne die verstorbene Person anpassen

So unterschiedlich wie die Intensität des Trauerschmerzes ist das Ausmaß, in dem der Tod das Leben des Menschen mit geistiger Beeinträchtigung verändert. Beziehungen der Trauernden zu ihrer Umwelt verändern sich. Vielleicht muss nach dem Tod eines Elternteils oder beider Eltern das Lebensumfeld gewechselt werden. Trauernde sind dann in einem Wohnheim nicht mehr das »Kind mit geistiger Einschränkung im Elternhaus«, sondern »Mitbewohner«. Daran geknüpft sind andere Rollenerwartungen und Fähigkeiten, die Neuorientierung, Flexibilität und eine Anpassung in vielen Bereichen erfordern.

Lebensperspektiven für den Menschen mit geistiger Beeinträchtigung verändern sich. Vielleicht schon zuvor befürchtete Sorgen, wie das Leben in einer Einrichtung sein möge – mit dem Wissen, dass es kaum Alternativen zu dieser Lebensperspektive gibt –, können beängstigend sein. Bitte bedenken Sie, dass Menschen mit geistiger Beeinträchtigung auch solche Anpassungen »leisten« müssen. Das kann sehr anstrengend sein, neben dem Schmerz und der Trauer um den Verstorbenen und dem Verlust des Zuhauses.

Anpassungen

J. W. Worden gliedert die Anpassungen, die nach dem Verlust eines nahestehenden Menschen notwendig sein können, in drei wesentliche Bereiche. Mögliche Angleichungen im Alltag bezeichnet Worden als die *externe Anpassung*. Hier muss besonders darauf geachtet werden, dass Menschen mit geistiger Beeinträchtigung nicht Rollen übernehmen, die sie überfordern. Gemeint ist z. B., sich die eigene Trauer zu verbieten, um andere zu schützen, oder der Mutter den Partner ersetzen zu wollen oder den Eltern den verstorbenen Bruder. Die *interne Anpassung* ist in Bezug auf die Selbstwahrnehmung und die eigene Identität zu sehen. Häufig erleben Menschen mit geistiger Beeinträchtigung durch den Tod eines*einer Nahestehenden einen Verlust an Bestätigung, Zuwendung und Schutz. Dies kann zu Störungen des Selbstwertgefühls führen.

Die dritte, sinnorientierte *spirituelle Anpassung* an die durch den Tod veränderte bzw. neu entstandene Umwelt kann eine Angleichung in Bezug auf die eigenen grundlegenden Wertvorstellungen, das Weltbild, den Glauben, den Sinn des Lebens, die Spiritualität erfordern. Glaubensvorstellungen (z. B. »Ärzte retten Leben«, »Gott liebt mich«, »Der Teufel hat die Mama geholt« …)

Katharina, 20 Jahre, im Wohnheim lebend (Vater verstorben, kein Kontakt zur Mutter), erfährt nach dem Tod ihres Freundes eine tiefe Lebenskrise. Sie fragt sich, warum sie noch weiterleben soll. Das Leben sei leer, traurig – und wer interessiere sich schon für ein Mädchen wie sie. Tom sei der einzige Mensch gewesen, auf den sie sich habe verlassen können, der sie echt geliebt habe. Da habe sie auch noch an Gott geglaubt, dass er für sie sorgen und sie schützen würde. Aber der habe sie auch verlassen, sonst wäre Tom jetzt nicht tot.

Eine dauerhafte Verbindung zur verstorbenen Person inmitten des Aufbruchs in ein neues Leben finden

Alle Menschen müssen sterben. Das können wir nicht verhindern. Wir können Trauernde jedoch dabei unterstützen, eine tröstliche, heilende, fortbestehende Verbindung zu Verstorbenen zu gestalten. Beziehung hört nach dem Tod nicht auf, sie darf fortgeführt werden, auf eine andere Art. Menschen mit geistiger Beeinträchtigung brauchen die »Erlaubnis«, dass sie sich weiter mit den Verstorbenen verbunden fühlen, über ihn sprechen, sich an ihn erinnern und ihn weiter stärkend mit auf den Lebensweg nehmen dürfen. Verstorbene bekommen einen anderen, nicht belastenden Platz und dürfen das weitere Leben in anderer Form bereichernd begleiten. Erfahrungen und Erinnerungen an gemeinsam Erlebtes können Trauernde auch im Nachhinein stärken. Der neue Platz sollte die Möglichkeiten, sich ein anderes Leben aufzubauen, offen halten und nicht ausschließen. Daher sollten wir darauf achten, ob Menschen mit eher positiven oder überwiegend negativen Anteilen mit den Verstorbenen verbunden sind.

Kerstin hat bisher bei ihrer Mutter gelebt. Nach dem Tod der Mutter ist ihr neuer Lebensplatz ein Wohnheim. Hier zieht sie sich sehr zurück, ist scheu und lässt sich auf Kontaktangebote nicht ein. In der Begleitung wird deutlich, warum. Die Mutter hatte ihr zu Lebzeiten immer wieder gesagt, dass sie sich nicht mit fremden Menschen einlassen solle. Das könne sehr gefährlich sein.

Robin hat immer wieder verbale, entwertende Übergriffe des Vaters erlebt. Auch nach dem Tod des Vaters »hört« er die Kommentare des Vaters »in mir drin, wenn ich was mache.« Er sagt: »Du musst das gar nicht probieren. Du machst das falsch. Du bist zu doof.«

Äußere, neue Plätze für die Verstorbenen können sein: das Grab, Fotos, ein Erinnerungsort im Haus, ein Musikstück oder Text, bestimmte Gegenstände oder auch eine Pflanze. Innere Plätze können beispielsweise sein: innere*r Begleiter*in, Ratgeber*in, Engel, Beschützer*in. Spirituell können Verstorbene einen neuen Platz in den Jenseitsvorstellungen der Trauernden finden.

Jenseitsvorstellungen

Es gibt keine eindeutige Antwort darauf, was uns nach dem Tod erwartet. Das bedeutet, dass wir frei in unserer Deutung sein dürfen und uns die Vorstellung aussuchen können, die uns am meisten tröstet. Jenseitsvorstellungen dürfen sich verändern. Ganz gleich, welche Vorstellungen jeder für sich findet, es ist wesentlich, diesen persönlichen Glauben zu respektieren und zu würdigen. Selbst dann, wenn uns manche Vorstellungen vielleicht absurd und abstrus erscheinen. Wesentlich ist, dass sie für die Betroffenen tröstlich sind. Das erlebte Leid, das Vermissen der Verstorbenen ist mit der Vorstellung, dass es ihnen dort, wo sie jetzt sind, gut geht, meist leichter zu ertragen.

Bevor Sie Menschen mit geistiger Beeinträchtigung vorschnell Jenseitsvorstellungen aufdrängen, um sie vielleicht zu beruhigen, denken Sie lieber nach und nehmen Sie sich Zeit für Ihre Antwort. Kommt die Frage nach dem Jenseits: »Wo ist Oma jetzt?«, können Sie mit der Gegenfrage: »Was denkst du, wo sie jetzt ist?« antworten. So eröffnen Sie den Betroffenen die Möglichkeit, eigene tröstliche Antworten zu finden. Zugleich erfahren Sie vielleicht auch etwas über beängstigende Bilder. Geben Sie Trauernden die Möglichkeit, ihre eigenen tröstlichen Jenseitsvorstellungen zu finden. Wir sollten unsere eigenen Vorstellungen nicht aufdrängen. Es geht darum, dass Trauernde sich in ihrem Kummer und ihrem Schmerz besser fühlen.

Frank (34 Jahre) lebt bei seinen Eltern. Vor sechs Monaten ist seine Oma gestorben, an der er sehr gehangen hat. Er vermisst sie sehr und fragt immer wieder, ob sie nicht doch wiederkommt. Seine Eltern haben Frank erzählt, dass seine Oma jetzt im Himmel ist und es ihr da gut geht. Als Frank mit seiner Familie in den Urlaub fliegt, schreit er in der Luft und bekommt einen Tobsuchtsanfall. Nach einiger Zeit kann er etwas beruhigt werden, und es stellt sich heraus, dass er untröstlich ist, weil er glaubte, heute die Oma, die im Himmel wohnt, wiedersehen zu können. Er könne sie aber nirgendwo entdecken, obwohl die Eltern doch gesagt hätten, dass die Oma im Himmel sei. Die Eltern reagieren geschockt und können die Tatsachen nicht richtigstellen. Sie erfinden Neues, um Frank zu beruhigen und erzählen, dass die Oma nur gerade jetzt nicht zu sehen sei. Sie sei vielleicht gerade mit den anderen zum Mittagessen an einer anderen Stelle. Diese Erklärungen beruhigten Frank erst einmal, führten aber auf dem Rückflug zu erneuten Enttäuschungen und Aufruhr, weil Frank nicht landen wollte, ohne die Oma gesehen zu haben.

Belastender neuer Platz: Die Verbundenheit zum Verstorbenen muss sich wandeln und zurücktreten dürfen. Fotos dürfen beispielsweise weggeräumt oder der Friedhof weniger häufig besucht werden. Wertungen wie »Du hast deine Mutter wohl schon vergessen« sollten unterbleiben. Löst die bleibende Verbundenheit mit Verstorbenen mehr negative Gefühle aus, sollten positive Verbindungen und Erinnerungen gefunden werden.

Erinnerungsstücke: Bitte sorgen Sie dafür, dass Menschen mit geistiger Beeinträchtigung gefragt werden, ob und welche Erinnerungsstücke sie gern aufheben möchten. Leider werden diese Menschen hier sehr häufig übergangen. Erinnerungsstücke, die *selbstbestimmt* ausgesucht wurden, erleichtern die fortgesetzte Beziehung zu Verstorbenen und können Trost spenden. Nur die Betroffenen selbst können wissen, welche Gegenstände sie positiv stärkend mit dem Verstorbenen verbinden. Für Außenstehende können solche Erinnerungsgegenstände wertlos erscheinen. Wir sollten nicht darüber urteilen, welche Erinnerungen wichtig und welche unwichtig sind.

Sinnfindung

Der Tod eines nahestehenden Menschen mit seinen lebensverändernden Einschnitten löst meist eine Auseinandersetzung mit Sinnfragen aus. Gerade, wenn Menschen sterben, von denen der Trauernde emotional und/oder im praktischen Alltag abhängig war, kann es um die Suche nach dem Sinn dieses Todes gehen. Religiöse oder kulturelle Werte werden in Frage gestellt: »Warum hat Gott erlaubt, dass mein Bruder stirbt?«, »Gott kann kein guter Gott sein.«, »Warum musste meine Mutter sterben?«, »Ohne ihn kann ich nicht weiterleben.«, »Warum habe ich immer Unglück?«, »Warum lebe ich noch?«

Meine Erfahrung ist, dass Betroffene sich entlastet fühlen, wenn sie die »Erlaubnis« von außen bekommen, dass auch solche Auseinandersetzungen sein dürfen. Es erscheint mir wichtig, dass Trauernde dem Verlust einen eigenen Sinn zuschreiben: »Meine Mutter ist gestorben, damit ich mit Marco im Wohnheim zusammenleben kann.« Auch hier sollten wir uns mit persönlichen Deutungen und Wertungen zurückhalten. Es geht darum, dass der Betroffene eine für sich tröstliche Sicht entwickeln kann, die sich auch verändern darf.

Exkurs: Abschied von Dominik – Eine Mutter erzählt

Mein Name ist Carmen. Ich bin Mutter von drei Kindern. Vor neun Jahren mussten wir uns von unserem Dominik verabschieden. Dominik ist mein mittlerer Sohn. Marvin, sein jüngerer Bruder, ist zu früh geboren und hat eine leichte geistige Behinderung. Ich möchte von der Zeit des Verstehens, des Begreifen und des Abschieds von Dominik erzählen.

Dominik war ein normaler Junge. Er ging in die Schule, hatte viele Freunde und war sehr beliebt bei allen. Er mochte Geckos und Rosen in seinen Lieblingsfarben rot und gelb. Eines Tages bekam er starken Husten und fühlte sich nicht gut. Wir fuhren zum ärztlichen Notdienst, wo wir einige Zeit warten mussten, um dann in ein Krankenhaus mit Kinderstation zu fahren. Dort bekam Dominik alle notwendigen Untersuchungen, die aber keinen Befund ergaben. Sein Zustand verschlechterte sich zusehends. Zwei Tage später fiel Dominik ins Koma und wurde in eine Uniklinik verlegt. Vorher wurde er allerdings noch reanimationspflichtig, ganze 20 Minuten! Kaum, dass sie ihn wiederbelebt hatten, wurde er weggeflogen. Er kam in eine naheliegende Uni-Klinik. Dort angekommen, sagte man uns, dass Dominik eine Sepsis habe. Nach drei Tagen wollten sie ihn aus dem künstlichen Koma wach werden lassen. Sein Gehirn schwoll an und schaltete sich dann selbst ab. Es dauerte noch eineinhalb Wochen, bis wir die Maschinen abstellen durften.

Marvin spürte die ganze Zeit, dass etwas nicht stimmte. So verändert kannte er Dominik nicht. Anfangs wollte Marvin nicht mehr mit ins Krankenhaus. Wir sprachen jeden Tag über Dominik. Als er dann in der Uniklinik war, kam Marvin auch wieder mit. Er durfte noch nicht mit auf die Intensivstation, dafür war er noch zu jung mit 11 Jahren. Eines Tages kam ich von der Klinik mit einer schweren Aufgabe nach Hause. Marvin war nicht mit gewesen, da er in der Schule war. Ich musste ihm sagen, dass wir unseren Dominik nie mehr mit nach Hause bekommen würden. Ich musste ihm sagen, dass Dominik sterben würde. Marvin war sehr wütend und sagte: »Na toll, dann weiß ich noch nicht mal, wo er beerdigt wird.« Ich versprach ihm, dass er alles, was er wissen wollte, erfahren würde und dass er mitentscheiden dürfe. Das beruhigte ihn. Am nächsten Tag fuhren wir gemeinsam zur Uniklinik. Gegenüber der Klinik war ein Elternhaus, in dem wir dann die nächsten Tage blieben. Wir wussten nicht, wie viel Zeit wir hatten, um uns von Dominik zu verabschieden. Marvin ging mit einem Mitarbeiter des Elternhauses und mir in die Klinik. Dort warteten die Ärzte und Schwestern auf uns. Sie hatten mit unserem Hausarzt gesprochen. Er hat sie gebeten, Marvin zu seinem Bruder zu lassen, damit er später verstehen könne, was mit Dominik passiert war. Ab diesem Zeitpunkt durfte Marvin mit zu seinem Bruder. Die Schwestern beantworteten alle seine Fragen. Jedes Mal nahm sich eine von ihnen viel Zeit für Marvin. Das gab ihm Sicherheit. Er fragte oft das Gleiche, weil er die Informationen nicht so schnell aufnehmen und begreifen kann. Nach und nach konnte er jedoch alles verstehen und sogar selbst erzählen.

In der Zeit, in der wir nicht bei Dominik sein konnten, überlegten wir, was Dominik im Sarg tragen sollte. Wir legten die Sachen gemeinsam zurecht. Das T-Shirt, die Jacke, die Hose und selbst die Winterschuhe, denn es war ja Februar. Marvin hatte und hat seine Art der Trauer. Es war ihm z. B. wichtig, von Dominiks MP3-Player die Musik zu bekommen. Der MP3-Player sollte mit in den Sarg. Es machte ihn ganz hilflos, weil er nicht wusste, wie er an die Musik kommen sollte, denn der MP3-Player war in der Klinik. Marvin sagte, er könne Dominik ja nicht fragen, er könne ja nicht mehr antworten. Erst als wir den MP3 aus der Uniklinik mitnahmen und Marvin sich die Musik runterladen konnte, wurde er ruhiger. Marvin trug Dominiks T-Shirts. Das tat ihm wohl gut. Dominik brauchte sie ja nicht mehr. Am Tag, bevor wir die Maschinen abstellen durften, packte

Marvin die Kleidungsstücke ein, die wir ausgesucht hatten und die Dominik im Sarg tragen sollte. Die Kleider sollten schon griffbereit in der Klinik liegen.

Nachdem die Maschinen abgestellt waren und Dominik aufgebahrt war, musste Marvin nachsehen, ob Dominik die Kleider auch wirklich anhatte. Er war ganz erstaunt, dass die Schuhe fehlten. Die lagen noch neben seinem Bruder im Bett. Marvin schaute Dominik an und sagte, so schlecht sehe er ja gar nicht aus. Wir konnten dann ruhig nach Hause fahren.

Wir fuhren den gleichen Abend noch zusammen zu einem Bestatter und suchten gemeinsam den Sarg für Dominik aus. Auch das Kissen und die Decke. Marvin wünschte sich, dass um Dominik Rosen in rot und gelb gelegt werden sollten.

Wieder zu Hause angekommen, besprachen wir, was wir Dominik auf seinen letzten Weg mit in den Sarg legen wollten. Für Marvin waren folgende Sachen sehr wichtig: sein Handy, sein MP3-Player, sein Schmuck, die Brille, die Bravo, die er im Krankenhaus haben wollte, aber nicht mehr lesen konnte. Und sein letztes Zeugnis, das er selbst nicht mehr gesehen hatte. Es gab drei Tage vor seinem Tod Halbjahreszeugnisse. All diese Dinge legten wir wieder zusammen. Für Marvin war es sehr wichtig, alles mitzugestalten und mitzuentscheiden. Er konnte sich in den Zeiten dazwischen ablenken. Er wirkte ruhig und sicher. Als Dominik im Sarg in die Kapelle gebracht wurde, fuhren wir hin. Marvin wollte nachsehen, ob sein Bruder auch wirklich darin wäre. Wir nahmen die Sachen für Dominik auch mit. Das Erste, was Marvin machte, als er Dominik im Sarg sah, war zu prüfen, ob er seine Schuhe jetzt anhatte. Dominik hatte die Schuhe an. Die unendliche Erleichterung in Marvins Gesicht konnte jeder sehen. Dann stellte Marvin fest: »Dominik sieht aber ganz schön scheiße aus. So blass. Und er ist ganz schön kalt.«

Am Tag der Beerdigung war Marvin ganz ruhig. Er erzählte allen, die er traf, was Dominik mit im Sarg hatte und welche Kleidung er trug. Egal, ob die Leute es hören wollten oder nicht. Marvin war es einfach wichtig.

In den Tagen danach fuhren wir täglich zum Grab. Wir gestalteten es gemeinsam in Dominiks Farben rot und gelb. Jedem, den Marvin später getroffen hat, erzählte er von Dominik und seiner

Geschichte bis zur Beerdigung. Wir haben beobachtet, dass die Menschen damit oft sichtlich überfordert waren, dass Marvin so offen über das Leben, das Sterben und den toten Dominik gesprochen hat. Ihm war es wichtig zu sprechen, zu berichten, etwas von Dominik zu erzählen.

Heute, neun Jahre danach, kann Marvin ein anderes Leben ohne seinen Bruder führen. Wir fahren noch immer regelmäßig zum Friedhof. Und wir haben Rituale in unser Leben integriert. Vor und nach jeder längeren Autofahrt oder nach dem Urlaub fahren wir zum Friedhof und zünden eine Kerze an. Und bei jeder Feier sind die Farben rot und gelb in unserer Dekoration. So haben wir das Gefühl, Dominik immer bei uns zu haben.

Damals gab es einige Leute, die mir gesagt haben, ich sollte Marvin nicht so viel darüber erzählen, was mit Dominik ist. Er könne es ja eh nicht verstehen. Heute bin ich froh, nicht darauf gehört zu haben. Marvin kann und darf alle Fragen zu Dominik stellen oder von Dominik erzählen. Ich würde es immer wieder so entscheiden, weil ich ganz fest glaube, dass Marvin und ich gerade dadurch einen guten gemeinsamen Weg für unsere Zukunft gefunden haben und uns nahe sind.

5 Spektrum des Verlusterlebens

Veränderungsprozesse bewusst machen

Übergänge und Abschiede verlangen Loslösung und ermöglichen zugleich die Entwicklung persönlicher Strategien, die helfen, mit schweren Verlusten umzugehen. Diese entfalten sich in Bezug auf die emotionalen und kognitiven Fähigkeiten des Einzelnen und sind immer wieder individuellen Anpassungsprozessen unterworfen (Entwicklungsfortschritte oder Entwicklungsrückschritte). Kleine Verluste und ihre Bearbeitung sind als Lernfelder für den Umgang mit schweren Verlusten wichtig. Auch Menschen mit geistiger Beeinträchtigung benötigen – ihrem persönlichen Rahmen und ihren Möglichkeiten entsprechend – die Erlaubnis, den Raum und die Zeit, Strategien im Umgang mit Verlusten auf ihre individuelle Art zu entfalten. Wir haben nicht das Recht, Menschen mit geistiger Beeinträchtigung die Auseinandersetzung mit existentiellen Erfahrungen zu verweigern und darüber zu bestimmen, ob sie sich mit Fragen, die ihr Leben betreffen, auseinandersetzen dürfen oder nicht.

Im folgenden Kapitel möchte ich noch einmal verdeutlichen, welchen uns nicht immer bewussten Verlusten Menschen mit geistiger Beeinträchtigung ausgesetzt sind.

Von Geburt an sind wir alle immer wieder Veränderungs- und Abschiedsprozessen ausgesetzt. Manchmal ist uns nicht klar, dass wir schmerzhafte Verluste von Beginn unseres Lebens an erfahren. Deshalb möchte ich Ihnen diese Verluste hier noch einmal kurz aufzeigen.

Mögliche Übergänge und Abschiede, die wir bearbeiten müssen, können sein: Die Geburt, weil wir den Mutterleib verlassen müssen. Abgestillt zu werden, die Entwöhnung von der Windel oder dem Schnuller können dazugehören. Die ersten Fortbewegungen, schlafen zu gehen, der Babysitter, die Tagesmutter, die Kita, die Schule, die Übernachtung bei den Großeltern oder Freunden sind insgesamt Lebenssituationen, die mit einer Trennung von Bezugspersonen einhergehen. Der Verlust der Zähne oder des Spielzeugs, das Ende einer Freundschaft, ein Umzug oder die Trennung der Eltern (Reise, Kontaktabbruch, Krankenhaus, Auszug), die Geburt des Geschwisterkindes (mit weniger Zeit und Aufmerksamkeit für das ältere Kind), eine Krankheit, ein Unfall, der Verlust/Verkauf, Krankheit oder Tod eines Haustiers, der Tod eines Menschen, eine nicht gelebte Beziehung, Lebensträume, Lebensperspektiven, Zuneigung, Anerkennung, privater Frieden, Weltfrieden, das alles können Verluste und Abschiede sein, die bearbeitet werden müssen.

Thorstens Mutter stirbt an den Folgen eines Unfalls. Sie war für ihn die Hauptbezugsperson. Nach ihrem Tod kann der Vater die Betreuung aufgrund seiner Berufstätigkeit nicht übernehmen und Thorsten muss gegen seinen Willen in ein Wohnheim ziehen. Acht Monate nach dem Tod hat der Vater eine neue Partnerin, die wenig später zu ihm zieht. Thorsten reagiert seitdem äußerst aggressiv und ablehnend auf den Vater. Die neue Partnerin möchte er nicht kennenlernen. Besuche zuhause lehnt er kategorisch ab, obwohl er zuvor jedes zweite Wochenende mit dem Vater verbracht hat. Er fühlt sich verraten und abgeschoben vom Vater, und zugleich wirft er ihm vor, dass er ihm und der verstorbenen Mutter das Zuhause weggenommen habe. Dem Umfeld ist nicht klar, dass die vielfältigen Verluste, die Thorsten so nah beieinander erlebt hat, ihn überfordern, da er seine Gefühle nicht adäquat ausdrücken kann. Er zeigt seit dem Tod der Mutter meist aggressives Verhalten. Thorsten hat nicht nur die Mutter, ihre uneingeschränkte Liebe und Fürsorge, er hat auch sein Zuhause, seine gewohnte, für ihn sichere Lebensumgebung und die dortigen Kontakte (Bäcker, Nachbarn, Therapeuten, Arzt) verloren. Im Wohnheim muss er sich in einer neuen, unbekannten Gemeinschaft einordnen und ein neues Zimmer beziehen, in dem gewohnte Gegenstände fehlen. An den Wochenenden in seinem früheren Zuhause blüht er auf, findet einen alten, sicheren Rahmen vor, erinnert sich an die schöne Zeit mit der Mutter. Das beruhigt und tröstet ihn. Diese wichtige Ressource verliert Thorsten mit dem Auftauchen der neuen Partnerin des Vaters.

Das alte Zuhause wird umgestaltet, Dinge und Erinnerungen an die Mutter werden weggeräumt. Thorsten wird in diesen Prozess nicht einbezogen. Er fühlt sich außen vor, einsam und empfindet die neue Partnerin als störend. Sie ist der Grund dafür, dass sein altes Zuhause nun auch noch zerstört wird. Im Grunde sind sein aggressives Verhalten und sein Rückzug äußerst verständlich.

Bindungen beachten – nicht vorschnell urteilen

Trauer entsteht dort, wo eine innere Bindung zum Verlorenen bestanden hat. Nicht immer ist für Außenstehende erkennbar, in welcher Beziehung der Trauernde zum Verstorbenen stand. Beziehungsgeflechte durch das Zusammenleben in Wohnheimen, in Arbeitsgemeinschaften, Schulen, mögliche Freundschaften, Partnerschaften und sexuelle Beziehungen von Menschen mit geistigen Behinderungen sind nicht immer von außen einsichtig. Bewerten Sie darum bitte nicht vorschnell, ob der Mensch mit geistiger Behinderung Grund zu trauern hat oder nicht. Wir wissen es nicht und sollten darum erst einmal von beiden Möglichkeiten ausgehen.

Vorverluste, sekundäre und andere Verluste nicht vergessen

Zu trauern hilft uns, sich an die veränderten Lebensumstände, die der Verlust ausgelöst hat, anzupassen. Menschen mit geistiger Behinderung werden, wie alle anderen Menschen auch, mit Veränderungsprozessen konfrontiert und müssen lernen, sich diesen neuen Lebensbedingungen anzupassen. Viele haben bereits eine Fülle von bedeutenden, oft einschneidenden Verlusten hinnehmen müssen und benötigen darum Raum, Zeit und Möglichkeiten, diese Verluste angemessen zu betrauern. Strategien, die aus bereits betrauerten Verlusten entwickelt wurden, können bei neuen Verlusten hilfreich genutzt werden. Betroffene verfügen dann in einer neuen akuten Trauersituation bereits über Sachwissen zum Themenkomplex (z. B. Trauerreaktionen, Möglichkeiten der Hilfe) und haben erfahren dürfen, was ihnen in ihrer Trauer guttut und was nicht.

Unter sekundären, zusätzlichen Verlusten verstehen wir interne und externe Verluste, die durch den Tod eines Menschen ausgelöst werden. Interne Verluste können z. B. die fehlende Zuneigung, Liebe und Unterstützung des verstorbenen Menschen sein. Externe Verluste beziehen sich z. B. auf notwendig gewordene Umzüge und den damit einhergehenden sozialen Kontaktabbruch.

Wichtig erscheint mir dieser Aspekt, um zu verstehen, dass Betroffene nicht »nur« einen Menschen aus dem sozialen Umfeld verloren haben, sondern häufig zusätzliche Verluste überleben müssen. Dabei sind sie angemessen zu unterstützen.

Als Larissas (17 Jahre) Vater im Sterben liegt, muss sie in eine Einrichtung ziehen. Ihre Mutter ist an den Folgen ihrer Alkoholabhängigkeit gestorben. Die Alkoholerkrankung war die Ursache für die geistige Einschränkung von Larissa. Larissa verliert nicht nur ihren Vater durch den Tod, sondern auch ihr Zuhause mit allem, was darin ist. Sie muss die Schule wechseln. Damit einher geht der Verlust von sozialen Kontakten. In einer ohnehin unsicheren Situation bleibt ihr kein stabiler Rahmen erhalten. Larissa kommt in eine ihr völlig neue Umgebung, muss mit vielen gleichzeitigen Verlusten zurechtkommen und sich der neuen Lebenssituation auf vielfältige Weise anpassen. Das ist ein langwieriger und anstrengender Prozess, der Verständnis, liebevolle sowie geduldige Begleitung erfordert.

Wir müssen darum aufmerksam sein und einem trauernden Menschen nicht weitere, vermeidbare Verluste in einer für ihn ohnehin bereits anstrengenden Lebenszeit zufügen. Vermeiden Sie darum bitte Umzüge in der Wohneinrichtung oder den Wechsel des Arbeitsplatzes, *die der*die Betroffene nicht selbst wünscht.* Ein möglichst stabiler Lebensrahmen gibt Betroffenen in einer durch den Tod beunruhigenden Zeit Halt und Sicherheit. Fragen Sie den*die Betroffene*n bitte so gut wie irgend möglich nach seinen Bedürfnissen und Wünschen.

Trennungen und Beziehungsverluste

Menschen mit geistiger Behinderung können meist nicht allein für sich sorgen. Die Familie ist darum oft ein wichtiges Bezugsfeld, und Bindungen zu Familienangehörigen sind demzufolge häufig eng. Beziehungen können aufgrund der geistigen Einschränkung nicht in einen natürlichen Ablöseprozess vom Elternhaus münden, um ein eigenes, selbstständiges Leben aufzubauen und individuelle Zukunftsperspektiven zu entwickeln. Menschen mit geistiger Behinderung müssen, wenn Eltern nicht mehr für ihre »erwachsenen Kinder« sorgen können, in eine Einrichtung wechseln. Sie haben meist kein großes soziales Netz. Kontakte beschränken sich in vielen Fällen auf die Familie, die Einrichtung, die Schule oder Arbeit. Ungewollte Trennungen von Angehörigen, Mitschüler*innen, Betreuer*innen, Mitbewohner*innen können darum als sehr schmerzhaft erlebt werden.

Krankheit und Tod im Wohnheim

Menschen mit geistiger Behinderung erleben neben dem Wechsel von engen Bezugspersonen oder dem Auszug von Mitbewohner*innen zudem Krankheiten, das Sterben und den Tod von Menschen, mit denen sie zusammenleben. Ängste um andere nahestehende Menschen sowie die Sorge um das eigene Sterben und den Tod können dadurch ausgelöst werden. Bedenken Sie bitte: Auch wenn keine enge Bindung bestanden hat, kann durch den Tod im nahen Umfeld die Angst vor der eigenen Endlichkeit zum Thema werden und benötigt Beachtung. Grundsätzlich ist es wichtig, dass Menschen Raum und Zeit bekommen, ihren Sorgen Ausdruck zu geben und sie sich mit ihren Befürchtungen in ihrem Lebensumfeld aufgehoben fühlen dürfen.

Bewusst mögliche Verluste mit in den Blick nehmen

Vielleicht macht die folgende, sicher nicht vollständige Übersicht noch einmal deutlich, wie vielschichtig Trauerprozesse sein können. Leider, und das ist häufig die Realität, erleben Menschen mit geistiger Beeinträchtigung verschiedene Verluste parallel. Manchmal können Schmerz oder/und unbearbeitete Trauer aus Vorverlusten hinzukommen. Aus diesem Blickwinkel heraus können wir vielleicht ansatzweise erahnen, welche Anstrengung Körper und Seele vollbringen müssen. Möglicherweise können wir Betroffenen mit mehr Verständnis, Geduld und Zuwendung begegnen, vielleicht sogar dann, wenn uns ihr Verhalten irritiert oder ärgert.

Mögliche Verluste:

- Trennung von den Eltern (Reise/Krankenhaus/Kontaktabbruch, Auszug/ …)
- Scheidung der Eltern
- Krankheit/Tod eines Elternteils/beider Eltern
- Trennung/Krankheit/Tod von Geschwistern oder anderen Familienangehörigen (Nichte/Neffe/Tante/Onkel/ …)
- Trennung/Tod von Großeltern
- Krankheit/Tod von Freunden der Eltern
- Trennung/Krankheit/Tod eines Haustieres
- Trennung/Krankheit/Tod eines Betreuers*einer Betreuerin
- Trennung/Krankheit/Tod einer Mitbewohnerin*eines Mitbewohners
- Wechsel in eine Einrichtung
- Ende einer Freundschaft
- Ende einer Partnerbeziehung
- Ausgrenzung innerhalb Schule/Einrichtung/Arbeitsplatz/ …
- Verlust des Arbeitsplatzes
- Ende der Beschäftigungszeit – Frührente/Rente (vielleicht aufgrund nachlassender geistiger/körperlicher Fähigkeiten und nicht aus Altersgründen/ …)
- Fortschreitender Verlust geistiger Fähigkeiten
- Fortschreitender Verlust körperlicher Fähigkeiten
- Verlust von Mobilität
- Verlust von Selbstständigkeit
- Trauer um individuelle Einschränkungen (keine Handy- oder PC-Nutzung, nicht ausgehen, nicht allein einkaufen, nicht allein essen, nicht lesen, sich nicht anders ausdrücken können, nicht Sport machen können, …)
- Verlust von Lebensträumen (Unabhängigkeit, Kinder, Reisen, …)
- Trauer um soziale Ausgrenzung
- Trauer, auf Hilfe und Fürsorge anderer angewiesen zu sein und zu bleiben – Trauer um Unabhängigkeit generell
- Trauer um eigene Erkrankung
- Ungewollter Wechsel der Einrichtung
- Ungewollter Umzug innerhalb des Wohnheims

> Menschen müssen mit der Komplexität ihres Verlusterlebens wahrgenommen werden. Sie bedürfen besonderer Aufmerksamkeit und Fürsorge. Bitte informieren Sie Trauernde sowie das soziale Umfeld darüber, dass Auslöser von Trauerprozessen nicht nur der Tod eines Menschen sein können.

Ich möchte Ihnen die oben genannten Verluste mit Erlebnissen aus meiner Praxis veranschaulichen. Behalten Sie bitte in Erinnerung, dass die Menschen bei mir in Begleitung sind, weil sie einen nahestehenden Menschen durch den Tod verloren haben und damit leben lernen müssen.

Cornelia, 38 Jahre, kommt in die Begleitung. Sie ist bereits seit 1,5 Jahren bei mir. Unsere Beziehung ist inzwischen sehr vertraut. Sie wirkt an diesem Tag sehr aufgewühlt, fahrig und unkonzentriert. Sie stolpert bereits beim Hereinkommen und hat es eilig, in den Praxisraum zu gelangen. Sofort nachdem sie sitzt, weint sie sehr heftig und versucht mir etwas mitzuteilen, was ich zunächst durch das starke Weinen und die eingeschränkte Artikulationsfähigkeit nicht verstehen kann. Ich sage ihr, dass sie sich Zeit lassen soll und ruhig erst einmal weinen darf. Das tut sie. Durch die bisherige Begleitung weiß ich, dass Körperkontakt ihr in solchen Situationen meist guttut. So lege ich vorsichtig meinen Arm um ihre Schulter und reiche ihr ein Taschentuch. Sie lehnt sich sofort an mich, nimmt meine Hand, hält sie fest und weint heftig weiter. Nach einiger Zeit beruhigt sie sich etwas. Jetzt kann ich, wenn auch nach mehrmaligem Nachfragen, verstehen, was sie mir erzählen möchte. Carlotta, eine Mitbewohnerin aus dem Wohnhaus, ist plötzlich gestorben. Cornelia hat viele Fragen, die im Wohnhaus keinen Raum gefunden haben. Die Mitteilung vom Tod der Mitbewohnerin war kurz, die Leiterin ist danach schnell verschwunden. Weiterführende Angebote gab es nicht.

Auf alle Fragen, die Cornelia hat, kann ich nicht antworten. Sie weiß bereits aus unseren vorhergehenden Sitzungen, dass ich ihr immer ehrlich antworte und sie mich alles fragen darf. Auch das hat dazu beigetragen, dass wir eine vertrauensvolle Beziehung aufbauen konnten. Cornelia fragt und erzählt: »Warum ist die Carlotta denn gestorben?

Ich möchte gern zur Trauerfeier gehen. Geht das? Die war doch noch jünger als der Papa und nicht alt und nicht krank. Warum ist die gestorben? Ich hab gar nicht gesehen, dass sie krank war. Bei Marie hab ich das gesehen, die war ja auch im Krankenhaus und ist da gestorben. Der Papa auch. Oder hat einer die Carlotta tot gemacht? Wenn die Carlotta jetzt gestorben ist – einfach so, dann kann ich ja auch einfach so sterben. Ich will noch nicht sterben.« (Bei diesen Gedanken weint und leidet Cornelia nochmals sehr heftig.) »Ich will noch leben und bei Daniel bleiben und bei Mama. Ich will auch Ralf noch mal sehen und in Urlaub fahren.«

Vielleicht kann dieser kurze Ausschnitt aus nur einer Stunde dieser langen Begleitung vermitteln, *wie dringlich* die Fragen sind, die auch Menschen mit geistiger Behinderung zu Sterben, Tod und Trauer haben. Wir dürfen Menschen mit diesen Fragen nicht allein lassen. Sie haben das Recht auf ehrliche Antworten und würdige Begleitung.

Bitte bedenken Sie: Menschen stellen die für sie wichtigen Fragen nicht in einem Umfeld, welches Abwehr, Unsicherheit und Unehrlichkeit signalisiert.

Eine Woche nach dem Tod der Mitbewohnerin wird in der Einrichtung ein Tisch mit ihrem Foto und eine Kerze aufgestellt.

Der Bezug zum plötzlichen Ereignis geht hier ein Stück verloren. Es ist für Betroffene – ob mit oder ohne Einschränkung – generell hilfreich, möglichst zeitnah sachliche Informationen und die Möglichkeit für Fragen zu geben sowie Raum für Rituale zu eröffnen. Dieses verspätete Angebot ist sicher besser als kein Angebot. Das verspätete Verhalten kann jedoch zu folgenden möglichen Interpretationen der Bewohner und ihrer Angehörigen führen: »Wir möchten uns nicht mit dem Verlust befassen.«, »Die Mitbewohnerin war es nicht wert.«, »Ihr versteht sowieso nichts.«, »Wir haben die Mitbewohnerin vergessen.«, » Wir haben euch vergessen.«, »Ihr seid es nicht wert, Antworten zu bekommen.«. »Ihr dürft keine Fragen stellen.«, »Wir haben selbst Angst vor dem Thema.«, »Wir sind uns im Team nicht einig.« usw.

Ein weiteres kurzes Beispiel aus der Praxis soll verdeutlichen, wie zusätzliche Verluste Trauerprozesse von Menschen mit geistiger Behinderung erschweren können.

Marita wurde von ihren Eltern von klein auf sehr geliebt und in ihren Fähigkeiten auf vielfältige Art sehr gefördert. Die Eltern engagierten sich auf allen möglichen Ebenen, damit ihre Tochter bestmöglich leben und lernen konnte. Marita lernte Sachen, die Ärzte zuvor nicht für möglich gehalten hätten. So wurde sie beispielsweise zu einer sehr guten Schwimmerin. Sie hatte unglaubliche Freude daran und nahm sogar an Wettbewerben teil. Diese Erfahrungen gaben ihr Selbstvertrauen und stärkten sie in ihrem Selbstbewusstsein. Kurz bevor der Vater, mit dem Marita so gern zum Schwimmen gefahren war, starb, erlitt Marita einen Schlaganfall. Die Folge war der Verlust von verschiedenen körperlichen Fähigkeiten. Schwimmen und weite Reisen, die sie zuvor mit den Mitbewohnern ihrer Wohngruppe und ihrem Partner gemacht hatte, waren mit einem Schlag unmöglich geworden. Beides waren für Marita wichtige Ressourcen, aus denen sie Kraft und Freude schöpfen konnte.

Stellen Sie sich vor, von jetzt auf gleich könnten Sie zwei Dinge, die Ihnen besonders wichtig sind, nie wieder tun. Dazu noch andere traurige Verluste, der Tod eines lieben Menschen und das Angewiesensein auf Hilfe. Wie würde es Ihnen wohl gehen? Vielleicht haben Sie selbst schon eine schwere Erfahrung machen müssen. Dann wissen Sie, wie schwer es sein kann, damit zurechtzukommen.

Für Marita hatte der Schlaganfall viele schwerwiegende Konsequenzen. Hier nur einige:

- Verlust von Selbstständigkeit (z. B. allein keine öffentlichen Verkehrsmittel mehr nutzen können, auch die Nutzung von Treppen war erschwert),
- Nicht mehr allein duschen können, auf Hilfe angewiesen sein,
- Sorge vor einem Umzug im Haus, wenn die Stufen, um zum eigenen Zimmer zu kommen, nicht mehr allein bewältigt werden können,
- Verlust von Freude – kein Schwimmen, keine weiten Reisen …,

- Trennung von der Gruppe und ihrem Partner, mit denen sie bisher (in den Ferien) unterwegs war,
- Kontaktverlust und Ausgrenzung innerhalb der Wohngruppe, weil sie an vielen Tätigkeiten nicht mehr teilnehmen kann – daraus resultiert die Sorge vor dem Verlust des *Freundes.*

Dann kommt der Tod des Vaters, und zugleich belasten die zuvor benannten Verluste und Ängste Marita weiterhin. In der Begleitung zeigt sie ihre Trauer um das Verlorene und auch ihre Ängste, die Zukunft betreffend. Sie weint bitterlich und ist oft verzweifelt. »Wenn ich doch noch so laufen könnte wie früher!«, »Warum passiert mir das alles?«, »Weil ich das alles jetzt nicht mehr kann, verlässt meinen Freund mich auch noch.«, »Wenn der Papa gestorben ist, kann die Mama auch bald sterben.«, »Ich habe Angst.«

Respekt vor dem, was Menschen tragen – ertragen

Vielleicht zeigt dieser kurze Einblick noch einmal, dass wir im Umgang mit Menschen mit geistiger Behinderung besonders sensibel darauf achten sollten, welche zusätzlichen Belastungen Menschen zu bewältigen und was sie bereits erlebt haben. Erlebte Verluste und aktuelle Belastungen benötigen Zeit und Raum.

In den Begleitungen der Menschen mit geistiger Behinderung habe ich immer wieder allerhöchsten Respekt davor empfunden, wie Menschen mit all dem Leid, der Trauer und den Belastungen, die sie erleben, zurechtkommen. Wir sollten uns in der Begegnung ganz *bewusstmachen,* was Menschen schon verloren haben und aufgeben mussten. Vielleicht können wir mit Betroffenen ins Gespräch, in einen Erfahrungsaustausch über Veränderungssituationen, Lebensübergänge und Abschiedssituationen kommen.

Lernerfahrungen, Anteilnahme

In diesem Sinne ist es hilfreich, wenn Bewältigungsstrategien und Anpassungsprozesse auch schon bei »kleineren Verlusten« geübt werden können und dürfen. Es kann helfen, mit schweren Lebenssituationen umzugehen, Trost zu finden sowie tröstlich an der Seite anderer zu sein. Ich persönlich habe immer wieder die Erfahrung gemacht, dass viele Menschen mit geistiger Behinderung sehr sensibel für die Nöte anderer sind und in ganz besonderer Weise trösten können. Sie folgen vielleicht spontaner ihrer Herzenseingebung, formulieren diese oder/und setzen sie in die Tat um.

Ich möchte exemplarisch zwei Begebenheiten erzählen, die mich in der Begleitung von Ingrid, 48 Jahre, sehr berührt haben. Eines Tages in der Begleitung fragt Ingrid, die weiß, dass ich drei Kinder habe und unser Sohn (damals 17 Jahre) noch bei uns lebt, »Wenn du dich hier immer um die Leute kümmerst, denen es nicht gut geht, wer ist dann bei deinem Sohn? Der braucht dich doch sicher auch.« Ich antworte, dass er dann in unserem Haus ist und seine Hausaufgaben macht, wir zusammen zu Mittag essen und uns am Abend wiedersehen. Beim nächsten Treffen kommt Ingrid mit Teilchen und erklärt, dass sie die für meinen Sohn gekauft hat, weil er, wenn ich nicht da bin, ja auch mal etwas Schönes haben muss.

Ein anderes Mal muss ich unseren Termin verschieben, da mein Vater einen Schlaganfall erlitten hat. Beim nächsten Treffen erklärt sie mir, dass es ihr sehr leid tue, was mit meinem Vater passiert sei und dass sie mir helfen wolle. Sie habe sich deshalb in einem Pflegeheim erkundigt, wo sie eine der Ordensschwestern gut kennen würde, um zu fragen, ob dort eventuell Platz für meinen Vater wäre. Vielleicht würde mir die Auskunft helfen. Fortan fragt sie immer wieder sehr einfühlsam, wie es meinem Vater geht. Meine ganz persönliche Erfahrung mit den Menschen mit geistiger Behinderung, die ich kennenlernen durfte, ist, dass sie alle sehr feinfühlig und sensibel Anteil am Schicksal anderer nehmen und auf ganz individuelle Art Mitgefühl zeigen.

Exkurs: Mein Papa ist tot – Eine Frau mit Downsyndrom erzählt

Sandra, 45 Jahre, Trisomie 21, erfährt, dass ich dieses Buch schreibe, und bittet mich, etwas aufzuschreiben, was sie zu ihrer Trauer nach dem Tod des Vaters sagen möchte. Sandra hat vor dem Tod des Vaters schon andere schwere Verluste erlebt und lebt im Wohnheim.

Mein Papa ist tot! Warum musste mein Papa sterben? Ich wollte nicht, dass mein Papa stirbt. Ich vermisse ihn sehr. Wir beide sind viel spazieren gegangen, haben Kniffel, Bingo und Mensch ärgere dich nicht und viele andere Spiele gemacht. Meine Mama, mein Papa und ich sind jedes Jahr nach Reit im Winkl zum Skilaufen gefahren. Im Lift habe ich immer neben meinem Papa gesessen. Ich war manchmal schneller als mein Papa, weil ich gern Schuss gefahren bin. Weil ich ohne Papa sehr traurig war, ist Mama mit mir zu der Stephanie gefahren. Bei ihr habe ich dann geweint und ihr viel erzählt. Sie hat mich getröstet und mir geholfen. Ich freue mich schon auf das nächste Treffen.

6 Trauernde mit geistiger Einschränkung – worauf wir achten sollten

Ich möchte im Folgenden Faktoren in den Blick nehmen, die den Trauerprozess von Menschen mit geistiger Beeinträchtigung beeinflussen können und die in der Begleitung berücksichtigt werden sollten. Diese Faktoren möchte ich unter Berücksichtigung des fachlichen Kontextes zu erschwerten und komplizierten Trauerprozessen, die eine Arbeitsgruppe des Bundesverbandes Trauerbegleitung erarbeitet hat, und den Ausführungen zu erschwerter Trauer des Trauerforschers Kenneth Doka aufzeigen. Vielleicht sind Sie erschrocken, wie viele Faktoren ich hier nenne. Bedenken Sie, dass ich *mögliche* Faktoren aufführe. Sicherlich werden für jede*n Betroffene*n nur einzelne Aspekte zutreffen.

Die sensible Wahrnehmung erschwerender Faktoren kann für eine hilfreiche Begleitung wichtige Hinweise darauf geben, wo und welche Unterstützung angeboten werden sollte. Die Wahrnehmung und Benennung von belastenden Faktoren kann zudem zu Anerkennung und Würdigung im sozialen Umfeld dessen, was Menschen mit geistiger Beeinträchtigung in Verlustprozessen erleben und zugleich bearbeiten, führen. Dies wiederum ist ein wichtiger unterstützender Aspekt im Trauerprozess

Ähnlich wie Johann Wolfgang Goethe mit seinem Spruch »Auch aus Steinen, die einem in den Weg gelegt werden, kann man Schönes bauen« festgestellt hat, können wir, wenn wir potenzielle Belastungsfaktoren erkennen, diese in entlastende Unterstützung wandeln.

6.1 Aberkannte Trauer

Trauer aberkennen – Trauer anerkennen

Betroffenen wird der Trauerprozess erschwert, weil ihre Trauer gesellschaftlich nicht anerkannt ist und sie somit kaum oder keine Unterstützung in ihrer Situation erfahren.

In der Trauerforschung prägte der amerikanische Wissenschaftler Kenneth Doka (2008) den Begriff der »sozial nicht anerkannten Trauer« *(disenfranchised grief)*. Er befasste sich mit der Situation trauernder Menschen, denen das soziale Umfeld den Verlust und die damit einhergehenden Trauerreaktionen abspricht. Zu nennen wären beispielsweise Trauerprozesse nach dem Verlust einer sozial nicht anerkannten Beziehung (Tod des heimlichen Geliebten), nach einer Fehlgeburt, Abtreibung oder vorheriger Trennung vom verstorbenen Partner. Den unten aufgeführten Artikel von Hildegard Willmann und Heidi Müller, der sich mit den Erkenntnissen von Kenneth Doka befasst, möchte ich in meine Überlegungen miteinbeziehen.

Aberkannte Trauer gehört zu den Risikofaktoren, die zu erschwerten Trauerprozessen führen können. Menschen mit geistiger Beeinträchtigung wird ihre Trauer häufig aberkannt bzw. sie wird erst gar nicht erkannt.

Kein Recht auf Trauer – wenn Verluste sozial nicht anerkannt werden, Sozial nicht anerkannte Trauer – disenfranchised grief © Aeternitas e. V., Texte: Hildegard Willmann, Heidi Müller: https://www.gute-trauer.de/inhalt/vortragsmodule_trauer/trauer_sozial_nicht_anerkannt/text_sozial_nicht_anerkannte_trauer.pdf (abgerufen am 17.09.2018)

Trauer nicht wahrnehmen – Trauer wahrnehmen

Trauernde können ihre vielfältigen Gedanken und Gefühle nicht immer in Worte fassen. Das bedeutet jedoch nicht, dass sie nicht fähig sind, zu trauern, dass sie nicht fühlen, nicht leiden. Wir sollten davon ausgehen, dass Menschen durch Verluste, die in ihrem Lebensumfeld geschehen, betroffen sind. Todesfälle im öffentlichen Leben (Sänger, Schauspieler) können auch sehr schmerzhaft sein.

Es geht darum, Menschen als Trauernde wahrzunehmen und ihnen selbstverständlich eine Partizipation an Abschiedsritualen zu ermöglichen.

Trauerreaktionen lassen sich nicht nur verbal wahrnehmen. Weil Menschen ihren Schmerz und ihr Leid nicht immer den Erwartungen des Umfelds entsprechend ausdrücken (können), werden sie häufig nicht in einem ausreichenden Maß als Trauernde wahrgenommen. Bitte beobachten Sie darum sehr aufmerksam Veränderungen im Verhalten, bei Gewohnheiten – sowie körperliche und seelische Signale. Hier können wichtige Hinweise auf Trauerprozesse zu finden sein.

Du hast keinen Grund zu trauern – Du darfst trauern

Kenneth Doka greift in seinen Ausführungen einen weiteren wesentlichen Aspekt auf, der es Menschen mit geistiger Beeinträchtigung schwer machen kann, einen Umgang mit dem Verlust und entsprechende Unterstützung zu finden. Vielfach werden Verluste, die Menschen mit geistiger Beeinträchtigung erleben, vom Lebensumfeld als unbedeutend angesehen. Wir haben im Kapitel 5 gesehen, wie vielfältig Verluste, die Menschen mit geistiger Beeinträchtigung erleben, sein können. Das »Recht auf Trauer und Unterstützung« entfällt, wenn das Umfeld denkt, dass es keinen Grund zu trauern gibt. In diesem Fall werden Trauerreaktionen als »krank« bewertet, sanktioniert und/oder nicht ernst genommen. Folgen können starke Verunsicherung, Verlust von Selbstvertrauen und Isolierung sein. Menschen mit geistiger Beeinträchtigung sind aufgrund ihrer Erkrankung ohnehin gerade in diesen Bereichen durch Reaktionen aus dem sozialen Umfeld geschwächt.

Verena (43) muss mit dem Tod ihres Partners Daniel zurechtkommen. Das Paar mit geistiger Beeinträchtigung lebte mit Hund Rico in einer betreuten Wohneinrichtung. Verena hält sich mit Rico nach dem Tod von Daniel häufig bei ihren Eltern auf. Die Eltern mögen den Hund nicht, sie fühlen sich gestört durch den kleinen Pudel und verlangen von Verena, dass sie Rico in ein Tierheim geben soll, wenn sie weiter zu Besuch kommen wolle. Das könne ja auch nicht so schlimm für Verena sein, denn schließlich ginge es nur um einen Hund, der ohnehin viel Arbeit mache, Haare verliere und stinke. So unter Druck gesetzt, gibt Verena Rico ab und leidet jetzt nicht nur unter dem Verlust von Daniel, sondern auch unter dem von Rico, der ihr in ihrer Trauer Zuwendung und Halt gegeben hatte. Eine wesentliche Ressource im Trauerprozess entfällt für Verena. Ein neuer schmerzhafter Verlust kommt hinzu, der vom Umfeld nicht einmal anerkannt wird. Für Verena bricht nicht nur eine, es brechen viele Welten zusammen.

Manfred trauert um seine Freundin Rita. Die Familie von Manfred hat die Beziehung zwischen den beiden Menschen mit geistiger Beeinträchtigung nie akzeptiert. Rita erschien ihnen zu »dumm« und zu »hässlich« für Manfred. Selbst mit seiner Behinderung hätte er aus ihrer Sicht »etwas Besseres« verdient. Nach dem Tod von Rita kommentiert die Familie den Schmerz von Manfred als nicht angemessen. »Um so eine musst du doch nicht so weinen, Junge, sei froh, dass du sie los bist. Am Ende hätte sie dir noch Stress gemacht.«

Wie können trauernde Menschen mit geistiger Beeinträchtigung unter solchen Umständen aus ihrer Trauer Zuversicht und den Weg ins Leben finden? Wir sollten darum vorsichtig sein mit Bewertungen, was richtig oder falsch ist und um was und wen getrauert werden darf. Vielleicht erinnern Sie sich an die eingangs gestellte Frage, welche Verluste Sie in Ihrer Kindheit als schmerzhaft erlebt haben. Möglicherweise war bei dem ein oder anderen von Ihnen ein Haustier oder ein Spielzeug dabei. Und vielleicht haben Sie damals selbst erlebt, wie es sich anfühlen kann, wenn ein schmerzhafter Verlust nicht ernst genommen wird und Anteilnahme und Trost ausbleiben. Wir dürfen Menschen mit geistiger Beeinträchtigung keine zusätzlichen, vermeidbaren Wunden zufügen und müssen deshalb sehr sensibel wahrnehmen, was sie als Verlust empfinden könnten.

Verlust nicht begreifen – Verlust begreifbar machen

Betroffenen wird oft unterstellt, dass sie den Verlust aufgrund ihrer eingeschränkten kognitiven Fähigkeiten nicht begreifen und daher auch nicht als schmerzhaft erleben könnten. Kenneth Doka hat diesen Aspekt aufgegriffen und als eine weitere Ursache für »aberkannte Trauer« benannt. Konsequenterweise wird vom Umfeld aus dieser Perspektive heraus angenommen, dass die Bearbeitung des Verlusts nicht möglich und das Einbeziehen in Rituale und Abschiedsprozesse nicht notwendig bzw. überfordernd sei.

In der Trauerforschung geht man davon aus, dass dem nicht so ist. Ein gesamtgesellschaftliches Umdenken fehlt jedoch noch und erschwert bis dato die Situation für Betroffene. Darum sollten wir dafür sorgen, dass wir den Verlust und das Geschehen den Trauernden entsprechend ihren Fähigkeiten mit den unterschiedlichsten Mitteln begreiflich machen und Menschen mit geistiger Beeinträchtigung nicht von wichtigen Ritualen ausschließen.

Kein Recht auf Trauer – Recht auf Trauer

Menschen mit geistiger Beeinträchtigung erleben wie andere auch, dass Nahestehende durch Suizid oder andere gesellschaftlich stigmatisierte Ursachen (z. B. Folgen einer Suchterkrankung, Unfall nach zu schnellem Fahren) sterben.

Menschen mit geistiger Beeinträchtigung erleben, dass mehrere Aspekte, die zur Aberkennung des Rechts auf Trauer führen, zusammentreffen. Zudem können weitere Faktoren (Schuldgedanken und Vorwürfe, wenig innere und äußere Ressourcen, …) hinzukommen, die den Trauerprozess erschweren. Wir können uns sicher nur annähernd vorstellen, wie schwer der Umgang mit dem Verlust dann sein muss. Deshalb ist gerade in solchen Fällen fachliche Unterstützung notwendig.

Trauern nach Normen – Individuell trauern

Besonders häufig müssen Menschen mit geistiger Beeinträchtigung erfahren, dass Mitgefühl und Unterstützung aus ihrem Lebensumfeld ausbleiben, weil ihr Trauerausdruck nicht den gesellschaftlichen Erwartungen entspricht und sozial abgelehnt wird. So schließen Lachen und gut gelaunt über den Verlust zu erzählen nach gängiger Auffassung Trauer aus.

Frau Schwarz rief bei mir an, um eine Begleitung für sich anzufragen. Sie berichtete am Telefon über den Tod ihrer Tochter Jana und zeigte dabei sprachlich Affektäußerungen, die mir nicht passend zum Verlust erschienen. Sie erzählte, wie schlimm krank die zweijährige Jana gewesen sei, wie schrecklich die Zeit im Krankenhaus und danach gewesen sei. Dabei lachte sie. Ich war am anderen Ende der Leitung irritiert. Beim Erstgespräch bestätigte sich mein Eindruck und wurde durch Mimik und Gestik noch verstärkt. Im Verlauf erfuhr ich von ihrer geistigen Einschränkung. Während dieser Begleitung blieb der »unpassende mimische und gestische Ausdruck«, wenn die trauernde Mutter von ihrer verstorbenen Tochter erzählte. Dennoch hörte und spürte ich die unendliche Trauer und Verzweiflung, die mitschwang. Ich nahm sie und ihre Trauer ernst. Sie berichtete im Verlauf der Begleitung, dass sie so sehr unter dem Tod ihrer Tochter leide und zugleich so traurig sei, weil ihr viele Menschen dies nicht glauben würden oder ihr Vorwürfe machten, weil sie den Tod ja scheinbar eher lustig finden würde. Aufgrund dieser Erfahrungen würde sie sich kaum noch trauen, über ihre Tochter zu sprechen, obwohl sie es sich wünschen würde.

Auswirkungen aberkannter Trauer

Dass die Trauer von Menschen mit geistiger Beeinträchtigung häufig nicht anerkannt wird, führt dazu, dass das soziale Umfeld wenig Verständnis, Zuwendung und Mitgefühl zeigt. Dies sind jedoch wesentliche, unterstützende Faktoren für Trauernde. Gerade trauernde Menschen mit geistiger Beeinträchtigung erfahren durch das soziale Umfeld in ihrer Trauer zusätzliche Verletzungen. Bedürfnisse und Verhaltensweisen von Trauernden mit geistiger Beeinträchtigung werden nicht beachtet, reglementiert und/oder sanktioniert. Konkret kann dies beispielsweise der Ausschluss von Krankheits- oder Abschiedsprozessen und Ritualen sein. Persönliche Sichtweisen und Erfahrungen werden nicht respektiert oder sogar unterbunden.

So wurde einer jungen Frau ihre tröstliche Jenseitsvorstellung, dass ihr verstorbener Partner endlich frei von seiner Behinderung mit seinem Traumauto durch das Jenseits führe, als lächerlich abgetan. Sie solle sich lieber vorstellen, dass ihr Freund bei Gott gut aufgehoben sei. Einer anderen Frau mit geistiger Beeinträchtigung wurde die Trauer nach dem Tod eines Jugendfreundes abgesprochen, weil sie ihn doch schon länger nicht mehr gesehen habe. Sie sollte sich zusammenreißen und das Weinen einstellen, es sei doch nicht echt. Ein Mann mit geistiger Beeinträchtigung durfte nicht an der Trauerfeier seines Vaters teilnehmen, weil sein Umfeld glaubte, er verstehe die Umstände sowieso nicht und würde zudem mit inadäquatem Verhalten auffallen und stören.

Menschen mit geistiger Beeinträchtigung sind nach solchen Erlebnissen stark verunsichert. Sie fordern keine Unterstützung mehr ein, fragen nicht und zeigen ihre Bedürfnisse und Gefühle nicht mehr. Einerseits, weil sie ihrem sozialen Umfeld nicht vertrauen und andererseits, weil sie durch solche Erfahrungen häufig auch Selbstwert und Selbstvertrauen verlieren. Die Verunsicherung durch das Umfeld führt dazu, dass Menschen mit geistiger Beeinträchtigung ihr Recht zu trauern selbst anzweifeln. Sie stellen persönliche Empfindungen und Verhaltensweisen in Frage und trauen sich nicht mehr, individuelle Strategien einzusetzen oder diese weiter zu entfalten.

6.2 Je mehr Stolpersteine umso schwieriger – Change it

Change it: Verändern wir etwas!

Wir können definitiv dazu beitragen, den schwierigen Weg der Trauer von Menschen mit geistiger Beeinträchtigung begehbar zu machen. Trauerprozesse sind gerade darum so individuell und komplex, weil so viele unterschiedliche Aspekte den Prozess prägen. Zusätzlich zu den Einflussfaktoren, die sich aus der *aberkannten Trauer* ergeben, können weitere Aspekte den Trauerprozess erschweren. Damit wir bestmöglich verstehen und keine unnötigen Stolpersteine auf den ohnehin anstrengenden Weg des Trauernden legen, ist es sinnvoll, neben dem Wissen aus den ersten Kapiteln weitere Risikofaktoren sowie unterstützende Faktoren und Ressourcen in den Blick zu nehmen. Der amerikanische Trauerforscher J. W. Worden spricht von den sogenannten *Mediatoren,* die ich hier im Kontext der Trauer von Menschen mit geistiger Beeinträchtigung ergänzen und – aus meiner Praxiserfahrung heraus – in abgewandelter Form vorstellen möchte.

Einflussfaktoren auf Trauerprozesse sind keine Konstanten. Sie verändern sich durch Erfahrungen, Wissen, fortschreitende Erkrankung und andere Lebensumstände. Wir haben die Möglichkeit, positiven Einfluss zu nehmen, ohne den trauernden Menschen mit geistiger Beeinträchtigung zu bevormunden! Unterstützung bedeutet, die eigene Verantwortung wahrzunehmen und durch kreatives Handeln gesamtgesellschaftliche Grundsteine für die individuellen Trauerprozesse jedes Menschen zu legen.

Soziale Faktoren

Neben der schon genannten *aberkannten Trauer* können andere soziale Faktoren es schwer machen, mit dem Verlust umzugehen. Strikte religiöse Normen oder kulturelle Erwartungen an die Art *wie* und um *wen* getrauert werden darf, können heilsame Trauerprozesse reglementieren. Bestehen beängstigende Glaubensvorstellungen, wie z. B. »Der Tod ist die gerechte Strafe Gottes«, oder »Es ist Gottes Wille, und deshalb darf nicht getrauert werden«, sollten wir dabei unterstützen, dass Menschen entlastet werden und andere, weniger bedrückende Bilder für sich finden können.

Kleines soziales Netz und Vorverluste

Ein sozialer Aspekt kann auch die Erfahrung gesellschaftlicher Ausgrenzung und Isolation sein, die Menschen mit geistiger Beeinträchtigung und ihre Familien meist über viele Jahre erfahren haben. Wir sollten zudem im Blick haben, dass Trauernden mit geistiger Behinderung durch die Erkrankung meist nur ein sehr eingeschränktes soziales Unterstützungsnetz zur Seite steht. Menschen mit geistiger Behinderung haben erfahrungsgemäß schon einschneidende Verluste erleben müssen. Vielfach kennen wir diese Vorverluste, die den aktuellen Trauerprozess beeinflussen, nicht. Das kann daran liegen, dass solche Verluste entweder nicht erkannt und/oder *nicht dokumentiert* wurden. Wir sollten darum bei aktuellen Trauerprozessen davon ausgehen, dass Vorverluste eine zusätzlich belastende Rolle spielen könnten.

Familien sind ohnehin oft durch jahrelange Belastungen ausgelaugt und überfordert. Kommt ein Todesfall hinzu, sind körperliche, geistige und soziale Ressourcen häufig nicht oder kaum vorhanden. Weil adäquate Unterstützungsangebote fehlen, sind Menschen mit geistiger Beeinträchtigung und ihre Familien auf sich allein gestellt und gelangen an Belastungsgrenzen.

Bedenken Sie zudem, dass es möglich ist, dass in der Kita, der Schule, im Wohnheim und am Arbeitsplatz Konflikte, Konkurrenz und Rivalitäten dazu führen können, dass Trauernde mit geistiger Beeinträchtigung zusätzlichen Verletzungen ausgesetzt sind. Andere aus der Gemeinschaft spüren vielleicht die durch den Verlust entstandene Verletzlichkeit, nutzen diese aus und/oder profilieren sich darüber. Dirk berichtet mir, dass Ben seit dem Tod seiner Mutter immer wieder spielt, er würde sich das Leben nehmen. »Wenn der sich auf den Boden wirft und so tut, als ob er sich selbst umbringt, kriege ich Angst und will nach Hause.«

Die Aussage einer Trauernden, die ich begleitet habe, zeigt ein weiteres Problem. »Um mich herum sterben zu viele Menschen. Bald sind keine mehr da, die ich kenne.« Enge Bezugspersonen von Menschen mit geistiger Einschränkung kommen häufig aus dem sozialen Netz der Eltern. Altert und stirbt dieses »Netz«, erleben Menschen sehr geballt viele einschneidende Verluste.

Change it: Soziale Netze ausweiten. Belastende Faktoren aus Vergangenheit und Gegenwart beachten. Verluste dokumentieren.

Unverständnis des sozialen Umfelds

Unverständnis und/oder Unwissenheit des Lebensumfelds können dazu führen, dass Betroffenen wichtige Mitteilungen vorenthalten werden, sie falsch oder lückenhaft informiert, ausgrenzt und/oder diskriminiert werden. Durch dieses ihnen entgegengebrachte Verhalten verlieren Trauernde mit geistiger Beeinträchtigung häufig Selbstwert und Selbstvertrauen. Sie nehmen wahr, dass gewohnte Lebensabläufe sich verändert haben (sie die Mutter am Wochenende nicht mehr besuchen dürfen, der Vater nicht wie gewohnt am Abend vorbeischaut, keine Päckchen der Tante mehr eintreffen, der Bruder traurig ist, die Betreuerin geweint hat, die Mutter ungehalten und überfordert wirkt …) und fragen sich, warum diese Veränderungen geschehen sind.

Wenn unser Umfeld uns signalisiert, alles sei wie bisher (alles ist gut), wir jedoch Veränderungen wahrnehmen, müssen wir uns viele Gedanken machen, die mit unterschiedlichsten, meist belastenden Gefühlen verbunden sind. Wahrzunehmen, dass etwas anders ist und keine adäquate Erklärung dafür zu bekommen, lässt uns an uns selbst und an unserer Beobachtungsgabe zweifeln. Wir trauen unserer eigenen Wahrnehmung und/oder trauen unseren Bezugspersonen nicht mehr. Wir empfinden Zurücksetzung, weil wir spüren, dass uns wichtige Informationen nicht »zugetraut« werden, suchen die Ursache dafür vielleicht in uns und unserer eigenen

Unzulänglichkeit. Insgesamt resultieren daraus große Unsicherheit, Selbstzweifel, der Verlust von Selbstvertrauen. Andere Lebenssituationen werden dadurch auch schwieriger. Ich glaube, wir alle kennen solche Erfahrungen mehr oder weniger stark ausgeprägt.

Trauernden mit geistiger Beeinträchtigung geht es ebenso, wenn sie bemerken, dass um sie herum Veränderungen stattfinden, die nicht erklärt, von denen sie ausgeschlossen werden. Aufgrund ihrer Beeinträchtigungen haben sie es noch viel schwerer, mit solchen Situationen umzugehen und können meist selbst auch keine andere Unterstützung einfordern. Sie können auf solche Unsicherheiten, die sie spüren, mit verändertem Verhalten reagieren (z. B. Ess- oder Schlafstörungen, Weinen, Unruhe, Aggressivität, Unsicherheit).

> **Change it:** Menschen nicht bevormunden, sondern auf Augenhöhe, sachlich und zugleich mitfühlend informieren.

Negativer Bindungsstil und negative Lebensumgebung

Konnten Menschen mit geistiger Beeinträchtigung in einem warmen, fördernden, nicht überbehüteten Erziehungsklima aufwachsen, das durch verlässliche Zuwendung und Liebe bestimmt war, wird diese Erfahrung auch den Umgang mit Krisen prägen, denn durch positive Bindungserfahrungen, so J. W. Worden, kann sich der aktiv-emotionale Bewältigungsstil, der im Umgang mit Problemen und Verlusterfahrungen am hilfreichsten erscheint, entwickeln. Schwerwiegende Lebensereignisse können dazu führen, dass sich das Bindungsverhalten verändert und Unsicherheit die Folge ist. (Faktoren, die das Bindungsverhalten negativ beeinflussen, sind beispielsweise: fehlende Sensibilität von Bezugspersonen, nicht wahrgenommene Bedürfnisse, keine angemessene Reaktion auf Bedürfnisse, wenig Interaktion mit Bezugspersonen, Misshandlungen, Alkoholismus, Gewalt, mangelnde Fürsorge, häufig wechselnde Bezugspersonen, …) Menschen mit geistiger Beeinträchtigung sind häufig zusätzlich und/oder aufgrund ihrer Einschränkung mit den zuvor benannten Faktoren konfrontiert, die problematische, unsichere Bindungsstile entstehen lassen können, die wiederum Trauerprozesse erschweren können. Der einschneidende Verlust kann dazu führen, dass sich der Bindungsstil ändert.

Change it: Auf eine zugewandte, stabile, von Zuneigung bestimmte Lebensumgebung achten. Plötzliche, unvorbereitete oder häufige Wechsel in eine fremde Lebensumgebung vermeiden. Umzüge und andere wesentliche Lebensveränderungen behutsam und ehrlich vorbereiten (Hinweise dazu in Kapitel 9.1).

Abhängigkeiten und Vorbilder

Die engen, meist wenigen Bindungen von Menschen mit geistiger Beeinträchtigung zu ihren Bezugspersonen können die Gefahr bergen, dass sie sich zu sehr an ihren Bezugspersonen orientieren und sie nicht belasten möchten. Ich habe beobachtet, dass Trauernde sich zurücknehmen oder versuchen, sich an das »Trauerverhalten« der Bezugsperson anzupassen. Individuelle und hilfreiche Trauerbearbeitung geht damit verloren. Wenn wir möchten, dass Trauernde mit geistiger Beeinträchtigung eigene Wege finden können, sollten wir so viel Autonomie für eigene Entwicklungsprozesse einräumen wie möglich und unbedachte Kommentare, die zu großer Verunsicherung führen können, vermeiden. Bitte bedenken Sie, dass Menschen mit geistiger Beeinträchtigung Sie als Vorbild sehen. Gerade darum wird Ihr Verhalten möglicherweise sehr genau beobachtet, um herauszufinden, wie Sie mit Trauer und Verlust umgehen.

Change it: Unsere ganz persönlichen Meinungen, Umgangsweisen und Glaubensauffassungen sollten wir immer wieder sehr deutlich als solche kenntlich machen. Wir sollten ausdrücklich darauf aufmerksam machen, dass andere Sichtweisen denkbar und erlaubt sind. Zeigen Sie eigene Gefühle. Das ist ein Signal dafür, dass Emotionen sein dürfen. Sprechen Sie über Ihre Unsicherheiten, darüber, dass Gefühle sich auch wieder verändern werden und fragen Sie, was die Betroffenen fühlen. Kommen Sie in Austausch. Das wird eine neue Verbundenheit schaffen und stärken. Vielleicht können Sie dann gemeinsam in eine andere und doch trotz allem lebenswerte Zukunft blicken!

Beziehung und Bindung

Hier geht es darum, welche Art von Beziehung und Bindung zum Verstorbenen bestand. Wir haben festgestellt, dass Bindungen zu verstorbenen Bezugspersonen aufgrund von Abhängigkeiten sehr eng sein können. Gerade darum können Trauerprozesse für Menschen mit geistiger Beeinträchtigung besonders schmerzhaft und intensiv sein. Je enger und intensiver die Beziehung, umso größer der Schmerz. J. W. Worden fragt danach: »Wer ist gestorben?« Es geht ihm darum, zu erfahren, ob eine für den Menschen mit geistiger Beeinträchtigung bedeutsame Bezugsperson gestorben ist, welche Beziehung bestand, und welche notwendigen Anpassungsprozesse daraus resultieren.

Mit dem Tod der Bezugsperson können wichtige Aufgaben der Versorgung und Fürsorge verloren gehen, die andere Verluste nach sich ziehen (Versorgung nicht mehr gesichert, Umzug in ein Wohnheim, Verlust von Zuhause und sozialen Kontakten, oder Besuche in der Wohngruppe bleiben aus, allein im Zimmer des Wohnheims leben, weil der Partner fehlt, …). Zugleich wirkt der Tod der Bezugsperson auf das eigene Empfinden (Trauerreaktionen). Besteht eine enge, überwiegend positiv geprägte Bindung, gehen mit dem Verlust der Bezugsperson wesentliche Ressourcen verloren, wie z. B. seelische und körperliche Zuwendung, Ermutigung, Sicherheit und Zukunftsperspektiven.

Der Tod einer engen Bezugsperson zeigt also Wechselwirkungen in vielen Lebensbereichen des trauernden Menschen mit geistiger Beeinträchtigung. In der Begleitung sollte diese Vielfalt an Verlusten erkannt und die Unterstützung dementsprechend ausgerichtet werden. Enge Bezugspersonen können Angehörige sein – Eltern, Geschwister, Partner*in, Kinder – oder Freunde, Mitbewohner*innen, Betreuer*innen, andere Mitarbeiter*innen in Einrichtungen, Lehrer*innen. Wir sollten immer daran denken, dass wir nicht genau wissen können und nicht darüber urteilen dürfen, welche Beziehungen von Menschen mit geistiger Beeinträchtigung als eng empfunden werden. Wir können die Intensität der Bindung nicht immer erkennen und wahrnehmen. Erinnern Sie sich auch bitte daran, was wir über das Ausmaß der Trauer gesagt haben: Es ist nicht wesentlich für den Trauerschmerz, wie lange die Beziehung bestanden hat und wie zeitintensiv sie gestaltet wurde.

Change it: Nur der Trauernde kann fühlen, wer ihm schmerzlich fehlt!

Janina ist in der Begleitung, weil ihre Mutter gestorben ist. Drei Monate später stirbt in der Werkstatt ein Betreuer. Janina leidet sehr unter diesem plötzlichen Tod, zeigt dies im Gegensatz zum Tod der Mutter aber nicht in ihrem sozialen Umfeld. Sie war in den Betreuer verliebt, wohl wissend, dass eine Liebesziehung zu ihm keine Chance haben würde. Dennoch genoss sie seine Nähe und Anwesenheit sowie die Tagträume von ihm. Der Tod trifft Janina mehr, als die Menschen aus ihrem Umfeld vermuten. In der Begleitung kann sie über ihre Empfindungen sprechen.

Ambivalente Bindungen

Bindungen, die eher von Abhängigkeiten, Konflikten, Gewalt und Ambivalenz geprägt sind, können nach dem Tod der Person weiter negativ nachwirken. Jenseitsvorstellungen sind dann beispielsweise eher beängstigend als tröstlich.

Olaf hatte nach dem Tod seines Vaters, zu dem eine ambivalente Bindung bestand, noch jahrelang Angst, der Vater könne auftauchen und ihm - wie zu Lebzeiten - das Fußballspielen verbieten.

Möglicherweise sind Bindungen auch deshalb ambivalent belastet, weil Bezugspersonen selbst überfordert waren und sich dem Menschen mit geistiger Beeinträchtigung gegenüber affektiv inadäquat verhalten haben. Zudem kann die Abhängigkeit des Menschen mit geistiger Beeinträchtigung ausgenutzt worden sein, was die Bearbeitung des Verlusts erschwert.

Change it: Erkennbar belastende Bindungen der Betroffenen zum Verstorbenen in nicht beängstigende Beziehungen umwandeln.

Eigenen Kummer nicht mehr teilen können

Wenn eine enge Bezugsperson aus der Familie stirbt, geht damit auch häufig ein Mensch verloren, der den Menschen mit Behinderung sehr gut gekannt und seine Lebensgeschichte miterlebt hat. Ganz gleich, ob der Betroffene noch in der Ursprungsfamilie lebte oder in einem Wohnheim, das Fehlen der vertrauten Person löst große Einsamkeit auch in Bezug auf den eigenen Kummer aus. Mit wem können Menschen mit geistiger Behinderung dann ihre sehr persönliche Trauer und ihre intimen Sorgen teilen, wenn z. B. epileptische Anfälle ihnen Angst bereiten? Wenn sie traurig darüber sind, dass sie die Anfälle nicht kontrollieren können, sie sich selbst verletzen und sie sich vor dem Anblick ihrer blutigen Arme fürchten? Wer hört ihnen zu und tröstet, wenn sie in der Werkstatt miterleben, dass ein anderer Mitarbeiter bei einem Anfall eine schwere Kopfverletzung erlitten hat? Wer teilt ihre Trauer darüber, dass sie nicht allein duschen können?

In den Begleitungen kamen, nachdem eine auf tiefem Vertrauen basierende Beziehung entstanden war, auch solche Themen auf, die mir noch einmal sehr deutlich gemacht haben, wie schwer Anpassungsprozesse für Menschen mit Behinderung nach dem Tod eines nahen Menschen sein können. Der Verlust einer nahen Bezugsperson kann Menschen mit einer geistigen Behinderung in eine tiefe Lebenskrise stürzen. Hier brauchen sie unbedingt die ehrliche Anerkennung aus ihrem sozialen Umfeld, dass sie einen schweren Verlust erlitten haben, und nicht zusätzliche Diskriminierung dadurch, dass sie ausgeschlossen werden von Trauerritualen und ihnen Emotionalität aberkannt wird.

Change it: Da sein und den Kummer des Trauernden hören, fühlen und aushalten!

Interpretationen übernehmen

Schnell lassen wir uns von Darstellungen, die andere zum Erleben des Trauernden abgeben, beeinflussen und übernehmen diese unreflektiert als Faktum. Wir sollten prüfen, ob wir solche Interpretationen unkritisch annehmen. (»Rosi trauert nicht so sehr um ihren Vater. Sie hat ihren Alltag genauso fortgesetzt wie bisher.«) Es geht *immer wieder neu* darum, dass wir trauernde Menschen mit geistiger Beeinträchtigung sehr sensibel wahrnehmen, versuchen zu verstehen, was sie bewegt und was sie in ihrer Trauer *zum aktuellen Zeitpunkt* brauchen. Erfragen Sie Bedürfnisse mit einfachen Worten und erklären Sie scheinbar selbstverständlich gebräuchliche Formulierungen und Zusammenhänge.

Change it: Den Trauernden selbst wahrnehmen und die Darstellungen anderer in Frage stellen.

Eigene Überzeugungen und Glauben aufdrängen

Fragen nach dem Jenseits oder danach, wie der schmerzliche Umgang mit dem Verlust gestaltet werden soll, verleiten häufig zu Antworten, die den Schmerz und das Leid schnell beenden sollen. Bezugspersonen tendieren gerade im Zusammenhang mit Sterben, Tod und Trauer dahin, Menschen mit geistiger Beeinträchtigung von eigenen Glaubensauffassungen überzeugen und/oder zu einem bestimmten Umgang überreden zu wollen.

Change it: Eigene, vielleicht ungewöhnliche Wege der Trauernden akzeptieren.

Unsicherheit von Bezugspersonen

Die Fragen, die Menschen mit geistiger Beeinträchtigung im Zusammenhang mit Krankheit, Sterben, Tod und Trauer haben, sind häufig sehr elementar. Unsicherheit von Bezugspersonen kann dazu führen, dass offene Gespräche und Wissensvermittlung in Bezug auf Sterben, Tod und Trauer ausbleiben. In der Begleitung erzählen Betroffene zudem, dass sie Themen vermeiden, wenn sie merken, dass Bezugspersonen bestimmten Themen lieber ausweichen. Sie nehmen sich dann mit ihren eigenen Bedürfnissen zurück.

Wir dürfen Gespräche und Kontakt zu Menschen mit geistiger Beeinträchtigung nicht vermeiden, nur weil wir befürchten, sie zu verängstigen oder selbst Angst haben. Wir sollten unsere eigenen Befürchtungen reflektieren und persönliche, emotionale Verstrickungen erkennen, damit diese nicht zum Hindernis für eine offene Kommunikation werden.

Change it: Für eigenen Wissensinput sorgen, Selbstsicherheit durch Reflexion finden, eventuell professionelle Unterstützung in Anspruch nehmen. Ein auf Offenheit basierendes Vertrauensverhältnis aufbauen, um sich ehrlich und ernsthaft den Fragen, die Menschen mit geistiger Beeinträchtigung haben, zu stellen und sich mit ihnen auszutauschen.

Einschränkungen plus Traueraufgaben

Wir sollten uns immer wieder daran erinnern, dass Menschen mit geistiger Beeinträchtigung nach einem Verlust auf vielfältigen Ebenen sehr gefordert sind und überfordert sein können. Zum einen durch die krankheitsbedingten Einschränkungen, zum anderen durch die Aufgaben der Trauer selbst. Menschen mit geistiger Beeinträchtigung müssen sich mit der Krankheit und ihren Auswirkungen und mit der Trauer und ihren Konsequenzen befassen. Jedes der beiden Bearbeitungsfelder an sich ist schon unglaublich umfassend, anstrengend und schmerzhaft. Wir sollten großen Respekt vor Menschen mit geistiger Beeinträchtigung haben und diesen auch zeigen. Vor allem sollten wir nicht nur danach schauen, was der Mensch alles nicht kann, um den Verlust zu bearbeiten, sondern besonders darauf, welche Fähigkeiten ihm zur Verfügung stehen.

Change it: Überforderung der Trauernden vermeiden und wahrnehmen, Individualität respektieren!

Bestehende und fortschreitende Beeinträchtigung

Die physische und psychische Gesundheit ist ein besonders wichtiger Aspekt, der in der Begleitung von Menschen mit geistiger Beeinträchtigung berücksichtigt werden sollte.

Negative Erfahrungen und Belastungen durch die Einschränkung können unter Umständen Trauerreaktionen verstärken und/oder starke Ängste auslösen. Manchmal können Betroffene diese nur schwer kontrollieren. Denken Sie bitte auch daran, dass möglicherweise fachärztliche Unterstützung notwendig ist.

Der Trauerprozess sollte im Kontext der individuellen geistigen, körperlichen, emotionalen und Verhaltens-Beeinträchtigungen der Betroffenen gesehen werden. Hier ist es wesentlich, auch Prozesse einer fortschreitenden Erkrankung zu erkennen. Es kann möglich sein, dass Fähigkeiten ganz oder teilweise verloren gehen und zur Bearbeitung der aktuellen Situation gar nicht oder nur noch begrenzt zur Verfügung stehen.

Eine zunehmende Einschränkung der Seh- und Hörfähigkeit während des Trauerprozesses könnte, wenn wir hier falsche Bewertungen vornehmen, zu falscher oder fehlender Unterstützung führen. Auch eine sich entwickelnde Demenz, in deren Verlauf kognitive Defizite zunehmen, ist bei Menschen mit einer geistigen Behinderung nicht selten. Das Verständnis wird durch Störungen der Orientierung, des Gedächtnisses und den Verlust von Alltagskompetenzen erschwert und kann im Trauerprozess falsch interpretiert werden.

Ich möchte damit sagen, dass wir in der Begegnung mit Menschen mit geistiger Beeinträchtigung ganz besonders wachsam sein müssen, um geistige, emotionale und körperliche Veränderungen wahrzunehmen und diesen adäquat zu begegnen bzw. hilfreiche Unterstützung auf den Weg zu bringen. Einfach gesagt: Es nutzt nichts, Gespräche mit einem Trauernden zu führen, wenn er uns nicht mehr richtig hören kann.

Zudem können z. B. neurologische Störungen (z. B. Schluckstörungen, Sekretprobleme, Spastiken, Krampfanfälle, Lähmungen) oder andere körperliche Symptome dazu führen, dass Trauernde Sorge haben, Trauerreaktionen wie Weinen oder Schluchzen zuzulassen. Manchmal halten sie darum solche Reaktionen aus Angst bewusst zurück.

Das Erleben von Krampfanfällen kann als sehr bedrohlich empfunden werden. Im Rahmen von verschiedenen Erkrankungen kann es in der Progredienz zu Verschlechterungen kommen.

Der am Kanner-Syndrom erkrankte Jugendliche Lars berichtet in der Trauerbegleitung davon, dass er Angst vor seinen Krampfanfällen hat, während derer er sich häufig durch Beißen selbst verletzt. »Die kommen dann auch öfter, wenn ich mich aufrege«, erzählt er. »Wenn ich an die Mama denke, hab ich Angst, dass wieder alles explodiert und ich mich beiße.«

Change it: Verantwortlich sehr sensibel die aktuelle physische und psychische Situation sowie den Wissensstand der Betroffenen wahrnehmen. Fortschreitende Prozesse berücksichtigen! Ängste durch spezifische Symptome der Beeinträchtigung beachten und einfühlsam da sein!

Medikamente

Bitte denken Sie bei Ihrer Einschätzung von Trauerreaktionen auch daran, dass Menschen mit geistigen Beeinträchtigungen häufig Medikamente, darunter auch Psychopharmaka (sie erkranken häufiger an psychischen Störungen) einnehmen. Trauerreaktionen können auch hierdurch zusätzlich schwer erkennbar und/oder verdeckt sein.

Change it: Nicht automatisch Gegebenheiten annehmen, die einmal bestanden haben! Neue Entwicklungen und Rückentwicklungen berücksichtigen.

Leiden unter den Bewertungen des sozialen Umfelds

Die häufigste genetische Ursache einer geistigen Beeinträchtigung ist das Downsyndrom, die häufigste nicht durch genetische Faktoren verursachte das fetale Alkoholsyndrom. Mit beiden Krankheitsbildern, wie mit weiteren Erkrankungen auch, gehen neben cerebralen Schädigungen äußerlich sichtbare Merkmale einher. Menschen haben aufgrund ihrer äußeren Besonderheiten häufig bereits viele schmerzhafte Erfahrungen (Ausgrenzung, Diskriminierung) im sozialen Umfeld machen müssen. Psychisch können sich daraus Gefühle wie Scham, Wertlosigkeit und Ablehnung der eigenen Körperlichkeit entwickelt haben, die den Trauerprozess und den Umgang mit Gefühlen beeinflussen bzw. behindern können. Es kann z. B. sein, dass Menschen sich schämen oder weitere Ausgrenzungen befürchten, wenn sie über ihre Trauer sprechen oder Trauerreaktionen zeigen.

> **Change it:** Auswirkungen von Medikamenten und das Leiden unter den Bewertungen anderer bedenken. Ängste durch spezifische Symptome der Beeinträchtigung berücksichtigen! Warmherzig Anteil nehmen an den Sorgen und Befürchtungen der Betroffenen. Andere mögliche Wege suchen.

Vorverluste und Mehrfachverluste

Die Erkrankung selbst kann mit »Vorverlusten«, wie Verlust von körperlichen und seelischen Fähigkeiten verbunden sein. Zudem können andere Verlusterfahrungen, die wir in Kapitel 5 schon näher betrachtet haben, zusätzlich belasten und/oder den Trauerprozess behindern.

Ein Beispiel: Menschen mit einer Trisomie 21 können, wenn sie Kinder bekommen, die Erkrankung vererben. Ein nicht gelebter Kinderwunsch kann tiefe Trauer auslösen und andere Trauerprozesse beeinflussen.

Wir dürfen Mehrfachverluste, die ein Mensch für sich empfindet, nicht bewerten. Das folgende Praxisbeispiel zeigt noch einmal, wie schnell Trauerprozesse dadurch auf vielfältige Weise behindert werden können.

Inga, 43 Jahre alt, hat ihre Mutter durch eine Krebserkrankung verloren. Kurz danach ist Axel, der Schäferhund der Familie, verstorben. Inga lebt in einer Betreutes-Wohnen-Einrichtung und arbeitet in einer Behindertenwerkstatt. In der Begleitung erzählt sie viel von der Mutter. Lieblingsfarben, die Lieblingsblumen der Mutter und die gemeinsamen Urlaube sind Inga wichtig. Axel nimmt in den Stunden ebenfalls viel Raum ein. Er war ein wichtiger Lebensbegleiter seit Ingas Kindheit. Mir fällt es zunächst schwer, einzuordnen, wie betroffen Inga durch die erlebten Verluste ist, da der verbale Ausdruck nicht mit Artikulation, Tonlage, Mimik und Gestik übereinstimmt. Das soziale Umfeld interpretiert Ingas Verhalten als nicht trauernd bzw. falsch trauernd und nimmt sie in ihrer doch vorhandenen tiefen Trauer nicht ernst. Inga spürt, dass sie nicht ernst genommen wird. Das macht sie zusätzlich traurig und zugleich unsicher.

Während der fast zweijährigen Begleitung weint Inga nie, erzählt jedoch immer wieder davon, wie sehr ihr die Mutter und Axel fehlen. Sie gestaltet ein Kerzenglas, welches sie in Erinnerung an ihre Mutter und an Axel anzünden möchte. Es ist Inga wichtig, dass Axel ebenfalls einen gleichwertigen Platz auf diesem Glas bekommt. Manch einem erscheint dieser ebengebürtige Platz, den der verstorbene Hund neben der verstorbenen Mutter bekommt, unangemessen. Auch dies hat zur Folge, dass Inga sich in ihrem Umfeld in ihrer Trauer nicht angenommen fühlt. Wichtige Unterstützung aus dem engen sozialen Umfeld bleibt aus.

An dieser Stelle möchte ich Kolleg*innen und Mitarbeiter*innen von Einrichtungen aus meiner Erfahrung heraus noch einmal auf die grundlegende Bedeutung eines ausführlichen Gesprächs zur Biografie des Betroffenen mit engen Bezugspersonen sowie eine generell detaillierte Dokumentation hinweisen. Dafür *muss* Zeit sein.

Change it: Vorverluste und Mehrfachverluste nicht bewerten, sondern anerkennen, einfühlsam da sein und nicht darüber hinwegtrösten! (»Ist doch nicht so schlimm, du hast doch uns!«)

Kognitive Fähigkeiten und soziale Anpassung

Die Begleitung von Menschen mit geistiger Beeinträchtigung ist durch die multiplen und quantitativ wie qualitativ unterschiedlichen Einschränkungen immer sehr individuell zu sehen. Das Verständnis und die Bearbeitung eines Verlusts hängen stark von den kognitiven Möglichkeiten und der sozialen Anpassungsfähigkeit des Einzelnen ab. Grob gesagt, verstehen wir unsere Umwelt über unsere intellektuellen und unsere emotionalen Fähigkeiten, die mit vielen weiteren Einflussfaktoren in Wechselwirkung stehen. Wir sollten deshalb auch danach schauen, welche Möglichkeiten Betroffenen zur Verfügung stehen, um das Geschehen, den Tod und seine Folgen einordnen zu können.

Der folgende Fragenkatalog ist hilfreich:
- Wie ist die Kontaktfähigkeit?
- Wie ist der Sprachausdruck – Wortwahl?
- Wie ist das Sprachverständnis?
- Wie ist Hören/Sehen?
- Wie ist die Artikulation?

- Können die Betroffenen zeitliche Zusammenhänge verstehen und einordnen?
- Können die Betroffenen örtliche Zusammenhänge verstehen und einordnen?
- Welches Verständnis von sich selbst haben die Betroffenen?
- Welche Möglichkeiten haben die Betroffenen, vergangene, aktuelle und neue Situationen einzuordnen?
- Wie ist die Konzentrationsfähigkeit der Betroffenen im Alltag? Wie unter Belastung?
- Wie ist das Gedächtnis der Betroffenen? Haben sie die Fähigkeit, sich an Informationen kurzfristig und/oder langfristig zu erinnern?
- Wie ist die Auffassungsgabe? Können Begriffe und Texte nur wörtlich oder auch im übertragenen Sinne verstanden werden?
- Welcher Wortschatz steht den Betroffenen zur Verfügung? Kennen sie Worte, die sich auf den Themenkomplex beziehen, und wissen sie, was damit gemeint ist?
- Können die Betroffenen Zusammenhänge logisch einordnen? Fällt es ihnen schwer, neue Zusammenhänge zu verstehen?
- Können Begriffe zugeordnet werden?
- Ist der Denkablauf verlangsamt? Brauchen die Betroffenen viel Zeit, um zu verstehen?
- Reduziert sich das Denken auf bestimmte Themen?
- Kann Unwesentliches von Wesentlichem getrennt werden?
- Gibt es grundsätzlich ängstliche Einstellungen oder Befürchtungen, die zu beachten sind?
- Gibt es besondere Verhaltensweisen, die die Betroffenen schon lange zeigen?
- Gibt es neu aufgetretene Verhaltensweisen?
- Welche Gefühle und Stimmungen können die Betroffenen benennen?
- Welche Gefühle können die Betroffenen durch Mimik, Gestik, Körperhaltung ausdrücken?
- Welche Gefühle können sie bei anderen wahrnehmen?
- Wie reagieren die Betroffenen auf Gefühle anderer Menschen?
- Neigen die Betroffenen tendenziell zu schnellen Stimmungswechseln?

- Können die Betroffenen ihre Gefühle regulieren? Wenn ja, wie?
- Wie war die Grundstimmung vor dem Verlust? Eher lebensbejahend, positiv oder eher pessimistisch, negativ?
- Welche zusätzlichen körperlichen Einschränkungen liegen vor? (motorische Störungen, Schmerzen, Einschränkungen im Sehen oder Hören?)
- Gibt es Einschränkungen in den Möglichkeiten der Wahrnehmung? (visuell, auditiv, taktil, olfaktorisch, gustatorisch)
- Wie sind die Perspektiven der gesundheitlichen Entwicklung vor dem Hintergrund der Erkrankung?
- Kennen die Betroffenen ihr Krankheitsbild? Wissen sie, welche Perspektiven sie erwarten? Welche Ängste und Befürchtungen erleben sie in diesem Zusammenhang?
- Wie ist der Kontakt zum sozialen Umfeld?
- Wie reagieren die Betroffenen grundsätzlich (vielleicht durch das Krankheitsbild beeinflusst) auf Veränderungen?

Change it: Den einzigartigen Menschen kennenlernen auf allen möglichen Verständigungsebenen und in für ihn bedeutsamen Lebenskontexten!

Psychische Erkrankungen

Menschen mit geistiger Beeinträchtigung erkranken überdurchschnittlich häufig, drei bis viermal so oft wie die Allgemeinbevölkerung, psychisch.

Grundsätzlich kann jede psychische Störung vorkommen. Die Symptome bei Menschen mit geistiger Beeinträchtigung sind oft untypisch. Eine psychische Störung ist daher schwer zu diagnostizieren. Sie sollten deshalb auf die spezielle Erfahrung und die Diagnostik von Fachärzten zurückgreifen, wenn Sie unsicher sind, ob es sich um Trauerreaktionen und/oder eine Erkrankung handelt. Wenn Sie den Eindruck haben, dass die Betroffenen besondere Auffälligkeiten und Veränderungen im Verhalten, der sozialen Anpassung und den Emotionen zeigen, wenn sich im Antrieb, im Denken oder sonst Anhaltspunkte ergeben, die auffällig sind, sollte ein Facharzt hinzugezogen und sollten zudem organische Ursachen ausgeschlossen werden.

Change it: Fachärztliche und/oder therapeutische Unterstützung bei unklaren und unspezifischen Veränderungen einfordern.

Belastende Lebenserfahrungen

Menschen mit geistiger Beeinträchtigung werden immer wieder diskriminiert und aufgrund ihrer Leichtgläubigkeit ausgenutzt. Es kommt häufig zu sexuellem Missbrauch, körperlicher und psychischer Gewalt. Solche Erfahrungen und Befürchtungen vor neuen Übergriffen können es erschweren, dass Trauernde eine vertrauensvolle Bindung zu anderen aufbauen sowie Unterstützung einfordern und annehmen können.

Change it: Gesamtgesellschaftlich für eine respektvolle Haltung gegenüber Menschen mit geistiger Beeinträchtigung eintreten. Individuell Menschen mit geistiger Beeinträchtigung vor Diskriminierung und Übergriffen schützen. Menschen mit geistiger Beeinträchtigung Möglichkeiten eröffnen, in geschütztem Rahmen angst- und schambesetzte Themen mitzuteilen.

Äußern und Erkennen individueller Bedürfnisse

Menschen mit geistiger Beeinträchtigung stehen durch die Beeinträchtigung häufig nur eingeschränkte Möglichkeiten, sich selbst wahrzunehmen und ihre Bedürfnisse zu äußern, zur Verfügung. Die eingeschränkten Möglichkeiten Betroffener und das auf der anderen Seite erschwerte Erkennen individueller Bedürfnisse durch das Umfeld kann die spezifische Unterstützung der Trauernden mit geistiger Beeinträchtigung schwer machen. Die Begegnung und Begleitung braucht darum viel Zeit und Raum, um bestmöglich wahrnehmen und deuten zu können. Tipps zu einer bedürfnisorientierten Begleitung finden sich in Kapitel 7.

Change it: Sich Zeit nehmen und Raum geben, um die aktuellen Bedürfnisse der Trauernden kennenzulernen. Gedanken, Sorgen und Gefühle von Trauernden sollten immer wieder neu ergründet werden.

Individuelle Bedürfnisse können nicht gelebt werden

Trauernde mit geistiger Beeinträchtigung können oder dürfen durch fehlende Selbstständigkeit und Selbstbestimmung ihre Bedürfnisse in der Trauer vielfach nicht ausleben (z. B. können sie nicht rausgehen, wenn es zu viel ist in der Gemeinschaft, …) Die Individualität des Trauerprozesses ist somit häufig Abhängigkeiten unterworfen, die die Trauernden selbst nicht beeinflussen können. Sie sind hier auf die verantwortliche Fürsorge anderer angewiesen, die zugleich ihre Selbstbestimmung anerkennen.

> **Change it:** Größtmögliche Selbstbestimmung im Trauerprozess zulassen.

Ungleichgewicht in Erwartungen und Bedürfnissen

Schwierig kann es für Trauernde auch werden, wenn Erwartungen des sozialen Umfelds, wie »Der versteht das sowieso nicht, er hat ja auch nicht auf die Nachricht reagiert«, und eigene Bedürfnisse (z. B. der Wunsch, informiert, einbezogen und als trauernd anerkannt und getröstet zu werden) auseinandergehen. Wir sollten immer wieder »leer und unvoreingenommen« in die Begegnung mit Menschen mit geistiger Beeinträchtigung gehen, um verbal wie nonverbal herauszufinden, welche Bedürfnisse da sind. Dabei sollten wir die Themen der Trauer und aktuelle Befindlichkeiten berücksichtigen. Es kann sein, dass eine akute Situation erst einmal wichtiger ist und zuerst bearbeitet werden muss. Dies könnten z. B. die Sorge vor der Ferienfreizeit mit den Mitbewohner*innen und die Zimmeraufteilung sein.

Trauernde dürfen ihre Bedürfnisse im Trauer*prozess* immer wieder neu anpassen. Wir sollten nicht davon ausgehen, Trauernde zu kennen, nur weil wir das Gefühl haben, uns auf einer vertrauensvollen Beziehungsebene zu bewegen.

> **Change it:** Unvoreingenommen sein und Erwartungen an die Trauernden vermeiden. Zulassen, dass Bedürfnisse und Sichtweisen sich verändern dürfen.

Negativ geprägte Lebenssicht

Die Aussicht auf eine unsichere Zukunft (Lebensort, körperliche und geistige Gesundheit, soziales Umfeld, …), das damit einhergehende vielfältige, individuelle Verlusterleben sowie die häufige Begegnung mit Sterben und Tod können dazu führen, dass Trauernde mit geistiger Beeinträchtigung eine belastende, negativ geprägte Lebenssicht entwickeln. Zu spüren, dass man selbst lebenslang auf Unterstützung angewiesen sein wird, kann als bedrohlich und beängstigend empfunden werden. Es kann deshalb besonders schwer sein, zu einer positiven, zuversichtlichen Sicht auf das eigene Leben zu finden.

Change it: Optimistische Sicht auf das eigene Leben fördern, Positives sichtbar machen, hoffnungsvolle Lebensperspektiven erarbeiten.

Schwere, symbolhafte Sprache

Manchmal geben wir hilfreich gemeinte, symbolhafte Antworten auf grundlegende Lebensfragen. Im Zusammenhang mit einer kognitiven Einschränkung kann das aber fatale Folgen haben. Menschen mit geistiger Beeinträchtigung können abstrakte Deutungen häufig nicht begreifen und interpretieren diese ganz konkret oder auch völlig anders. Wir sollten uns darum um eine »leichte, einfache Sprache« bemühen, die jedoch gleichzeitig vermittelt, dass wir unser Gegenüber ernst nehmen.

Volkmar (23 Jahre) erlebt den Tod seiner Mutter. Nach der Krebsdiagnose verstirbt die Mutter innerhalb von vier Wochen. In dieser Zeit liegt sie im Krankenhaus. Volkmar kann sie nicht besuchen. In der Begleitung erzählt er von seinen Gedanken.

»Ich habe gehört, dass Papa zu unserem Nachbarn gesagt hat, dass er Susanne durch Krebs verloren hat. Dann muss ich jetzt suchen, bis ich Mama wiederfinde. Wo soll ich anfangen zu suchen? Oder muss ich erst den Krebs fangen und töten, weil der die Mama durcheinandergebracht hat? Ich will die Mama wiederfinden.«

Christel (36 Jahre) berichtet in der Begleitung von ihrer Tante, die erzählt hat, dass ihre Mutter jetzt im Himmel sei, und davon, was sie selbst schon alles versucht hat, »um die Mama vom Himmel runterzuholen«. »Ich bin zuerst in meinem Zimmer ganz oft sehr, sehr hoch gesprungen. Immer und immer wieder. Aber ich hab die Mama nicht an den Füßen zu fassen gekriegt. Dann dachte ich, dass ich es anders machen muss. Also hab ich die hohe Leiter geholt. Das war schwer. Damit macht Papa die Dachrinne immer sauber. Ich bin bis oben gestiegen. Aber ich konnte Mama nicht sehen. Sie scheint sehr hoch im Himmel festzuhängen. Dann hab ich ein Seil aus Papas Werkstatt geholt und gedacht, dass ich sie damit einfangen kann. Ich will unbedingt, dass Mama wiederkommen kann. Bestimmt kann sie sich nicht allein befreien. Ich muss alles tun, damit sie wieder frei ist. Ich werde morgen mit dem Seil auf das Dach klettern. Dann schaffe ich das bestimmt, und Papa wird sich freuen, dass Mama wieder da ist.«

Der Vater ahnte von all dem nichts. Er war erschüttert, als ich ihm davon erzählte, welche Gedanken und damit verbundene Gefahren dieser beiläufig gesagte Satz bei Christel ausgelöst hatte. Nachdem ich Christel immer wieder sachlich ohne abstrakte Bilder erklärt habe, was tot sein bedeutet und was mit dem toten Körper eines Menschen geschieht, konnte sie verstehen, dass ihre Mutter nicht mehr wiederkommen würde. Selbst, wenn sie es gewollt hätte. Ausgeräumt wurde zugleich die Vorstellung eines bösen, beängstigenden Wesens, das die Mutter festhielt. Dieses Verständnis ermöglichte Christel eine Anpassung an das Leben ohne ihre Mutter. Das war zuvor nicht möglich gewesen.

> **Change it:** Klare, einfache Sprache verwenden. Keine Symbole und abstrakten Begriffe.

Keine Informationen und Erfahrungen zum Themenkomplex

Zu wenig sachliches Wissen erschwert den Trauerprozess, da Wissenslücken zu belastenden Fantasien führen können. Menschen, die bereits vor dem Verlust, ihren kognitiven und emotionalen Fähigkeiten entsprechend, über verständliche und sachliche Informationen, zu Sterben, Tod und Trauer verfügen, können im akuten Fall direkt auf dieses Wissen zugreifen, wenn nicht neue Defizite dies verhindern. Sie müssen sich nicht in ihrer emotionalen Betroffenheit noch mühsam grundlegendes Verständnis aneignen.

Insofern macht es Sinn, den Themenkomplex immer wieder, mit Rücksicht auf die mentale und emotionale Entwicklung und/oder Rückschritte, präventiv in der Familie und im sozialen Umfeld – Kita, Schule, Behindertenwerkstatt – aufzugreifen. Gehen Sie offen mit dem Themenkomplex um, greifen Sie Themen aus dem Alltag zu Tod und Trauer auf, mit denen auch Menschen mit geistiger Beeinträchtigung konfrontiert sind (Erkrankung im sozialen Umfeld, Unfall, Medienberichte). Nutzen Sie dazu die Erklärungen in »Leichter Sprache« (Kapitel 8.2).

Change it: Wissen vermitteln und Erfahrungen zu Krankheit, Sterben, Tod und Trauer ermöglichen.

Keine oder unehrliche Kommunikation zu schweren Themen

Nach einem Verlust kann es für Menschen mit geistiger Beeinträchtigung besonders schwer sein, zu verstehen, was passiert ist, weil es in der Familie oder Institution bisher keine Kommunikation und somit keine gemeinschaftlichen Strategien zum Umgang mit schwierigen Themen gab. In einer akuten Situation kann die Implementierung wirksamer Verständigungswege das bereits mit Trauer belastete System überfordern.

Auch wenn wir vielleicht glauben, dass es eine ausreichende Kommunikation gibt, sollten wir diese kritisch hinterfragen. Werden Menschen z. B. vorbereitet auf den Abschied oder nur »nebenbei« gefragt, ob sie an der Trauerfeier teilnehmen möchten? Schwingen vielleicht Ängste und Unsicherheiten der Bezugspersonen mit, die Betroffene sensibel wahrnehmen? Werden Antworten danach ausgerichtet, was erwartet wird? Wie werden Informationen zu diesen Themen vermittelt? Gibt es Bezugspersonen, bei denen Betroffene sicher sein dürfen, dass sie jede Frage stellen und auf ehrliche Antworten zählen können?

Trauerprozesse können auch behindert werden, weil Eltern/Väter/Mütter sich (ob faktisch berechtigt oder nicht) schuldig fühlen können an der Behinderung ihres Kindes. Daraus ergeben sich möglicherweise Verhaltensweisen, das »Kind mit geistiger Beeinträchtigung« schützen zu wollen, überzubehüten oder zu bevorzugen. Es kann sein, dass deshalb schwere Themen in der Familie nicht angesprochen werden. Für Menschen mit geistiger Beeinträchtigung bedeutet dies jedoch, dass sie zusätzliche Einschränkung erfahren, weil sie keine Strategien im Umgang mit Verlusten entwickeln können.

Change it: Frühzeitig in der Familie und anderen Lebensbereichen von Menschen mit geistiger Beeinträchtigung für einen offenen Umgang mit den Lebensthemen Sterben, Tod und Trauer sorgen. Fragen und Austausch ermöglichen und keine Angst haben vor Fragen, auf die es keine Antwort gibt. Kommunikation üben und sich bei eigenen »Baustellen« Unterstützung zur Bearbeitung suchen.

Keine oder wenige Strategien zum Umgang mit Verlust

Vielfältige Ursachen können dazu führen, dass Menschen mit geistiger Beeinträchtigung keine oder wenige persönliche Strategien im Umgang mit Krisen entwickeln konnten. Sind solche Strategien nicht vorhanden, wenig ausgebildet oder konnten sie nicht geübt werden, wird es Menschen gerade in schweren Belastungszeiten kaum gelingen, solche Bewältigungsmechanismen zu entfalten. Insofern können schwere Verluste mit bereits vorhandenen, wirksamen Strategien besser bewältigt werden als ohne, mit unwirksamen oder sogar schädigenden Strategien (z. B. Drogen oder selbstverletzendes Verhalten).

Change it: Möglichkeiten geben, um in »kleinen Krisen« individuelle Bewältigungsstrategien zu finden und diese auszuprobieren. Rückschritte und misslungene Lösungen erlauben und als »Lernfelder« sehen.

Belastende Todesumstände

Wie Kenneth Doka greift William Worden bei den Einflussfaktoren auf Trauerprozesse auch viele Aspekte auf, die die Todesumstände betreffen. Ein plötzlicher Tod wird es schwer machen, die neue, traurige Lebenswirklichkeit zu begreifen. Eine längere Krankheit kann die Gelegenheit geben, sich darauf einzustellen, dass jemand sterben wird. Vielleicht können Sie Menschen mit geistiger Beeinträchtigung auf das, was kommen wird, vorbereiten und noch einen Abschied ermöglichen. Wie wichtig das Abschiednehmen für Betroffene sein kann, haben wir im Kontext der *Traueraufgaben* bereits erfahren.

Ist der Tod mit traumatisierenden Umständen verbunden oder gab es mehrere Todesfälle gleichzeitig, können belastende Bilder sowie psychische und körperliche Reaktionen bestimmend sein. Eine spezielle Traumatherapie ist möglicherweise indiziert.

Change it: Kommunikation zu schweren Themen üben und »abschiedlich« leben. Das bedeutet, im Blick zu haben, dass sich unser Leben durch Abschiede verändern wird. Wesentliches nicht aufschieben (Menschen sagen, dass wir sie lieben; um Verzeihung bitten; sich entschuldigen; Zeit mit Menschen, die wichtig sind, verbringen; Lebenspläne verwirklichen; …), sondern in der Gegenwart leben. Keine Sorge, diese Haltung deprimiert nicht, sondern kann dazu führen, dass wir erfüllter, intensiver und unbelasteter leben.

Erfahren der Todesnachricht

Trauernde mit geistiger Beeinträchtigung haben das Recht, zu erfahren, dass wichtige Bezugspersonen gestorben sind. Wir dürfen solche wesentlichen Informationen nicht vorenthalten, auch nicht, weil sie schmerzhaft sind. Eher sollten wir bereit sein, den Trauernden in seiner ganz individuellen Betroffenheit auszuhalten. Wir erschweren den Trauerprozess und verunsichern Betroffene, wenn wir unklare Botschaften oder fragliche Konstrukte vermitteln. Die Nachricht vom Tod einer nahestehenden Person sollte möglichst zeitnah und persönlich von einer Bezugsperson überbracht werden. Muss eine Gruppe (Kita, Schule, Wohngruppe, Werkstatt) informiert werden, sollten mindestens zwei vertraute Personen diese Aufgabe übernehmen.

Grundsätzlich sollten Sie darauf achten, ob Sie sich selbst in der Lage sehen. Aufgrund eigener Betroffenheit oder einer belastenden, persönlichen Lebenssituation könnte es sein, dass eine solche Aufgabe Sie überfordert. Hier handeln Sie verantwortlich, wenn Sie früh genug dafür sorgen, dass jemand anderes die Nachricht überbringt oder Sie unterstützt.

Planen Sie viel Zeit und Raum ein für die Reaktionen auf die Nachricht und die damit verbundene Wissensvermittlung sowie eine mögliche gestalterische Bearbeitung.

> **Change it:** Gut für sich selbst sorgen! Menschen mit geistiger Beeinträchtigung zeitnah und ehrlich über den Tod eines Menschen aus dem Lebensumfeld informieren; ausschmückende Details wie »Er war blutüberströmt und sein Körper ganz verdreht« zu den Umständen des Todes vermeiden und zugleich Anteilnahme zeigen.

Lebensgeschichte und aktuelle Lebenssituation

Erschwerend für den Trauerprozess kann das Erleben von vielen wechselnden und gleichzeitig engen Bezugspersonen im Leben von Menschen mit geistiger Beeinträchtigung sein (Familie, Bezugserzieher*innen, Betreuer*innen, Therapeut*innen, ...).

Eine möglichst stabile Alltagsstruktur ist für Menschen, die an frühkindlichem Autismus/Kanner-Autismus erkrankt sind, besonders wichtig. Kleine Veränderungen von Gewohnheiten können schon aufgrund der Störung heftige Autoaggressionen oder Stereotypien auslösen.

> **Change it:** *Alle,* die zum Lebensumfeld des Menschen mit geistiger Beeinträchtigung gehören, sollten gemeinsam dafür sorgen, dass konstante Beziehungen und Alltagsstrukturen möglichst erhalten bleiben. Eine kleine Gruppe oder einer allein kann diese Aufgabe kaum bewältigen! Bedenken Sie, dass jeder weitere Verlust und/oder jede gravierende Lebensveränderung die Betroffenen *zusätzliche* Kraft kosten wird und/oder Krankheitssymptome triggern kann. Auf Lebensveränderungen frühzeitig vorbereiten!

6.3 Erschwerte und komplizierte Trauerprozesse

Fazit: Trauerprozesse von Menschen mit geistiger Beeinträchtigung können, wie wir gesehen haben, durch eine Menge Faktoren erschwert und behindert werden. Ich bin mir dennoch sicher, dass sie nicht immer kompliziert im Sinne von anhaltend und pathologisch werden müssen.

Die Arbeitsgruppe des Bundesverbandes Trauerbegleitung (BVT) e. V. hat im Jahr 2010 einen Vorschlag vorgelegt, wie unterschiedliche Trauerverläufe begrifflich differenziert und inhaltlich voneinander abgegrenzt werden können.

Der Begriff »erschwerte Trauer« beschreibt ein ungünstiges Verhältnis zwischen Risikofaktoren und Ressourcen in einem Trauerprozess. Risikofaktoren können die zuvor genannten Faktoren wie beispielsweise die Begleitumstände eines Todes sein oder der Zusammenbruch des tragenden Umfeldes. Wichtig ist festzuhalten, dass der Begriff prognostisch verwendet werden kann, man also bei Vorliegen vieler Risikofaktoren und gleichzeitig weniger Ressourcen vermuten kann, dass sich ein erschwerter Trauerprozess entwickeln könnte. Zugleich spielen die Reaktionen auf den Verlust eine Rolle. Diese Reaktionen zu deuten, kann bei Trauernden mit geistiger Beeinträchtigung schwer sein.

Ich möchte an dieser Stelle vorschlagen, dass wir bewusst auf den Begriff der Symptome, der häufig in diesem Zusammenhang verwendet wird, verzichten, da ein Symptom der Ausdruck eines krankhaften Prozesses ist.

Wir sollten aus meiner Sicht zurückhaltend sein mit Klassifizierungen des Trauerprozesses bei Menschen mit geistiger Beeinträchtigung und vornehmlich das Risikosetting – viele Risikofaktoren und wenig Ressourcen – in den Blick nehmen. Ob aus der Prognose im Verlauf ein nicht erschwerter Trauerprozess, ein komplizierter (anhaltender, pathologischer) oder traumatischer Trauerprozess wird, können wir im Kontext der Einschränkung der Betroffenen selbst bei sehr aufmerksamer Beobachtung nicht immer mit Sicherheit sagen.

Ich möchte zudem zu bedenken geben, dass gerade bei Menschen mit geistiger Beeinträchtigung die Bewertung über das Vorliegen einer komplizierten Trauer schwierig wird, da die Kriterien (emotionale Reaktionen wie: anhaltender, starker Seelenschmerz, nicht nachlassende Verzweiflung über den Verlust, unstillbare Sehnsucht nach dem verstorbenen Menschen, Unfähigkeit, Freude zu empfinden, auch noch nach 13 Monaten; vgl. Paul, Neue Wege, 2011, S. 79) aufgrund der Einschränkungen häufig schwer oder gar nicht feststellbar sind.

Auch deshalb scheint es mir sinnvoll zu sein, vom Risikosetting auszugehen und dementsprechend individuelle Unterstützung anzubieten.

Trauerbegleitung für Menschen mit geistiger Einschränkung und ihre Familien

Die zuvor aufgezeigten Faktoren, die Trauerprozesse von Menschen mit geistiger Beeinträchtigung erschweren können, machen noch einmal sehr deutlich, dass wir dringend qualifizierte, fachliche Unterstützungsangebote für *Menschen mit geistiger Beeinträchtigung und ihre Familien* einrichten müssen. Dabei darf es nicht nur um die Begleitung der Trauer gehen. Vorrangig muss zunächst für das Überleben der Familie gesorgt werden, da häufig ganz existenzielle Sorgen nach dem Tod eines Partners die Familie bedrohen. Für die eigene Trauer des zurückbleibenden Elternteils bleibt meist über Jahre erst einmal kein Platz.

Trauernde mit geistiger Beeinträchtigung sollten in einem sicheren Rahmen ihren individuellen Bedürfnissen und Fähigkeiten entsprechend angemessen informiert werden. Es muss Raum und Zeit geschaffen werden für die persönliche Auseinandersetzung mit dem Verlust, und es sollten Möglichkeiten erarbeitet werden, die Vielfalt der Trauerreaktionen verbal und/oder nonverbal auszudrücken.

Betroffene benötigen besonders sensible Wahrnehmung, individuelle Fürsorge und Unterstützung. Es darf nicht sein, dass – auch aufgrund der mangelnden sozialen und gesellschaftlichen Anerkennung der Trauer von Menschen mit geistiger Beeinträchtigung – solche Angebote fehlen. Trauernde Familien dürfen nicht allein gelassen werden mit ihrer eigenen Trauer, den Belastungen, die der Tod auslöst, und den Sorgen um den Menschen mit geistiger Beeinträchtigung.

Unter dieser Adresse finden Sie ein Beispiel für ein Angebot zur Trauerbegleitung in einfacher Sprache: https://www.hospiz-initiative-kiel.de/index_htm_files/inEinfacherSpracheFlyer2017.pdf (abgerufen 11.02.2019).

Davon sollte es mehr geben. Dennoch reicht das allein nicht aus, wie der folgende Erfahrungsbericht eines trauernden Vaters noch einmal ganz deutlich zeigt. Leider, das muss ich aus meiner Erfahrung sagen, ist das kein Einzelfall.

Exkurs: Hilfe – Ist da jemand? – Ein Vater erzählt

Überleben mit den Kindern nach dem Tod meiner Frau
Erfahrungsbericht von Manfred

Am 16. Sep. 2016 verstarb meine Frau im Alter von 45 Jahren nach kurzer Krebsdiagnose (sieben Monate vorher).

Dann kamen erst viele Fragen auf, worum ich mir vorher keinen Kopf gemacht hatte. Ich, 49, im Schichtdienst (24 Stunden), meine Tochter (14 Jahre) gesund, ihr Zwillingsbruder (14 Jahre) körperlich und geistig behindert und mit epileptischen Anfällen. Habe mich erst einmal krankschreiben lassen. Der Arzt war klasse, er hatte Verständnis für meine Situation.

In der Zeit des »Krankseins« versuchte ich dann, Informationen zu bekommen, wie ich das alles händeln könnte, um weiterarbeiten zu können. Meine Beihilfestelle meinte nur, ich müsste meinen Sohn in ein Heim geben. Die Krankenkasse hatte auch keine Lösung für mich.

Aus meinem Umfeld kamen viele Ideen: Sozialamt, Seniorenbeirat, Jugendamt. Die Mitarbeiterin vom Seniorenbeirat hatte Ideen, stellte aber fest, dass ich die finanziellen Mittel zur Unterstützung alle schon vorher beantragt hatte und auch nutzte.

Das Sozialamt verwies ans Jugendamt, das Jugendamt verwies ans Sozialamt. Keiner fühlte sich zuständig, auch wegen der Betreuung über Nacht, da mein Sohn nicht volljährig war.

Etwa einen Monat später kam eine ehemalige Mitarbeiterin der Beihilfestelle auf mich zu und meinte, nach Beihilferecht würde mir eine Haushaltshilfe zustehen.

Ich rief also bei der Beihilfe an. Die verneinten das. Wieder keine Hilfe.

Dann schrieb mir diese nette ehemalige Mitarbeiterin einen formlosen Antrag an die Beihilfe mit dem Verweis auf die Paragraphen. Dieser wurde dann von den Mitarbeiterinnen der Beihilfestelle geprüft und nach vielen Telefonaten bekam ich dann doch die Zusage: »Haushaltshilfe für ein Jahr genehmigt«. Aber vom Zeitpunkt des Todes an. Wir hatten bereits Dezember. Dann auch nur 8 Stunden am Tag und maximal 72 €. Die Krankenkasse war komplett aus der Nummer raus, mit der Begründung, dass bei ihnen nach dem Tod nichts vorgesehen ist.

Also zahlte ich für jeden Tag, an dem eine Betreuung für meinen Sohn hier war, 72 €, von denen ich aber nur 70 % erstattet bekam. Dann versuchte ich, einen festen Betreuer zu finden, der meinen Sohn auch für dieses kleine Geld 24 Stunden betreuen sollte. Aus der Verwandtschaft durfte diese Betreuung vom Gesetz her nicht sein.

Diakonie, Lebenshilfe, private Haushaltshilfen lehnten grundsätzlich ab, da man ja über Nacht bleiben müsste, wenn ich arbeiten bin und mein Sohn nicht volljährig sei. Die privaten Haushalthilfen wären bereit gewesen, wollten aber 20 € pro Stunde abrechnen. Das würde ich mit dem Pflegegeld nicht hinkriegen, da hätte ich aufhören können zu arbeiten und hätte mich dann noch besser gestanden.

Am Ende habe ich einige gefunden, die für so wenig Geld arbeiten wollten. Es waren aber auch Nieten dabei, die mit meinem Sohn nicht zurechtkamen oder auf einmal selber Probleme hatten.

Irgendwann kam eine Betreuerin und setzte mir die »Pistole« auf die Brust bezüglich mehr Geld. Wir einigten uns auf eine bessere Bezahlung. Was sollte ich machen – und eigentlich hatte sie recht.

Zeitgleich versuchte ich auch, an andere Hilfen zu kommen, da diese Betreuerin des Öfteren ausfiel wegen Krankheit, Enkel etc. und anschließend ganz das Handtuch warf.

Dann kam von der psychologischen Beratungsstelle ein Hinweis auf einen Antrag, den ich beim Sozialamt bezüglich Wiedereingliederung stellen könnte. »Dann müssten die handeln«.

Taten sie auch, schoben den »Schwarzen Peter« an die LVA und diese ihn wiederum ans Kreissozialamt.

Ich dachte auch über Aupairs nach, verwarf das aber wieder wegen den komplett ungünstigen Bedingungen, die in der Anfrage stehen würden: Alleinerziehend, männlich, wohnt auf dem Land, Kind behindert etc.

Dann kam der Gedanke von wegen BUFTIS, freiwilliges soziales Jahr. Aber wie sollte ich da rankommen? Ich dachte, es wäre ein Vorteil, wenn einer ausfällt; dann bekäme ich aus diesem Pool, wenn der Betreuer ausfiele, direkt einen Ersatz. Falsch gedacht!!!

Bei der Nachfrage beim Kreisjugendamt, ob es die Möglichkeit für mich gäbe, auf einen solchen Pool zugreifen zu können, bekam ich mal erst einen ziemlichen Schuss vor den Bug. Ich sei selber für meine Kinder verantwortlich und müsse mich selber darum kümmern. Nach langer Erklärung wurde die Mitarbeiterin doch einsichtig. Sie konnte mir jedoch auch nicht weiterhelfen.

Also wieder Vorstellungsgespräche. Mein Sohn hat eine Antenne dafür, wer zu ihm passt. Da passt nicht einfach jede Person. Auch darauf musste ich noch achten.

Außerdem musste ich diese Hilfen dann auch noch bei der Bundesknappschaft anmelden. Wieder neue und zusätzliche Kosten.

Und nun haben wir endlich eine Hilfe, die meinem Sohn sogar guttut: meine Freundin. Und diese Betreuung ist umsonst.

7 Orientierungshilfen in der Begleitung

Im Folgenden möchte ich über die bereits benannten Orientierungshilfen (persönliche Erfahrung und Haltung, Traueraufgaben, Reaktionen, Risikofaktoren, …) hinaus weitere Möglichkeiten vorstellen, die Orientierung geben können in der Begegnung mit und Begleitung von Menschen mit geistiger Beeinträchtigung. In diesem Zusammenhang möchte ich noch einmal darauf hinweisen, dass wir jedem Menschen in seiner Einzigartigkeit begegnen und ihn sehr sensibel mit seinen individuellen, aktuellen Fähigkeiten, in der akuten Lebenssituation, unter Berücksichtigung der lebensgeschichtlichen Faktoren, Risikofaktoren und Ressourcen, seinem individuellen Verständnis von Sterben, Tod und Trauer wahrnehmen und unterstützen sollten. Ich habe mit Menschen verschiedener Intelligenzgrade gearbeitet. Meine Erfahrung ist, dass dies auch mit Menschen, denen eine Intelligenzminderung schweren Grades zugeschrieben wurde, möglich und für die Betroffenen hilfreich war.

Menschen mit geistiger Beeinträchtigung sind Erwachsene

Hilfreich zur Orientierung können die im ICD-10 den verschiedenen Graden der Intelligenzminderung zugeordneten *mentalen Alterszuweisungen* sein.

Ich möchte noch einmal darauf aufmerksam machen, dass wir hier von erwachsenen, trauernden Menschen sprechen, die bereits viele unterschiedliche und prägende Lebenserfahrungen gemacht haben. Trauernde Menschen mit geistiger Beeinträchtigung haben andere Sorgen, Bedürfnisse, Ressourcen – und durch ihre quantitativ wie qualitativ unterschiedlichen Einschränkungen andere Fähigkeiten als Kinder. Vor allem bestehen ihre Möglichkeiten nicht, wie bei Kindern, in fortschreitenden, sondern häufig sogar in rückläufigen Entwicklungsprozessen.

SEO und SEED

Hilfreich und sinnvoll ist daher die Sicht, die Anton Dosen (Psychische Störungen, 2005) auf den Weg gebracht hat und die von Tanja Sappok und Sabine Zepperitz (Das Alter der Gefühle, 2016) als SEO-Konzept weiterentwickelt wurde.

Inzwischen arbeitet die europäische Forschungsgruppe NEED (Network Europeans on Emotional Development), die sich um die vorgenannten Wissenschaftler*innen zusammengefunden hat, an einem Konzept der emotionalen Entwicklung und Diagnostik. Das vorläufige Manual SEED (Skala der emotionalen Entwicklung – Diagnostik) soll in Kürze beim Hogrefe Verlag auf Deutsch und Niederländisch erscheinen. Grundlage ist der Gedanke, dass das Verhalten und die Bedürfnisse eines Menschen maßgeblich von seinem emotionalen Entwicklungsstand beeinflusst werden.

Die Kritik der Wissenschaftler*innen bezieht sich unter anderem auch auf die Infantilisierung erwachsener Menschen. Menschen mit geistiger Beeinträchtigung haben vielleicht kindliche Bedürfnisse, sollten jedoch als Erwachsene teilhaben und einbezogen werden.

Aus diesen Gründen möchte ich hier auf die Übertragung kindlicher Todeskonzepte auf Menschen mit geistiger Einschränkung verzichten, wobei ich denke, dass einzelne Aspekte durchaus hilfreich sein könnten.

Meine Erfahrung ist, dass vor allem die Konzentration auf die Individualität, der Bezug auf die Themen der Trauer und die im Verlauf des Kapitels vorgestellten Hilfen eine gute Orientierung für die Begleitung geben, um sich bestmöglich auf die Menschen einzustellen.

7.1 Definitionen und Klassifizierungen

Definitionen und Klassifizierungen können Orientierung zur Einordnung einer geistigen Beeinträchtigung und für die entsprechenden Unterstützungs- und Therapiemöglichkeiten geben. Eingangs haben wir die Komplexität und die Schwierigkeit beleuchtet, eine eindeutige, allgemeingültig akzeptierte Definition zum Begriff der »geistigen Behinderung« zu finden. Laut Wikipedia bezeichnet »der Begriff geistige Behinderung (auch ›geistige Zurückgebliebenheit‹ und ›mentale Retardierung‹) einen andauernden Zustand deutlich unterdurchschnittlicher kognitiver Fähigkeiten eines Menschen sowie damit verbundene Einschränkungen seines *affektiven Verhaltens*«.

Die Kriterien des ICD-10 stellen die intellektuellen Defizite, die damit verknüpften Lernstörungen und verminderten Alltagskompetenzen sowie die soziale Anpassungsfähigkeit in den Vordergrund. Eine geistige Behinderung kann zudem mit Beeinträchtigungen der Motorik und der Sprache verknüpft sein. Über Defizite oder Kompetenzen von Wahrnehmung, Ausdruck und Regulierung von Emotionen werden keine Aussagen gemacht. Dass hier Teilaspekte des Menschen in den Blick genommen werden, spricht deshalb einmal mehr für eine ganzheitliche Perspektive auf einer sehr individuellen Ebene. Zugleich möchte ich davon ausgehen, dass die Fähigkeit, Emotionen wie Freude, Trauer oder Leid wahrzunehmen, zu empfinden und zu regulieren, bei Menschen mit geistiger Einschränkung in unterschiedlichem Ausmaß vorhanden ist und – wie im SEED Konzept – berücksichtigt werden sollte.

ICD-10 (Internationale Klassifikation der Krankheiten)

Menschen mit geistiger Beeinträchtigung haben im Sinne des ICD-10 eine Intelligenzminderung. Darunter wird im ICD-10 ein Zustand von verzögerter oder unvollständiger Entwicklung der geistigen Fähigkeiten verstanden. Besonders beeinträchtigt sind Fertigkeiten, die sich in der Entwicklungsperiode manifestieren und die zum Intelligenzniveau beitragen, wie Kognition, Sprache, motorische und soziale Fähigkeiten. Eine Intelligenzminderung kann allein oder zusammen mit jeder anderen psychischen oder körperlichen Störung auftreten. Intelligenz ist die Fähigkeit, gut zu lernen, sich an neue Situationen anzupassen und abstrakt zu denken. Diagnostiziert werden Intelligenzminderungen klinisch, über Intelligenztests und Skalen zur Einschätzung der sozialen Anpassung in der jeweiligen Umgebung. Intellektuelle Fähigkeiten und soziale Anpassung können sich verändern. Sie können sich, wenn auch nur in geringem Maße, durch Übung und Rehabilitation verbessern. Die Diagnose sollte sich immer auf das gegenwärtige Funktionsniveau beziehen.

Übersicht der WHO: Intelligenzstörungen im ICD-10 (F70–F73)

- F70 Leichte Intelligenzminderung
  IQ-Bereich 50–69 – Mentales Alter: 9 bis unter 12 Jahre
  Es kommt zu deutlichen Entwicklungsverzögerungen in der Kindheit. Die meisten Menschen können aber ein gewisses Maß an Unabhängigkeit erreichen und eine ausreichende Kommunikationsfähigkeit und Ausbildung erwerben. Erwachsene brauchen in unterschiedlichem Ausmaß Unterstützung im täglichen Leben und bei der Arbeit.

- F71 Mittelgradige Intelligenzminderung
  IQ-Bereich 35–49 – Mentales Alter: 6 bis unter 9 Jahre
  Deutliche Entwicklungsverzögerungen in der Kindheit sind festzustellen. Förderschulen für geistig Behinderte bieten entsprechende Förderung. Im Erwachsenenalter können Menschen bei guter Förderung im geschützten Rahmen arbeiten, lesen und schreiben.

- F72 Schwere Intelligenzminderung
  IQ-Bereich 20–34 – Mentales Alter: 3 bis unter 6 Jahre
  Betroffene können nicht lesen und schreiben lernen. Der Besuch einer allgemeinbildenden Schule ist nicht möglich.
  Lebenspraktische Bildung im Rahmen einer Förderschule ist erreichbar. Dauernde Unterstützung ist jedoch notwendig.

- F73 Schwerste Intelligenzminderung
  IQ-Bereich unter 20 – Mentales Alter: unter 3 Jahre
  Menschen mit dieser Intelligenzminderung sind auf die Versorgung durch andere angewiesen, es besteht häufig eine Inkontinenz, und starke Beeinträchtigung in der Kommunikation und Beweglichkeit.

Am häufigsten tritt nach Bschor/Grüner (Psychiatrie fast, 2006) mit 82 % die leichte Intelligenzminderung auf, gefolgt von mittelgradiger (11 %), schwerer (5 %) und schwerster (2 %) Intelligenzminderung.

7.2 Wissen individuell vermitteln

Wie bereits erwähnt, möchte ich auf die Nutzung bekannter kindlicher Todeskonzepte verzichten. Menschen mit geistiger Beeinträchtigung entwickeln nach meiner Beobachtung ein multifaktoriell geprägtes, ganz eigenes Todeskonzept. Einflussnehmende Faktoren sind unter anderem z. B. die Erkrankung mit ihren spezifischen Folgen, Erfahrungen zu Krankheit, Sterben, Tod, Trauer und Verlust, das Erziehungsklima, die Kommunikation zu schweren Themen in der Familie, der Zugriff auf verständliche Informationen, der mögliche Umgang mit Emotionen und vieles mehr. Wir sollten das individuelle Wissen des Menschen sehen und zugleich bedenken, dass der Tod nicht mit all seinen Aspekten verstanden werden kann und muss, um trauern zu können. Das gilt für Menschen mit und ohne Einschränkungen. Darüber hinaus sollte uns klar sein, dass Wissensvermittlung immer ein lebendiger und kontinuierlicher Prozess ist, der – wie Trauerprozesse auch – nie ganz abgeschlossen sein wird.

Medien und ihren Einfluss beachten

Die Verharmlosung von Sterben, Tod und Töten in Computerspielen oder in Fernsehsendungen kann die Entwicklung eines realistischen Todesverständnisses erschweren. Nicht nur Menschen mit geistiger Beeinträchtigung leben mit verzerrten Bildern, was Sterben, Tod und Trauer betrifft, weil sachliches Wissen und Erfahrungen fehlen. Wenn ich Grundschulkinder danach frage, woran Menschen sterben, ist die häufigste und erschreckende Antwort: »Die werden umgebracht.« Informationsfetzen, die aus Medienberichten, Gesprächen oder Telefonaten aufgefangen werden, führen bei einer nicht offenen Haltung zum Themenkomplex dazu, dass Inhalte miteinander vermischt werden, die nicht zusammengehören. Ängste und Schuldgedanken, die durch eine solche Sichtweise entstehen, könnten durch einfache, sachliche Informationen ausgeräumt werden.

Zugleich können wir Medien zu Hilfe nehmen, um Wissen anschaulich zu vermitteln. Wie und in welchem Maß diese zum Einsatz kommen, kann sehr unterschiedlich sein und muss im Einzelfall entschieden werden. Können Menschen mit einer geistigen Behinderung selbst lesen, benötigen sie in der Regel Texte in einfacher Sprache, die nicht zu lang sein sollten. Ist kein Lesevermögen vorhanden, kann auch vorgelesen werden.

Ob Kinderbücher geeignet sind, sollte individuell entschieden werden. Es kann für erwachsene Menschen mit geistiger Beeinträchtigung sehr verletzend sein, wenn sie wie Kinder behandelt werden, obwohl sie erwachsen sind.

Andererseits habe ich Klient*innen mit geistiger Beeinträchtigung, die in mein Trauerbücherregal gegriffen und sich ein Kinderbuch herausgesucht haben, welches ich vorlesen oder ausleihen sollte. Für andere wäre ein Kinderbuch keine Option, und wieder andere mögen überhaupt keine Bücher. Ich persönlich habe mich entschieden, nachzufragen und dementsprechende Angebote zu machen.

Wissensstand prüfen

Wir müssen in der Begleitung sehr wachsam sein und sensibel herausfinden, was der trauernde Mensch über den Themenkomplex weiß, was er denkt und wie er sein Wissen miteinander verknüpft hat. Dies bedeutet, sich mit vielen Fragen, den möglichen – immer sehr individuellen – Antworten zu nähern. Es wird auch hier deutlich, dass Trauerbegleitung generell und im Kontext »Menschen mit geistiger Behinderung begleiten« eine Vertrauensbasis, sehr viel Zeit, Geduld und sensible Wahrnehmung voraussetzt. Immer wieder neu müssen wir uns fragen, was und wie der Mensch mit geistiger Beeinträchtigung, dem wir begegnen, Zusammenhänge verstehen kann. Um den aktuellen Wissenstand zu verstehen, könnten folgende Hinweise und Fragen hilfreich sein:

- Was weiß die trauernde Person?
- Was möchte sie wissen?
- Wie verknüpft sie ihr Wissen?
- Woher hat sie ihr »Wissen«?
- Handelt es sich um ein sachliches Wissen? Wurden zufällig »Wissensbrocken« in Gesprächen anderer aufgeschnappt und mit anderem Wissen oder eigenen Fantasien verbunden?
- Hat die trauernde Person ihr Wissen von anderen Menschen, die eigene Fantasien, eigene Werte oder Bewertungen als sachliches Wissen weitervermitteln?

- Glaubt sie somit vielleicht an »falsche Tatsachen?«
- Spielt die Vorstellung magischer Einflüsse eine Rolle bei den Ansichten über und dem Umgang mit Sterben, Tod und Trauer?
- Beeinflussen Gedanken von Schuld/Bestrafung oder Gefühle von Scham die Vorstellungen zu Tod und Trauer?

Wir sollten für ein sachliches Wissen sorgen, damit unnötige Ängste vermieden und Menschen möglichst selbstbestimmt und ihren Fähigkeiten entsprechend Entscheidungen treffen können. Etwa »Möchte ich den Verstorbenen noch einmal sehen?«, »Möchte ich an der Trauerfeier teilnehmen oder nicht?« Solche Entscheidungen können bestmöglich auf der Basis eines breiten, sachlichen Wissens getroffen werden. Wir sollten eigene Bewertungen heraushalten und unsere Aussagen sowie eventuelle Handlungsempfehlungen an die Trauernden selbstkritisch prüfen.

Wir erinnern uns an die eingangs genannte Beeinflussung Trauernder durch eigene negative Erfahrungen?

Sonja (Downsyndrom) wirkt auf mich in der ersten Stunde der Begleitung nach dem Tod der Mutter in sich gekehrt und schweigsam. Ich lasse Zeit. Irgendwann frage ich, was sie eigentlich denkt. Auf diese Frage reagiert sie sehr schnell, direkt und sehr bedrückt: »Ich frage mich, wie es weitergeht. Ich weiß ja nichts, und ich kann nichts.«

Angemessen informieren

Grundsätzlich sollten Menschen ihren Fähigkeiten entsprechend darüber informiert werden, wenn ein nahestehender Mensch oder jemand aus dem direkten Lebensumfeld sterben wird oder gestorben ist. Sie müssen angemessen aufgeklärt und gefragt werden zu Dingen, die ihren Alltag und ihren Verlust in all seinen Konsequenzen betreffen. Nur so können sie ihren Bedürfnissen und Fähigkeiten entsprechend wählen. Einfach nur zu fragen, ob der Betroffene den Verstorbenen noch einmal ansehen möchte, reicht z. B. nicht aus. Angemessen informieren meint: Rundum alle zu erwartenden Umstände ansprechen und fragen, was der Betroffene zum Thema schon weiß; prüfen, ob Wissenslücken oder Fantasien bestehen, die eventuell beängstigend sein können.

Ereignisse rund um den Tod sollten erzählt werden, und Betroffene sollten zudem *wiederholt* die ausdrückliche Erlaubnis erhalten, immer wieder fragen zu dürfen. Falls sich Bezugspersonen oder Betreuer*innen mit solch einer Aufgabe überfordert fühlen, kann eine andere Person gesucht werden, die für diesen wichtigen Prozess zuverlässig zur Verfügung steht.

Wissen sachlich in einfacher Sprache vermitteln

Um den Tod als Faktum zu erklären, können Sie die *drei Dimensionen des Todesverständnisses* nutzen. Anhand dieser lassen sich Wissenslücken oder verzerrte Sichtweisen relativ leicht herausfinden. Nutzen Sie klare Worte und keine Umschreibungen oder irreführenden Bilder. Abstrakte Erklärungen sind schwieriger zu verstehen, ebenso bildhafte Vergleiche. Zudem sollten wir mit Menschen mit geistiger Beeinträchtigung darüber sprechen, was sie beunruhigt, und auch darüber, wovon wir annehmen, dass es für sie beängstigend sein könnte.

Bitte fragen Sie *immer wieder* nach, was verstanden wurde. Erfragen Sie, was die Betroffenen von den Erklärungen halten, wie ihre Einschätzung dazu ist. Weitere Tipps zur »Leichten Sprache und Kommunikation« finden Sie im Kapitel 8.2.

In der Begleitung einer jungen Frau nutzte ich unüberlegterweise einmal folgendes Bild: »War dein Vater so etwas wie ein Fels in der Brandung?« Da wir ein gutes Vertrauensverhältnis hatten, entgegnete die junge Frau sofort. »Das verstehe ich jetzt nicht. Mein Vater hatte noch nie etwas mit Feuer zu tun. Warum denkst du das?«

Marie lebt in einer betreuten Wohneinrichtung. An dem Wochenende, als ihr Vater plötzlich durch einen Herzinfarkt stirbt, ist sie bei ihren Eltern. Sie findet den Vater auf der Toilette und versteht nicht, dass er nicht wieder aufstehen kann. Später erklärt die Mutter, dass Marie es sich so vorstellen soll wie bei einer Taschenlampe. Jeder Mensch hat eine Batterie. Wenn sie leer ist, stirbt der Mensch. Dann kann er nicht mehr weiterleben, sein Herz schlägt nicht mehr, und er kann nicht laufen, essen oder sprechen. Marie bringt der Mutter einige Tage später eine neue Batterie und bittet sie, diese dem Vater einzusetzen, damit sein Herz wieder schlägt und er wieder essen und trinken kann.

Sich darauf einstellen, mehrfach zu erklären

In den Begleitungen von Menschen mit geistiger Beeinträchtigung kommt es häufig vor, dass Betroffene sich wünschen, mehrfach sachliche Zusammenhänge erklärt zu bekommen. Sie möchten z. B. ein bestimmtes Buch oder Fotos noch einmal sehen, noch einmal hören, was passiert ist. Wir müssen geduldig bleiben, wenn Menschen mehrfach die gleichen Fragen stellen. Das Bedürfnis, Erklärungen in Bezug auf das Geschehen wiederholt zu hören, tritt auch bei Menschen ohne Einschränkung als natürliche Trauerreaktion auf. Es geht darum, die neue Realität zu verstehen und zu begreifen, was passiert ist.

Zeitnah informieren

Ich möchte in diesem Zusammenhang darauf hinweisen, dass wir Menschen mit geistiger Behinderung und möglicherweise eingeschränktem Zeitempfinden dennoch zeitnah über den bevorstehenden Tod oder den Tod eines Menschen aus dem Lebensumfeld informieren sollten. Es ist besser, eine solche Information nicht von anderen Menschen, unter Umständen verzerrt, mit falschen oder lückenhaften Informationen in einer unerwarteten und unbegleiteten Situation zu bekommen.

Gerüchte vermeiden

Bitte achten Sie darauf, dass Ihre Informationen (Familie, Schule, Wohnheim) sich nicht widersprechen, und räumen Sie so weit wie möglich Ungewissheiten aus. Bedenken Sie, dass es (gerade, wenn es um eine Erkrankung oder Todesumstände geht) schnell zu Gerüchten kommen kann, die einen Umgang miteinander verkomplizieren und Betroffene verunsichern können. Wichtig können auch Angebote zu regelmäßigen Gesprächen und Austausch sein. In Institutionen könnten solche Angebote thematisch mit einem kleinen Input (Foto, Film, Frage, …) eingeleitet werden.

Zeitempfinden

Ein aus meiner Sicht weiterer wichtiger Punkt, der das Todesverständnis beeinflusst, ist das Verstehen von Zeitzusammenhängen. Menschen mit geistigen Behinderungen haben nicht immer eine Orientierung zu Zeitverläufen. Das kann ein Verstehen von Tod in seiner Konsequenz erschweren. Finden Sie darum heraus, ob und wie die Dimension von Endgültigkeit verstanden wird.

Meine Erfahrung mit Trauernden ist hier, dass in vielen Fällen das Ausmaß des »Nie mehr wieder« erst nach langer Zeit verstanden werden kann. Ich habe den Eindruck, dass die stetige Erfahrung, der Verstorbene kommt und kommt nicht wieder, das Begreifen des kognitiv Unbegreiflichen oft erst ermöglicht. Das bedeutet Geduld zu haben und dem betroffenen Menschen zuzugestehen, dass sein Verstehen Zeit braucht. Es kann auch heißen, Trauernden immer wieder die gleiche Antwort zu geben, ohne genervt und aggressiv zu werden und Fragen nach dem »Wiederkommen des Verstorbenen« möglicherweise sogar mit verletzenden Kommentaren zu erwidern wie: »Das habe ich dir doch schon hundertmal gesagt, er kommt nicht zurück. Wann begreifst du das denn endlich mal?«

Auch hier gilt der Grundsatz der Individualität. Manche Menschen verstehen sehr schnell, dass der Abschied endgültig sein wird, andere verstehen es vielleicht niemals. Diesem individuellen Verstehen müssen *wir* uns anpassen und dafür sorgen, dass das, was möglich ist, im Interesse der Betroffenen auch bestmöglich genutzt wird.

7.3 Dimensionen des Todesverständnisses

Wir haben über die Themen im Trauerprozess erfahren, dass es, um zu begreifen und zu verstehen, hilfreich ist, sich von Verstorbenen zu verabschieden. Abschiede ermöglichen uns, das Ende des Lebens, den Tod in seinen Dimensionen erfahrbar zu machen. Der Tod bleibt damit keine völlig abstrakte, unwirkliche Angelegenheit. Die drei Dimensionen können beim Abschied des Verstorbenen realistisch erfahrbar und überprüfbar und somit verständlich werden. Ist diese reale Erfahrung nicht möglich, müssen wir versuchen, sie auf anderen Wegen zu vermitteln.

Der Tod ist endgültig

Verstorbene kommen nicht wieder. Verstorbene sind nicht eingeschlafen – denn dann könnten sie auch wieder aufwachen. Der Tod ist nicht gleichbedeutend mit Schlaf, diese Vorstellung könnte Angst machen, selbst schlafen zu gehen. Tote gehen auch nicht auf die Reise. Die Formulierung »wir haben Mia verloren«, kann ebenfalls für Irritation sorgen, denn man könnte versuchen sie wiederzufinden. Erklären Sie, dass Verstorbene keine Schmerzen spüren, dass sie keinen Hunger oder Durst leiden.

Der Tod ist universal

Erklären Sie, dass alle Lebewesen sterben müssen. Nutzen Sie dazu z. B. sichtbare Prozesse in der Pflanzen- oder Tierwelt. Zeigen Sie den Unterschied zwischen belebt und unbelebt. Lassen Sie Betroffene diesen Unterschied selbst be-greifen.

Der Tod ist kausal

Erklären Sie, *warum* Menschen sterben (Krankheit, Alter, Unfall, Suizid, Naturkatastrophen). Bitte erwähnen Sie bei Erklärungen zu Krankheiten, dass nicht jede Krankheit zum Tode führt. Ziehen Sie Grenzen zu Krankheiten, die gewöhnlich zur Gesundung führen, und machen Sie dies an Beispielen oder anhand von einfacher Literatur deutlich. Bedenken Sie bitte, dass Betroffene selbst auch krank sind und werden. Wir sollten unnötige Ängste in diesem Zusammenhang vermeiden. Zudem ist es wichtig, dass Trauernde darüber aufgeklärt werden, dass der Tod an sich oder die meisten Krankheiten, die zum Tod geführt haben, nicht ansteckend sind. Missverständnisse können nur ausgeräumt werden, wenn wir auf der den Betroffenen *entsprechenden Verständnisebene* kommunizieren und zugleich ehrlich informieren.

Was passiert nach dem Tod mit dem Verstorbenen?

Bitte erklären Sie auch, was passiert, wenn ein Mensch gestorben ist. Dazu kann es gehören, zu sagen, dass der Verstorbene nicht gleich ausschaut wie ein Skelett oder blutüberströmt ist. Tote werden auch keine Gespenster oder Horrorfiguren, die uns bedrohen. Hören Sie bitte nach, welche möglichen Ängste der trauernde Mensch in Bezug auf den Verstorbenen und »das Danach« hat.

Merkmale des Todes

- Das Herz eines Verstorbenen schlägt nicht mehr.

Ein Stethoskop kann z. B. helfen, das schlagende Herz erfahrbar zu machen und zu sagen, dass bei einem Verstorbenen nichts mehr zu hören ist, weil das Herz aufgehört hat zu schlagen. Wenn ein Abschied beim Verstorbenen stattfindet, darf auch hier ruhig nachgehört werden (mit dem Ohr oder mit einem Stethoskop), dass das Herz nicht mehr schlägt.

- Verstorbene fühlen sich kalt an.

Lassen Sie den trauernden Menschen seine warme Haut spüren, und lassen Sie ihn den Verstorbenen anfassen – oder, wenn dies nicht mehr möglich ist, vielleicht den kalten Fliesenboden.

- Verstorbene können nicht mehr sprechen und spüren nichts mehr.

Wenn die Chance besteht, den Verstorbenen zu verabschieden, nutzen Sie mit dem Menschen mit geistiger Beeinträchtigung diese Möglichkeit zu begreifen, was tot sein bedeutet. Zeigen Sie ihm, dass der geliebte Mensch nicht mehr antwortet, egal was gesagt wird. Der Verstorbene darf auch ruhig einmal »gezwickt oder gekitzelt« werden, um deutlich zu machen, dass er nichts mehr spürt und nicht mehr reagiert. In diesem Zusammenhang ist es mir wichtig, Sie nochmals darauf hinzuweisen, dass Sie dem Trauernden ganz deutlich auch mehrfach erklären sollten, dass Verstorbene keine Schmerzen mehr spüren, ihnen also nichts mehr weh tun kann. Gerade im Zusammenhang mit Feuerbestattungen kommt es immer wieder vor, dass Trauernde leiden, weil sie glauben, dass das Verbrennen für den Verstorbenen sehr schmerzhaft sein muss. Hier können Sie durch gute und rechtzeitige Aufklärung dafür sorgen, dass der trauernde Mensch nicht unnötig leidet. Es reicht schon, dass der geliebte Mensch nicht wiederkehren kann.

Leben hat einen Anfang und ein Ende

Sie können die Endgültigkeit des Lebens anhand von Fotos erklären. Vielleicht gibt es in Ihrer Familie/Wohnheim/Werkstatt Menschen, die verstorben sind. Hier wäre es hilfreich, Fotos von der Geburt bis zum Ende dieses Lebens anzuschauen. Sie können auch die Biografie von bekannten Persönlichkeiten nutzen. So habe ich in einer Begleitung Fotos von Geburt, Leben und dem Friedhof von Falco, dem Sänger, der 1998 verstarb, eingesetzt. Zudem kann das Aufmalen von Lebenslinien (eigene oder die anderer Menschen) zur Verdeutlichung hilfreich sein. Auf der Linie können markante Lebensstationen eingetragen werden wie z. B. die Geburt, Einschulung, Geburt der Geschwister, Umzug, Lebensalter, …) So kann das Zeitverständnis im Sinne von Vergangenheit, Gegenwart und Zukunft verdeutlicht werden.

Die Broschüre von Bonn Lighthouse beinhaltet alle wichtigen Themen um Sterben, Tod und Trauer und kann sehr hilfreich sein:

- Was ist Trauer? (Trennung, Tod, Lebensperspektiven, Gesundheit, …)
- Kreislauf des Lebens: (geboren werden, wachsen, sterben)
- Warum sterben Menschen? (Krankheit, Alter, Unfall, …)
- Wenn Menschen leben, können sie … (atmen, sich bewegen, Gefühle haben, …)
- Wenn Menschen tot sind, können sie das nicht mehr …
- Trauerfeier
- Trauerreaktionen: Gefühle, Gedanken, Verhalten in der Trauer, körperliche Reaktionen
- Hinweise zum Umgang mit Trauer

Ebenfalls hilfreich ist die vom Caritas Behindertenhilfe und Psychiatrie e. V./Fachverband im Deutschen Caritasverband herausgegebene Broschüre »Wie ist das, wenn ich sterbe?«. Sie kann nicht nur genutzt werden, wenn es darum geht, wie es ist, selbst zu sterben, sondern auch zu Hilfe genommen werden, wenn es um das Sterben generell geht. Im Anhang finden Sie ein Wörterbuch mit vielen Begriffen rund um das Thema.

Hilfreiches Material

Bonn Lighthouse: Trauer. © Scope (Vic) Ltd 2007, Translation Bonn Lighthouse e. V.: http://bonn-lighthouse.de/wp2015/wp-content/uploads/2017/11/Trauerbrosch%C3 %BCre-27112017.pdf (abgerufen 29.11.2018)

Brütting, Sabine/Heinemann, Claudia/Hennings-Huep, Anke: Leos Papa hat Krebs. BALANCE buch + medien: Köln 2018

Dosen, Anton: Psychische Störungen, Verhaltensprobleme und intellektuelle Behinderung. Hogrefe: Göttingen 2005

Eisenmann, Maximiliane/Hell, Peter (Caritasverband für die Diözese Augsburg e. V.); Hinz, Thorsten (Bundesfachverband Caritas Behindertenhilfe und Psychiatrie e. V. – CBP); Wehner, Kristina (CAB Caritas Augsburg Betriebsträger gGmbH) Herausgeber: Bundesfachverband Caritas Behindertenhilfe und Psychiatrie e. V. (CBP): *Wie ist das, wenn ich sterbe? Informationen in Leichter Sprache:* http://www.cbp.caritas.de/54256.asp (abgerufen 29.11.2018)

Ravensburger Kinderspiele: Erforsche den Körper. *Für ein mentales Alter von ca. vier bis sieben Jahren.* Ravensburger AG: Ravensburg

Sappok, Tanja/Zepperitz, Sabine: Das Alter der Gefühle. Der entwicklungspsychologische Ansatz als erweiterter Blick in der psychiatrischen Diagnostik und alltagstaugliches Konzept in der Behindertenhilfe. Göttingen 2016

Stowell, Louie/Leake, Kate: Aufklappen und Entdecken: Dein Körper: mit über 100 Klappen. *Für ein mentales Alter von ca. fünf bis sieben Jahren.* Usborne: London 2015

7.4 Abschied, Trauerfeier und Rituale erklären

An dieser Stelle möchte ich Ihnen von Matthias (Kanner-Autist) erzählen, der nach dem Tod der Mutter in die Begleitung kam. Die Trauerfeier stand noch bevor. Weder Matthias noch sein Vater hatten bisher an einer Beerdigung teilgenommen. Es war also wichtig, zu erklären, wie die Trauerfeier ablaufen würde, was geschähe und was Matthias selbst tun könnte. Folgende wichtige Fragen mussten geklärt werden: »Wie kommt Mama aus dem Krankenhaus zur Beerdigung, wenn sie doch nicht mehr laufen kann? Sollen wir Mama zum Bestatter bringen? Wie sieht der Sarg von innen aus? Wird die Mama nackt in den Sarg geworfen?«

Solche und viele weitere Sachfragen kenne ich auch aus anderen Begleitungen. Daraus wird noch einmal deutlich, wie wichtig eine klare, verständliche Aufklärung und eine eigene Haltung sind, die kein Wissen beim Gegenüber voraussetzen darf.

Nachdem ich begreifbare Erklärungen gegeben hatte, unterstützt von verschiedenen Fotos (Bestatterauto, ausgehobenes Grab, Grab mit Bagger, Sarg von innen und außen, Urne, Trauernde auf der Trauerfeier, Sarg mit Blumen, …) und Gegenständen (Urne, kleiner Sarg, Kerzen, Blumen, Taschentücher, …), sagte Matthias ganz trocken: »Oh je, das ist echt viel, was Mama vor sich hat. Muss anstrengend sein, tot zu sein.«

Besonders hilfreich sind Fotos oder der Besuch beim Bestatter und auf dem Friedhof. So können Fragen anschaulich geklärt werden. Holen Sie sich, wenn Sie sich selbst zu unsicher sind, professionelle Unterstützung. (Bestattungsunternehmen, Trauerbegleiter*innen, in Hospizen, bei Seelsorger*innen, Ärzt*innen) Die am Ende des Kapitels genannten Broschüren können die Vermittlung von Wissen ebenfalls erleichtern.

Verwirrung: religiöse Sprache und Lieder

Bitte bedenken Sie, dass bei Trauerfeiern und Bestattungen ein ganz eigenes, spezifisches und sehr bildhaftes Vokabular mit vielen Metaphern verwendet wird. Hier kann für Betroffene viel Verwirrung entstehen.

Lydia ist von uns gegangen. Sie ist jetzt bei Gott. Wir dürfen hoffungsvoll sein, denn Jesus hat den Tod überwunden. Wir alle werden nach dem Tod auferstehen. Das ist das Versprechen, was wir von Gott bekommen haben. Er ist das Licht unseres Lebens und leuchtet uns jetzt in der Dunkelheit.

Wenn ein*e nahe*r Angehörige*r gestorben ist oder die Trauerfeier für eine Institution, der viele Menschen mit geistiger Beeinträchtigung angehören, gehalten wird, sollte darüber nachgedacht werden, die Trauerfeier in »Leichter Sprache« zu gestalten.

Auch Kirchenlieder können für Betroffene schnell zu Überforderung führen. Andererseits könnte das Singen eine entlastende Handlung bei der Trauerfeier sein. Überlegen Sie einfache, verständliche Lieder zu nutzen.

Abschied mitgestalten

Wenn absehbar ist, dass ein nahestehender Mensch durch eine schwere Krankheit sterben wird, sollte ein Abschied ermöglicht werden.

Überlegen Sie, ob der Verstorbene aufgebahrt werden soll. Das kann eine Möglichkeit sein, den Abschied be-greifbarer zu machen. Auch im Wohnheim ist eine Aufbahrung möglich. Manche Einrichtungen nutzen das Ritual, die Zimmertür des*der Verstorbenen zu kennzeichnen und/oder dort eine Kerze aufzustellen und/oder einen Trauertisch (mit Foto, Blumen, Kerze und einem Erinnerungsbuch und/oder Lieblingsgegenständen des/der Verstorbenen) zu gestalten. In ein Abschieds- oder Erinnerungsbuch können Erinnerungen geschrieben oder gezeichnet oder Fotos eingeklebt werden.

Traueranzeige

Beziehen Sie in die Traueranzeige bitte auch den Menschen mit geistiger Einschränkung ein. Leider werden sie hier oft vergessen, der Name wird unter den Trauernden nicht genannt. Dies signalisiert, dass der Mensch von seinem engen Umfeld nicht als Trauernde*r wahr- und ernst genommen wird. Der größere soziale Kreis bedenkt »ausgeschlossene« Trauernde dadurch dann meist auch nicht. Menschen mit geistiger Einschränkung können sich häufig selbst nicht dafür einsetzen, mitgenannt zu werden, da sie gar nicht darüber informiert wurden, was eine Traueranzeige ist und/oder dass es eine Anzeige geben wird.

Trauerfeier mitgestalten

Bieten Sie Trauernden mit geistiger Beeinträchtigung an, die Trauerfeier – ihren Fähigkeiten sowie ihrer Kultur entsprechend – mitzugestalten. Eigene Verantwortung tragen zu dürfen, selbst aktiv zu sein, noch etwas für den*die Verstorbene*n zu tun, kann Gefühle von Ohnmacht und Hilflosigkeit mindern und das Selbstvertrauen stärken. Die Beteiligung an der Vorbereitung und Gestaltung kann daher für Menschen mit geistiger Beeinträchtigung sehr wertvoll sein. Es muss nichts Spektakuläres sein, es geht darum, einbezogen zu werden. Vielleicht dürfen Trauernde mit aussuchen, was der*die Verstorbene anziehen soll, welcher Blumenschmuck oder welcher Sarg/welche Urne gewählt wird. Denkbar wäre auch, dass der Sarg/die Urne gemeinsam bemalt wird. Es können Kerzen für die Trauerfeier gestaltet werden. Oder Sie suchen gemeinsam den Ort aus, wo der*die Verstorbene beerdigt werden soll und beteiligen den Menschen mit geistiger Beeinträchtigung an der Gestaltung dieses Ortes.

Weitere Ideen finden Sie in Kapitel 8.4. Hier noch ein paar Anregungen:

- *Sargbeilagen*
  - kleine Steinherzen, die auf Wunsch mit Edding beschriftet oder bemalt werden können,
  - Fotos (mit oder ohne persönlicher Beschriftung oder Bemalung),
  - Brief schreiben an den*die Verstorbene*n,
  - Bild malen für den*die Verstorbene*n,
  - persönliche Gegenstände, Erinnerungen mitgeben.
- *Aufgaben übernehmen bei der Abschiedsfeier*
  - eine Kerze anzünden,
  - einen Gegenstand positionieren (Foto des*der Verstorbenen, Blume, Kerze, Erinnerungsgegenstand, …),
  - Auswahl von Liedern und Texten,
  - Kerze gestalten,
  - Verteilen von Programm-, Erinnerungs- oder Liedheften,
  - Mitbegrüßung der Trauergäste,
  - Verantwortung tragen für Taschentücher/Regenschirme …,
  - Heliumballons für den*die Verstorbene*n steigen lassen.

Freie Entscheidung überlassen

Wenn Sie Menschen mit geistiger Beeinträchtigung sorgfältig und angemessen informiert haben, sollten Sie die Entscheidung über die Teilnahme an der Beerdigung den Betroffenen überlassen.

Fragen Sie jedoch, wenn der*die Trauernde nicht dabei sein möchte, *warum* dies so ist. Diese einfache Frage hat mir persönlich immer wieder den Zugang zu nicht geklärten Fragen und Befürchtungen eröffnet, die dann meist ausgeräumt werden konnten.

Detlef wollte nicht mit zur Trauerfeier seines Vaters gehen. Seine Mutter war sehr aufgebracht, als sie deshalb mit Detlef zur Beratung kam. Als ich Detlef fragte, *warum* er nicht mitgehen wolle, antwortete er, dass er doch nicht sehen wolle, wie sein Vater auf dem Scheiterhaufen verbrannt würde. Seine Vorstellung einer Feuerbestattung hatte er aus Informationen, die er aufgefangen hatte, aus Medieneindrücken und eigenen Fantasien zusammengesetzt. Nachdem wir besprochen hatten, wie eine Feuerbestattung in der Realität ablaufen würde, war Detlef beruhigt und wollte seinen Vater auf jeden Fall würdig verabschieden.

Bitte sorgen Sie dafür, dass Trauernde bei der Trauerfeier von einer Bezugsperson betreut werden, die nicht zu sehr durch eigene Betroffenheit abgelenkt ist, sondern für die Trauernden da sein kann. Den Trauernden sollte bei Bedarf die Möglichkeit gegeben werden, sich zurückzuziehen.

Bitte bedenken Sie, Vorgehensweisen im Zusammenhang mit dem Abschied und der Trauerfeier in der Familie oder Wohngruppe abzustimmen. Hier ist eine frühzeitige Beschäftigung vor allem zur Findung eines Konsens (wer wie etwas unterstützen kann/möchte) hilfreich.

Trauen Sie sich, eigene Ideen zu realisieren (Bestatter*innen sind in der Regel kooperativ) und fragen Sie unbedingt Menschen mit geistiger Beeinträchtigung nach persönlichen Wünschen. Denken Sie vor allem an sich und Ihre Familie/Institution. Tun Sie das, was Ihnen und der Gemeinschaft tröstlich und stimmig in Bezug auf den*die Verstorbene*n erscheint. Denken Sie erst ganz am Ende daran, was andere denken oder sagen könnten. Geredet und bewertet wird sowieso immer. Das »Gerede« ist danach schnell vergessen. Das, was Sie für Ihre Familie/Institution mit den dort zugehörigen Menschen und insbesondere den Menschen mit geistiger Beeinträchtigung tun, kann sehr wertvoll und prägend sein. Für die Betroffenen und vielleicht auch in gutem Sinne für das soziale Umfeld.

Hilfreiche Materialien

Bauer, Dieter/Ettl, Claudio/Mels, Sr. Paulis: Evangelien der Sonn- und Festtage im Lesejahr B. Reihe: Bibel in Leichter Sprache, Verlag Katholisches Bibelwerk: Stuttgart 2017

Füngerlings, Nicole/Kreuels, Martin: Tot und jetzt? Books on demand: Norderstedt 2017 *Mit vielen hilfreichen Fotos zum Thema Bestattung*

http://gottesdienstinstitut-nordkirche.de/was-wir-bieten/leichte-sprache/ *Materialien und Gottesdienste in Leichter Sprache* (abgerufen 14.01.2019)

http://www.hurraki.de *Wörterbuch für leichte Sprache* (abgerufen 14.01.2019)

http://www.leichte-sprache.de/dokumente/upload/21dba_regeln_fuer_leichte_sprache.pdf *Regeln für leichte Sprache* (abgerufen 14.01.2019)

http://rheinebibliothek.de/Portals/0/Broschuere_Leichte_Sprache_Bestattungs-Vorsorge.pdf (abgerufen 14.01.2019)
https://www.ekiba.de/html/content/leichte_sprache8133.html *Leichte Sprache in der Kirchengemeinde, Evangelische Landeskirche in Baden* (abgerufen 14.01.2019)
https://www.evangelium-in-leichter-sprache.de/node/9 *Evangelium in leichter Sprache* (abgerufen 14.01.2019)
https://www.integrationsaemter.de/Fachlexikon/Geistige-Behinderung/77c450i1p/index.html (abgerufen 14.01.2019)
https://www.thanatos-berlin.de/bestattung-in-leichter-sprache *Bestattungsangebot in leichter Sprache* (abgerufen 14.01.2019)
Rauch, Florian/Rinder, Nicole: Das letzte Fest: Neue Wege und heilsame Rituale in der Zeit der Trauer. Gütersloher Verlagshaus: Gütersloh 2016

Hinweis: Ich habe keine Angebote zu nicht christlichen Religionen in leichter deutscher Sprache finden können.

7.5 Ressourcen

Wir haben in den vorherigen Kapiteln erfahren, dass es viele Risikofaktoren geben kann, die Trauerprozesse von Menschen mit geistiger Beeinträchtigung erschweren können. Stehen diesen nur wenige Ressourcen gegenüber, können komplizierte, anhaltende Trauerprozesse entstehen. Dabei gelingt es Trauernden über einen langen Zeitraum (mehr als 13 Monate nach BVT) nicht, den Tod des nahestehenden Menschen zu akzeptieren und sich an die neuen Lebensumstände anzupassen.

Neben äußeren Ressourcen, die wir als soziales unterstützendes Umfeld zur Verfügung stellen können, indem wir unsere persönliche Haltung reflektieren, uns Trauernden zuwenden, für einen stabilen Lebensrahmen sorgen, die Traueraufgaben hilfreich unterstützen, sachliches Wissen vermitteln, Trauernde in Entscheidungsprozesse einbeziehen und sie aktiv an Abschied und an Ritualen beteiligen, sollten wir Betroffenen mit der Stärkung ihrer eigenen Kraftquellen zur Seite stehen. Ich möchte mit Ihnen nun den Blick auf potenzielle Ressourcen sowie auf verschiedene Aspekte, die zur Ressourcenaktivierung beitragen können, richten.

Ressourcenregal

Vielleicht hilft Ihnen dabei mein Bild vom »Ressourcenregal«. Darin sollten verschieden gefüllte »Gläser« mit Ressourcen stehen, die für bestimmte Lebenssituationen stärkend genutzt werden können. Es könnte z. B. Beschriftungen geben mit: Zeit mit Familie, Ausruhen, Malen, in die Natur gehen/fahren, Zeit mit Freunden, Kochen, Lieblingsserie schauen, Massage usw. Wichtig ist, dass es eine Auswahl von Gläsern gibt und dass diese immer wieder aufgefüllt werden. Hilfreich ist hierbei die Erklärung, dass das Auffüllen und neue Hereinstellen von Gläsern ein wichtiger Teil der Trauerarbeit ist. Ohne körperliche und seelische Kräfte können Verluste nicht überlebt werden. Ein schlechtes Gewissen und Schuldgedanken, weil wir uns mit Dingen befassen, die uns guttun, können so leichter ausgeräumt werden.

In meiner Arbeit mit trauernden Menschen ist mir dieses Bild vom »Ressourcenregal« immer wieder hilfreich. Je nach Fähigkeit und Abstraktionsvermögen gestalte ich mit Betroffenen tatsächlich reale Gläser, in die dann Zeichnungen oder Zettel mit der individuellen Ressource aufgenommen werden.

Gut für sich selbst sorgen

Eine wesentliche Ressource in Krisen ist es, gut für sich selbst zu sorgen. Das gilt selbstverständlich auch für Menschen mit geistiger Beeinträchtigung. Ermutigen Sie darum Menschen, das zu tun und einzufordern, wovon sie selbst wissen, dass es guttut. Das können einfache Dinge sein wie spazieren gehen, Mensch ärgere dich nicht spielen, Musik hören oder Pommes essen, zusätzliche Ergo- oder Physiotherapie, Trauerbegleitung, …

Anpassung kostet Kraft

Um Verluste zu »überleben«, sich an die neuen Lebensumstände anzupassen und einen Umgang mit belastenden Gefühlen und Gedanken zu finden, benötigen wir vielgestaltige Ressourcen, die uns Kraft und Hoffnung spenden für den seelisch und körperlich anstrengenden Trauerprozess, die *Trauer-Arbeit.*

Zum Teil können Ressourcen bereits vorhanden sein und direkt genutzt werden. Andere müssen aufgedeckt und/oder es müssen neue erschlossen, andere wieder »aufgefüllt« werden. Diese notwendige »Ressourcenarbeit« ist für Betroffene nicht immer leicht, manchmal brauchen Menschen Ermutigung, damit sie eigene Ressourcen nutzen können. Unterstützung von außen kann hier hilfreich sein. Bei der Suche nach potenziellen Kraftquellen sollten wir uns als *Begleitende,* nicht als Wissende sehen. Ressourcen sind sehr individuell und müssen zu den Betroffenen, ihren Interessen und Fähigkeiten passen.

Menschen mit geistiger Beeinträchtigung stehen oft nur wenige Ressourcen zur Verfügung. Zugleich kann es aufgrund der geistigen und vielfach zusätzlich körperlichen Einschränkung und der daraus resultierenden Konsequenzen schwer sein, Ressourcen zu erschließen. Es kommt erschwerend hinzu, dass äußere Ressourcen wie z. B. soziale Bindungen, Freund*innen, Partnerschaften, eigene Kinder … und Netzwerke fehlen oder nur geringfügig vorhanden sind.

In der Begleitung von trauernden Menschen mit geistiger Beeinträchtigung braucht das Aufdecken von Ressourcen viel Geduld und Sensibilität. Für die individuellen Ressourcen, die gefunden und genutzt werden, sollten wir Verständnis und Akzeptanz zeigen. Voraussetzung ist zudem, dass wir Raum für die Entdeckung von Ressourcen und Erfahrungen zur Verfügung stellen. Manchmal müssen verschiedene Ideen erst ausprobiert werden, bis die richtige Ressource gefunden ist.

Kraftquellen und Stärken fördern

Wie die äußeren Ressourcen wirken auch persönliche Kraftquellen des Trauernden, wenn sie vorhanden sind oder fehlen, positiv oder negativ als Einflussfaktoren auf den Trauerprozess. Innere Ressourcen wie Selbstwertgefühl, Bewältigungsstrategien und Selbstwirksamkeit können gezielt aktiviert und gefördert werden. In Familien und anderen Lebensgemeinschaften (Kita, Schule, Wohnheim, Werkstatt) können wir darauf schauen, dass gemeinschaftliche Ressourcen und Rituale zur Verfügung stehen, bzw. entwickelt werden können. Im Kapitel 10 finden Sie dazu anschauliche Praxisbeispiele.

Bedürfnisse suchen und Ressourcen finden

Hilfreich bei der Suche nach stärkenden Ressourcen kann das 1981 von Maslow entwickelte Modell der menschlichen Bedürfnisse sein (vgl. Wikipedia: Maslowsche Bedürfnishierarchie). Erfüllte Bedürfnisse sind Ressourcen.

- *Physiologische Bedürfnisse:* Hunger, Durst, Sexualität, Bedürfnis nach körperlichem Wohlbefinden, nach Entspannung, sinnlichen Erfahrungen etc.
- *Bedürfnis nach Sicherheit:* Schutz vor Bedrohung, vor Krankheit und Schmerz, Wohnung, Absicherung im Alter und gegen Arbeitslosigkeit etc.
- *Bedürfnis nach Zugehörigkeit und Liebe:* Kontakt, Freundschaft, Aufnahme durch Meinesgleichen etc.
- *Bedürfnis nach Wertschätzung:* Anerkennung durch andere, Selbstschätzung
- *Selbstverwirklichungsbedürfnisse:* Entfaltung der Persönlichkeit, Individualität, »höhere« Werte und Ideale

Existenzielle Grundbedürfnisse sind: Nahrung, Wasser, Ruhe/Schlaf, Zuwendung; weitere denkbare individuelle Bedürfnisse: Abwechslung, Aktivität, Akzeptanz, Anerkennung, Aufmerksamkeit, Austausch, Bestätigung, Bewegung, Bildung, Ehrlichkeit, Entspannung, Freude, Freunde, Frieden, Geborgenheit, Gemeinschaft, Gerechtigkeit, Gestaltung, Gesundheit, Humor, Harmonie, Identität, Information, Inspiration, Kontakt, Kreativität, Lachen, Lebensfreude, Licht, Liebe, Mitgefühl, Musik, Nähe, Ordnung, Reisen, Respekt, Schutz, Selbstbestimmung, Selbstverwirklichung, Struktur, Stabilität, Unterstützung, Verbundenheit, Verlässlichkeit, Versorgung, Verständigung, Verständnis, Vertrauen, Wärme, Wertschätzung, Zärtlichkeit, Zugehörigkeit, Zuhören, Zuneigung, …

Bedürfniskarten in einfacher Sprache: Aus der Suche nach individuellen Bedürfnissen lässt sich eine ressourcenorientierte Begleitung ableiten. Hierzu möchte ich gern meine Idee mit Ihnen teilen. Ich habe mir einige der obenstehenden Bedürfnisse auf laminierte Karten geschrieben. Z. B. Selbstbestimmung. Auf der Rückseite steht der Begriff noch einmal in einfacher Sprache.

***Selbstbestimmung** ist, wenn man für sich selbst entscheidet.*
Gleiches Wort: Autonomie
Genaue Erklärung: Man sagt, wie man leben will.
Niemand entscheidet über einen anderen.
Man ist für sich selbst der Experte.

Mit den Karten können Sie verschiedenen Fragestellungen nachgehen. Lassen Sie Betroffene auswählen, was ihnen gerade wichtig ist und was sie sich wünschen. Je nach Verständnis- und Konzentrationsfähigkeit variiere ich die Anzahl der ausgelegten Karten. Über diesen Weg kann ich auch erfahren, was Betroffene nach dem Verlust aus ihrer Sicht verloren haben, oder der Frage nachgehen, was sie gut können. Zudem biete ich immer auch leere Karten an, auf die Trauernde Bedürfnisse schreiben/zeichnen können, die vielleicht noch nicht auf den Karten stehen. Über die Karten komme ich sehr gut in einen Austausch mit den Menschen. Gibt es ein geringes Leseverständnis, kann vorgelesen werden. Eine zusätzliche Variante ist es, nach Hierarchien zu fragen. Welche Bedürfnisse sind die wichtigsten? Es kann sinnvoll sein, die Bedürfniskarten zu einem späteren Zeitpunkt nochmals auszulegen und Veränderungen wahrzunehmen. Aus meiner Sicht ist diese Art der Auseinandersetzung in vielen Kontexten hilfreich.

Persönliche Fähigkeiten bewusst machen

Menschen mit geistiger Beeinträchtigung fühlen sich ohnehin häufig unsicher durch ihre Beeinträchtigung und zweifeln an sich. Selbstvertrauen und Selbstwert sind instabil, und gerade durch Krisen ist das Bewusstsein für die eigenen Fähigkeiten oft verschüttet von all den Anforderungen, die die neue Situation mit sich bringt. Wir können Menschen mit geistiger Beeinträchtigung deshalb stärken, indem wir sie auf ihre eigenen Fähigkeiten und Begabungen aufmerksam machen und ihnen etwas zutrauen. Zum Beispiel für den*die Verstorbene*n, eine Kerze zu gestalten und anzuzünden. Es kann hilfreich sein, Betroffenen klarzumachen, dass in der Trauer vieles nicht mehr selbstverständlich ist. Selbst Alltagsaufgaben wie trinken, schlafen, anziehen, telefonieren kann als schwer und anstrengend empfunden werden. Vielleicht können Sie Ihre eigene Trauer- und Verlusterfahrung hier weitergeben. Machen Sie bewusst, was Betroffene mit geistiger Beeinträchtigung noch alles können und was vielleicht für »normal« gehalten und nicht geschätzt wird (essen, gehen, Zähne putzen).

Jeder Mensch hat besondere Kompetenzen

Lenken Sie den Blick auf die persönlichen Stärken, auf das, was der*die Trauernde (auch im Rahmen seiner Beeinträchtigung) gut kann (sich Sachen merken, sich anziehen, gut zuhören, singen, sich selbst beruhigen, …). Denken Sie auch daran, dass Sie konkrete Situationen und Herausforderungen aus der Zeit vor dem Verlust mit einbeziehen. Die Frage nach Krisen und Lebensveränderungen, die Betroffene schon erlebt haben, kann hier hilfreich sein. Ich habe immer wieder großen Respekt davor, was Menschen mit geistiger Beeinträchtigung schon alles einstecken mussten und doch immer wieder zu neuem Lebensmut und zu neuer Lebensfreude finden konnten. Über diese Erfahrungen und somit über eine wesentliche Ressource in der akuten Situation verfügen viele andere Menschen nicht. Darum sollten wir Menschen mit geistiger Beeinträchtigung diese nicht selbstverständliche Stärke und den Lebenswillen, den sie schon mehrfach eingesetzt haben, klarmachen. Wir sollten einfach einmal anders herum denken: Menschen mit Einschränkungen haben nicht nur Defizite, sondern auch Kompetenzen.

Liste mit Begabungen

Vielleicht schreiben Sie eine Liste mit diesen persönlichen Fähigkeiten. Es kann hilfreich sein, zu sehen und zu hören, was noch gut und erhalten geblieben ist. Sie können danach fragen, in welche Lebensbereichen/Themen sich Betroffene gut auskennen. Was können sie besonders gut? Gefühle von Hilflosigkeit und Ohnmacht können so umstrukturiert werden. Wahrgenommene Stärken können Sicherheit und Kraft geben. Ermutigen Sie Betroffene, damit sie an sich glauben und sich sagen: »Ich kann das, ich schaffe das!« Zeigen Sie auch andere Sichtweisen und Perspektiven auf. Es hilft nicht, sich nur auf das zu konzentrieren, was noch nicht erreicht ist, man muss den Blick darauf richten, was schon geschafft ist.

Fantasie

Ich habe die Erfahrung gemacht, dass Menschen mit geistiger Beeinträchtigung vielfach sehr fantasievolle Ideen entwickeln, um mit dem Verlust umzugehen. Wir sollten solche Einfälle anhören, annehmen und respektieren, solange sie niemanden gefährden. Sie sind für den Betroffenen stimmig und meist den eigenen Fähigkeiten entsprechend, das ist wesentlich.

Humor

Häufig glauben Menschen, dass in der Trauer und den Begleitungen nur geweint und über schwere Gedanken gesprochen wird. Dem ist nicht so. Gerade wenn Umstände und Belastungen das Leben schwer machen, kann Humor etwas von der emotionalen Schwere wegnehmen, für ein wenig Leichtigkeit sorgen und so Kraft geben, um mit Ängsten und Sorgen besser zurechtzukommen. Humor kann somit eine wichtige Ressource im Trauerprozess sein. Scheuen Sie sich darum nicht, auch selbst humorvoll zu sein. Wichtig ist, dass der Humor auch von Ihrem Gegenüber verstanden werden kann.

Hoffnung

Vielleicht geht es Ihnen ähnlich: Sie möchten Betroffenen nicht auch noch das »letzte Stückchen Hoffnung« nehmen.

Über Sterben, Tod und Trauer zu kommunizieren bedeutet nicht, damit alle Hoffnungen zu zerstören. Neben allem, was belastend und traurig im Zusammenhang mit Tod und Trauer ist, kann es zugleich auch auf die Zukunft gerichtete Träume und Wünsche geben. Das können kleinere und größere Hoffnungen und Lebensträume sein. Gerade die Konfrontation mit eigenen Grenzen sowie die erlebten Verluste können Impulse setzen, Hoffnungen und Träume zu realisieren. Hier sollten wir unterstützend begleiten.

Zutrauen

Signalisieren Sie den Betroffenen (den Grundsatz Ehrlichkeit beachten), dass Sie ihnen zutrauen, mit dem Geschehen und den Konsequenzen zurechtzukommen. Das stützt das Selbstvertrauen und gibt Mut, die Situation anzugehen. Hilfreich kann es sein, »kleine Aufgaben« zu geben, von denen Sie sicher sind, dass der Betroffene diese in der aktuellen Situation schaffen kann. Nehmen Sie anschließend das Erreichte wahr und geben Sie eine positive Rückmeldung dazu. (»Siehst du, das hast du auch so gut geschafft …«) Bitte nicht überfordern, dann erreichen Sie das Gegenteil.

Nutzen Sie stärkende Affirmationen (Anker)

Affirmationen können als kleine Kärtchen gestaltet werden. Solche »Anker« können in die Hosentasche, ins Portemonnaie gesteckt oder an im Alltag sichtbaren Stellen (Spiegel, Tisch, …) deponiert werden. Die »Anker« stehen für Erkenntnisse, die wir mit den Trauernden erarbeitet haben und sollten auf die Bedürfnisse, Fähigkeiten und die Lebenssituation des Betroffenen abgestimmt sein. Das, was der Trauernde braucht und was schwerfällt, kann so als Sicherheit im Alltag »verankert« werden.

Je nach Fähigkeit können mit oder für den Betroffenen hilfreiche Affirmationen geschrieben und/oder als Piktogramme gezeichnet werden. (z. B. »Ich bin nicht allein«, »Ich darf mich freuen und traurig sein«, »Ich schaffe das«, »Ich kann was«, »Ich bin mutig«, »Ich tue Dinge, die mir Spaß machen«, »Ich traue mir zu …«, »Ich mag mich«, »Ich darf bestimmen, was mir gut tut«, »Ich darf von meinem Verstorbenen erzählen«, »Ich darf zeigen, dass ich traurig bin«, »Ich kann mir Hilfe holen« …). Solche »Anker« können täglich stärkend begleiten und Fühlen, Denken und Handeln positiv beeinflussen.

Andere Anker

Ich arbeite auch mit anderen »Ankern«, Gegenständen wie z. B. ein kleines Herz als Erinnerung, dass ich nicht allein bin, gemocht werde, ein Rettungsring für verzweifelte, bedrohliche Zeiten – es gibt Dinge und Menschen, die mir helfen, das zu überstehen. Zu einem Anker kann alles Mögliche werden: eine Postkarte, eine Kastanie, eine Muschel, … Meine Erfahrung ist, dass diese kleinen Gegenstände den Betroffenen guttun, weil sie tatsächlich eine stofflich greifbare Begleitung sind. Etwas in die Hand zu bekommen, empfinden viele Trauernde als Beruhigung. Wir müssen selbstverständlich wie immer individuell darauf achten, welche Ankerauswahl das Verständnis der Betroffenen zulässt.

Simon begeistert sich für alles, was mit Feuerwehr zu tun hat. Nach dem Tod der Mutter ist das »Feuerwehrthema« ein sehr großer Halt. Feuerwehrmänner sind für ihn zuverlässige Retter in der Not. Die retten, wenn es brennt. Simon hat sich seinen Anker selbst geschaffen. Simon freut sich über einen kleinen Feuerlöscher von Playmobil, als Zeichen dafür, dass er auch behütet ist.

Gestalterische Arbeiten

Verluste lassen Gefühle von Hilflosigkeit, Ohnmacht und Verzweiflung aufkommen. Solche Gefühle, die wesentliche innere Ressourcen wie das Selbstwertgefühl und die Selbstwirksamkeit erschüttern und schwächen, können durch kreatives Tun und Aktivitäten gefördert und neu gestärkt werden. Menschen mit geistiger Beeinträchtigung sollten Gelegenheit bekommen, sich selbst als tatkräftig, erfindungsreich und selbstständig zu erfahren. Je nach Interessen und Fähigkeiten können unterschiedliche körperliche Aktivitäten, kreatives Gestalten, Singen, Musizieren, Kochen, Gesellschaftsspiele und vieles andere angeboten werden. Im Kapitel 8.4 finden Sie Ideen dazu.

Dem Körper und damit auch der Seele etwas Gutes tun

Trauer kostet seelische und körperliche Kräfte, deshalb sollten wir den Körper, da wo es möglich ist, stärken. In der anstrengenden Zeit der Trauer ist es noch notwendiger als ohnehin, auf den Schutz der Gesundheit zu achten. Menschen mit geistiger Einschränkung, deren Körper häufig zusätzlich durch die Erkrankung beeinträchtigt ist, können motiviert werden, sich selbst etwas Gutes zu tun oder ihnen sollte eine zugewandte, liebevolle Pflege angeboten werden (z.B. ein entspannendes Bad, ein schöner Duft, ein angenehmes Öl, eine Massage). Der Körper sollte so gut wie möglich versorgt werden. Dazu zählen neben Nähe und Körperkontakt ebenso gesunde, regelmäßige Mahlzeiten (das Lieblingsessen darf ruhig mal öfter auf den Tisch) und genügend Flüssigkeitszufuhr. Gemeinsame Mahlzeiten, ein verlässlicher Tagesrhythmus, ein kleiner Spaziergang oder andere Zeiten körperlicher Aktivität (so gut das mit den Einschränkungen möglich ist), sollten angeboten und unterstützt werden.

Entspannungsübungen und Schlafstörungen

Zur Ruhe zu kommen oder auch Schlaf zu finden, fällt trauernden Menschen häufig schwer. Hier können verschiedene Techniken helfen. Menschen mit leichter Intelligenzstörung sind in der Lage, Autogenes Training oder Progressive Muskelentspannung zu erlernen. Andere können mit begleiteten Atemübungen, meditativer Musik, einer beruhigenden Geschichte, die vorgelesen wird, oder einer Entspannungsmassage unterstützt werden, um Ruhe zu finden. Aufregende Fernsehsendungen oder PC-Spiele vor dem Einschlafen sollten ebenso vermieden werden wie schwere Mahlzeiten. Es kann auch vorkommen, dass das Schlafbedürfnis in der Trauer gesteigert ist. Generell sollte daran gedacht werden, dass Schlafstörungen auch körperliche Ursachen haben können, die abgeklärt werden sollten.

Grundsätzliche Ressourcen im sozialen Umfeld

Sie erinnern sich, dass wir schon auf die Faktoren geschaut haben, die Trauerprozesse behindern können. Sind diese Behinderungen aus dem Weg geräumt, verwandeln sie sich in stärkende Ressourcen.

In erster Linie brauchen alle Menschen, die einen schweren Verlust erleben, nicht nur Menschen mit geistiger Behinderung, ein möglichst sicheres und liebevolles Lebensumfeld, in dem sie sich geborgen fühlen. Kognitiv nicht verstehbare Verluste, die emotional durchaus verstanden werden können, werden möglicherweise als bedrohlich empfunden. Daher sollten vertraute Bezugspersonen und gewohnte Alltagsabläufe möglichst stabil erhalten bleiben.

Hilfreich sind deshalb Beziehungen, die getragen sind von einer grundsätzlichen Haltung aus Liebe, Fürsorge, Respekt, Wertschätzung und Ehrlichkeit. Menschen brauchen die Gelegenheit, offen Gefühle und Gedanken ausdrücken zu dürfen, ohne Sorge vor Sanktionen oder negativen Bewertungen haben zu müssen! Ich glaube, grundsätzlich müssen wir als Gesellschaft wieder lernen, Leid auszuhalten und mehr Respekt vor Individualität zu haben. Ein zuverlässiges, stabiles, soziales Netz (z. B. Familie, Freund*innen, Betreuer*innen, Therapeut*innen, Ärzt*innen, Mitbewohner*innen, Mitschüler*innen, Nachbar*innen, Kolleg*innen) kann den Trauerprozess stärkend tragen. Mitgefühl und Verständnis, Dinge, die Freude machen, und verstehbare Rituale gehören ebenso dazu.

Stärken und unterstützen

Fehlende Ressourcen können wir gezielt stärken. Damit ist nicht eine einmalige Stärkung oder Nennung der Ressource gemeint. Meist braucht es Zeit, Geduld und viele Wiederholungen, bis die Auswirkung der Unterstützung spürbar wird. Selbstvertrauen können wir z. B. stärken durch das Zutrauen von Aufgaben, die zugleich nicht überfordern. Weitere Ressourcen, die wir fördern könnten, sind: Bewältigungsstrategien, Regulation von Gefühlen, Unterstützung einfordern. Manchmal müssen Trauernde ausdrücklich bestärkt werden, eigene Wünsche zu äußern.

Es kann sein, dass es nötig ist, Netzwerke aufzubauen, zu erweitern oder den Betroffenen fachliche Unterstützung zu vermitteln. Wichtig erscheint mir, Betroffenen auch positive Veränderungen und Fortschritte in ihrem Trauerprozess bewusst zu machen.

Mika ist sehr wütend, weil seine Mutter gestorben ist. Sie war sein Leben lang an seiner Seite, hat ihn durch seine Anfälle begleitet, ihn einfach immer liebevoll versorgt. Vor allem konnte sie ihn verstehen. Sie hatten ihre eigene Sprache entwickelt. Niemand kennt ihn so gut wie seine Mutter. Ohne seine Mutter fühlt sich Mika schutzlos. Jetzt ist sie tot und kommt nie wieder. Mika will sie zurückhaben. Er hat verstanden, dass das nicht geht, hat Angst, ist verzweifelt und wütend. Daraus erwächst ein aggressives Verhalten. Mika zerstört alles Mögliche, haut um sich und zeigt selbstverletzendes Verhalten. Er selbst leidet unter den starken Aggressionen und seinen selbstzugefügten Bisswunden. Seine Gefühle brauchen Ausdruck. Meine angebotenen Entlastungsmöglichkeiten – wie Trommel schlagen, mit einem Kunststoffbaseballschläger die Matratze hauen oder Sockenbomben an die Wand werfen – empfindet Mika als nicht hilfreich. Auf meine Frage, was er glaubt, was helfen könnte, entgegnet er: »Es muss laut sein und echt kaputt gehen.« Letztendlich finden wir das, was Mika aus seiner aggressiven Spannung hilft. Mika kann immer, wenn er spürt, dass die Aggressionen wieder kommen, nach draußen gehen und alte Schieferplatten fallen und zerbrechen lassen. Er nimmt dieses Angebot oft in Anspruch. Fremd- und selbstverletzendes Verhalten gehen zurück. Monate später braucht er nur noch selten seine Schieferplatten.

Wer ist für dich da?

Trauernden, nicht nur Menschen mit Einschränkungen, kommt es manchmal so vor, als wären sie allein auf dieser Welt mit ihrem Kummer und ihren Sorgen. Ich habe die Erfahrung gemacht, dass hier eine kleine Notfallkarte, die die Betroffenen bei sich tragen, hilfreich sein kann. Dort sollten Kontakte (je nach Fähigkeiten: Telefonnummern, Adresse; WhatsApp® zu Menschen (bitte vorher um Erlaubnis fragen) notiert sein, die als stützend empfunden werden. Zusätzlich können die Nummer gegen Kummer und die Telefonseelsorge dort aufgenommen werden. Auch, wenn die Nummern vielleicht nie in Anspruch genommen werden, ist es für die meisten Menschen ein beruhigendes Gefühl, dass im Notfall zuverlässig Tag und Nacht jemand da ist, dem sie sich mitteilen können.

Meine Beobachtung ist, dass bei (aufgrund der kognitiven Fähigkeiten) fehlendem Verständnis für solche Listen es dennoch hilfreich sein kann, den Betroffenen einen Überblick darüber zu geben, wer weiterhin zuverlässig an ihrer Seite ist. Hier könnten eventuell auch Piktogramme zum Einsatz kommen.

Pendeln erlauben und fördern

In der Trauerforschung ist das *Duale Prozessmodell*, entwickelt von Henk Schut und Margret Stroebe (1999; 2016), eine hilfreiche Erklärung dafür, dass das »Pendeln« von einerseits Alltags- und Auszeiten (Hobbys nachgehen, Freude erleben, Alltag gestalten, …) zu andererseits Trauerzeiten (Gefühle und Gedanken im Zusammenhang mit dem Verlust) hilfreich für den Trauerprozess ist. Es ist normal, dass Menschen Zeiten erleben, in denen sie sich mit der Trauer und ihren Auswirkungen befassen und andere Zeiten, in denen sie ihre Ressourcen stärken. Wir haben manchmal eine einseitige Sicht und bewerten diese (»Der trauert gar nicht«, »Immer nur jammert sie«). Wir sind nicht immer an der Seite von Trauernden und können nicht wissen, was sie denken, fühlen und tun. Oft haben mir Menschen mit geistiger Behinderung erzählt, dass sie, wenn sie allein sind, sich sehr traurig und einsam fühlen. Trauernde benötigen manchmal eine Erklärung für ihr Verhalten des »Pendelns«. Es kann sein, dass das eigene Verhalten als irritierend oder falsch empfunden wird (»Es darf nicht sein, dass ich froh bin und Papa ist tot«).

Wir haben grundsätzlich stärkende Ressourcen wie die persönliche Haltung und das soziale Umfeld beleuchtet. Zuvor habe ich Ihnen einige der vielen möglichen individuellen Ressourcen, die für trauernde Menschen mit geistiger Einschränkung hilfreich sein könnten, aufgezeigt. Bedenken Sie bitte immer, dass die *Betroffenen und Sie* bedürfnisorientiert und individuell danach schauen sollten, was stärkend, tragend und hilfreich für einen trauernden Menschen sein könnte.

8 Aspekte der Begegnung und Kommunikation

Kommunikation ist generell kein leichtes Thema: Einander verstehen – da kommt es, wie Sie wahrscheinlich aus eigener Erfahrung wissen, oft zu Missverständnissen und Verletzungen. Eine schwerwiegende negative Folge ist manchmal sogar der Beziehungsabbruch. In der Kommunikation mit Menschen mit geistigen Behinderungen stehen die möglichen Ebenen der Kommunikation meist nur eingeschränkt zur Verfügung. Hinzu kommt in unserem Fall noch ein belastendes Lebensereignis. Es geht also darum, eine individuelle und einfühlsame Kommunikation *mit* dem/der Trauernden zu entwickeln.

Deshalb möchte ich mit Ihnen nun einen Blick auf die Gestaltung von Kommunikation und Beziehung werfen.

8.1 Gestalten der Beziehung

Die Einflussfaktoren: Vertrauen, Erfahrungen und Selbstwert

Die Kommunikationsforschung hat festgestellt, dass der verbale Anteil in der Kommunikation eine eher nebensächliche Rolle spielt. Ob und wie wir uns verstehen, hängt grundlegend davon ab, ob wir unserem Gegenüber vertrauen, welche Beziehungserfahrungen und welchen persönlichen Selbstwert wir mitbringen. Ein geringes Selbstwertgefühl führt, so die Kommunikationswissenschaftler*innen, eher zu Misstrauen, Angst, Isolation und der Annahme einer Opferrolle. Ein starkes Selbstwertgefühl hingegen kann Ehrlichkeit, Verantwortlichkeit, Mitgefühl und Liebe in die Kommunikationsgestaltung einbringen.

Beziehung aufbauen und gestalten

Jemanden zu verstehen, egal auf welcher Ebene der Kommunikation, bedeutet, Beziehung zu diesem Menschen aufzubauen. Wir müssen den Menschen innerlich erreichen, um etwas über ihn zu erfahren und hilfreich an seiner Seite sein zu können. Meine Erfahrung in der Begleitung ist, dass Trauernde mit geistiger Beeinträchtigung meist sehr klar und sehr schnell signalisieren, mit wem sie sich eine Beziehung vorstellen können und mit wem nicht. In Vorgesprächen weisen Bezugspersonen manchmal darauf hin, dass es »Menschen gibt, mit denen er oder sie gut kann und dass Ablehnung sehr direkt geäußert werden kann.« Einerseits kann es, wenn es um Tod und Trauer geht, schwer sein, Beziehung aufzubauen, andererseits kann es eine Chance sein, weil der/die Betroffene sich in diesem Bereich Entlastung wünscht.

Wenn erst einmal die Bereitschaft, in Beziehung zu gehen, von Seiten des Menschen mit geistiger Beeinträchtigung signalisiert wurde, tragen wir Verantwortung. Denn Beziehungsaufbau kann viel Zeit benötigen, ist jedoch essenzieller Teil der Begegnung. Daher ist es wichtig, sich zuvor zu fragen, ob wir bereit sind und die Kapazitäten aufbringen können, uns auf die Beziehung einzulassen. Hier wäre es fatal, wenn Signale gesetzt würden, die Betroffene als versprochene Unterstützung verstehen, die dann womöglich nicht eingehalten werden können.

Versprechen der Ehrlichkeit

Ich habe die Erfahrung gemacht, dass ich zu Menschen mit geistiger Beeinträchtigung schnell eine vertrauensvolle Beziehung aufbauen konnte, weil ich ganz ausdrücklich das Versprechen gegeben habe, alle Fragen ehrlich zu beantworten. Diese Zusicherung ermöglicht von Anfang an eine auf Offenheit und Vertrauen basierende Beziehung. Wird die Beziehung als verlässlich empfunden, können von beiden Seiten auch schwierige Fragen gestellt werden, die zur Entlastung führen. Wir sollten in jedem Fall respektieren, wenn Betroffene nicht sprechen oder Dinge nicht erfahren möchten.

> Bitte haben Sie nicht zu viel Angst davor, mit Menschen mit geistiger Beeinträchtigung über Tod und Trauer zu sprechen. Aus meiner Erfahrung kann ich sagen, dass die Sorge, nicht die richtigen Worte zu finden, sich meist schnell verliert, wenn wir

uns nur erst trauen, das Thema anzugehen. Meine Erfahrung ist eher, dass Trauernde mit geistiger Beeinträchtigung sogar erleichtert sind, weil es jemanden gibt, der sie ihren Fähigkeiten entsprechend informiert und sich mit ihnen austauscht.

Wertesysteme klären - Vorurteile abbauen

In der Begegnung sollten wir den Betroffenen unsere eigenen Werte nicht aufzwingen. Es ist hilfreich, sich mit persönlichen Werten auseinanderzusetzen, um Unterschiede in der Sichtweise leichter zu respektieren und um zu verstehen, warum wir selbst vielleicht Abwehrreaktionen in der Begegnung spüren.

Das Paar Monika (52 Jahre) und Manfred (55 Jahre), beide Menschen mit geistigen Einschränkungen, lebt seit 20 Jahren in der Wohngruppe zusammen. Nach dem Suizid von Monika war es Manfred wichtig, über den Tod und die Todesursache seiner Frau zu sprechen. Im sozialen Umfeld (Familie/Wohngruppe) wurde sein Bedürfnis zunächst nicht unterstützt, die Angst, dass dadurch noch größere Probleme entstehen könnten, war zu groß. Erst nachdem Manfred starke Ängste zeigte, wurde fachliche Hilfe hinzugezogen. In der Trauerbegleitung betrauerte Manfred den Tod, die Todesumstände und suchte Antworten auf seine vielen Fragen. Mehr als einmal erzählte er mir unter Tränen, dass andere ihn nicht erst nehmen würden, denken würden, dass er das alles sowieso nicht verstehen würde.

Er fühlte sich verletzt und empfand große Einsamkeit, obwohl die Beziehung zu seiner Familie grundsätzlich ein wichtiger und stabiler Bezugsrahmen für ihn war und er sich im Wohnheim ebenfalls wohl fühlte. In der Trauerbegleitung, die sich zum Ende hin mit immer größer werdenden Abständen zwischen den Terminen über drei Jahre erstreckte, bearbeitete Manfred seinen Verlust intensiv. Immer wieder bedankte er sich für das Selbstverständlichste dieser Welt: ehrlich ernst genommen und respektiert zu werden. Wiederkehrend wurde im Gespräch in einer einfachen Sprache die Frage nach dem »Warum« aus einer anderen Perspektive beleuchtet. Manfred fand eigene und schließlich für ihn tröstliche Erklärungen, warum Monika nicht mehr hatte leben und bei ihm bleiben können. Zudem brachte er Fotos von Monika mit, erinnerte sich an viele gemeinsame Zeiten. Gefühle fanden Ausdruck, nicht nur verbal. Kreative Arbeit war Manfred wichtig. Er gestaltete eine Erinnerungstruhe für Gegenstände von Monika. Seine Arbeit an dieser Truhe war für ihn von großer Bedeutung. Alles sollte gut überlegt und korrekt sein. Die Bearbeitung der Truhe und die damit einhergehenden Gespräche zogen sich über viele Treffen. Am Ende war Manfred unglaublich stolz auf sein Werk. Er hatte für Monika auch im Nachhinein noch etwas tun können. Die Erfahrungen aus der Begleitung stärkten sein Selbstbewusstsein in vielfältiger Weise. Den nachfolgenden Verlust der Mutter konnte er mit seinem »persönlichen Notfallkoffer« bearbeiten. Er sagte selbst dazu: »Ich habe ja schon Erfahrungen bei Moni gemacht, wie das geht mit dem Ganzen in einem drin, wenn einer stirbt. Aber dann habe ich mich auch wieder besser gefühlt. Das Reden und die Sachen machen - das hat echt geholfen. Und jetzt weiß ich ja auch, dass Weinen komplett in Ordnung ist - und Spaß haben auch.«

Keine Rollenzuschreibung - keine Rolle erfüllen

Einfühlsame und respektvolle Begegnungen mit trauernden Menschen benötigen unbedingt eine Haltung, die mögliche eigene Vorurteile und Interpretationen immer wieder kritisch überprüft. Das Gelingen einer Begleitung, ob durch Betreuer*innen, die Mitarbeiter*innen im Wohnhaus, der Familie oder im professionellen Bereich, erfordert höchste Sensibilität für persönliches »Schubladendenken«. Wir müssen darum selbstkritisch Vorurteile und Rollenzuschreibungen, die so ganz nebenher geschehen, möglichst vermeiden oder sie zumindest erkennen und ausschalten (»Das kann er doch nicht«, »Das würde er nicht verstehen«, »Das ist ihr wahrscheinlich nicht wichtig«, »Das merkt er eh nicht«, »Da muss ich mir nicht so eine Mühe geben«, »Was soll ich die jetzt auch noch fragen, Erklären bringt doch nichts« …).Wir sollten uns nicht auf Rollenzuschreibungen, Wertungen und Interpretationen stützen, sondern mehr auf unsere Wahrnehmung und die Signale des anderen achten. Die Begegnung von Mensch zu Mensch steht im Vordergrund – ob der gesellschaftlichen Norm entsprechend oder nicht, krank oder gesund, alt oder jung –, es zählt das »nackte Menschsein«. Dies ist aus meiner Sicht auch das Wertvolle und Spannende in der Begegnung. Wenn wir nichts erwarten, voraussetzen und erzwingen, kann sich eine besondere, tiefe Nähe entwickeln, die Raum eröffnet für die ganz individuellen Wünsche und Bedürfnisse des trauernden Menschen.

Pendeln zwischen Schutz und Autonomie

Gerade in der Begegnung mit Menschen mit geistiger Beeinträchtigung können wir dazu tendieren, eine wissende, beschützende Rolle einzunehmen, die im Kontext Trauer dazu führen kann, die Suche des Betroffenen nach eigenen Wegen einzuschränken. Es wird immer wieder ein neues Ausloten und Ausrichten der Beziehung erfordern, damit Schutz, Wissensvermittlung und zugleich Autonomie und Entfaltung im Trauerprozess möglich sind. Das bedeutet, dass wir im Kontakt immer sehr präsent sind, mit den Gedanken nicht abschweifen, um sensibel wahrzunehmen.

Eigene Trauer, Anteilnahme und Mitgefühl

Immer wieder werde ich gefragt, ob es denn gut sei, wenn der Mensch mit geistiger Beeinträchtigung mitbekommt, dass man selbst trauert oder vom Schicksal des anderen berührt ist. Ich sehe die eigene Trauer und auch innere Berührtheit, Anteilnahme und Mitgefühl als große Geschenke in der Begegnung. Der offene Umgang mit Emotionalität kann innere Verbundenheit schaffen, kann Brücke zueinander in der Begegnung von Mensch zu Mensch sein. Zugleich gilt es auch hier, sensibel darauf zu achten, den Menschen mit geistiger Beeinträchtigung nicht mit eigener Trauer zu überfordern. Es geht um die richtige Balance zwischen Mitgefühl, Anteilnahme und Halt. Es wäre sicher schwierig, wenn der Eindruck entstehen würde, dass Sie sich total hilflos und ohnmächtig fühlen. Wenn Sie selbst spüren, dass Ihre Trauer Sie überflutet, suchen Sie sich Unterstützung professioneller Art oder im sozialen Umfeld.

> Wenn Sie trauern, kann das für den Menschen mit geistiger Beeinträchtigung eine große Chance sein, sich in der Rolle des Tröstenden zu finden und zu üben. Dies stärkt zudem wieder

Selbstwert und Selbstvertrauen. Sie sehen, Sie müssen gar nicht immer so stark sein, wie Sie vielleicht glauben. Menschen mit geistiger Beeinträchtigung können sehr gute »Tröster*innen« sein. Es sollte ihnen nicht ständig die Rolle der »zu Tröstenden, Hilflosen« zugeschrieben werden.

Angebote machen – Angebote annehmen

Menschen mit geistiger Behinderung Wissen zu vermitteln, kann sehr schwierig sein. Scheuen Sie sich darum nicht, kreative und möglicherweise ungewöhnliche Wege und Methoden anzubieten. Wir sollten die Fähigkeit, Angebote anzunehmen, Angebote abzulehnen, NEIN zu sagen, fördern. Und trauernde Menschen mit Behinderung ermutigen, ihren eigenen Bedürfnissen zu folgen. Damit fördern wir auch den Selbstwert, der wiederum eine wichtige Ressource in der Trauerarbeit darstellt.

Das folgende Fallbeispiel verdeutlicht, dass wir uns als Begleitende ebenfalls mit der Frage, Angebote der Trauernden anzunehmen, befassen müssen.

Es geht um Niklas (frühkindlicher Autismus, unruhiges Verhalten). Sein Vater ist gestorben. Wir kommunizieren bisher über Instrumente und Zeichnungen. Verbaler Austausch funktioniert bis dato kaum. In einer Begleitungsstunde passiert Folgendes: Auf meine Frage, wie die Woche war, geht Niklas aus dem Raum und setzt sich ins Wartezimmer. Ich lasse ihn gewähren und warte ab. Irgendwann greift er nach dem Telefon, welches dort liegt und beginnt zu sprechen. Ich bin erstaunt, wie viel er spricht. Er erzählt in Stichworten, dass die Oma krank ist und stirbt. »Papa tot, Oma krank und tot.« Aus dem Beratungsraum stelle ich ihm weitere Fragen, die er alle beantwortet. Wir kommen in einen guten Austausch, und ich kann erklären, dass die Oma zwar im Krankenhaus ist, die Krankheit jedoch nicht so schlimm wie bei Papa. Oma wird wieder gesund werden. Von da an kommunizieren wir über das Telefon mit der für Niklas notwendigen räumlichen und körperlichen Distanz.

Nicht über den Betroffenen hinweg entscheiden

Wenn Sie eine würde- und respektvolle Beziehung schaffen möchten, dann entscheiden Sie keinesfalls ungefragt über den Kopf von Betroffenen hinweg. Sicher geht das nicht bei jeder Frage, die im Zusammenhang mit dem Tod und den daraus folgenden Konsequenzen auftaucht. Ich habe aber die Erfahrung gemacht, dass Betroffene bei Fragen, die sie durchaus selbst hätten entscheiden können, dennoch nicht gefragt wurden. Ob es darum geht, dass ein Foto des*der Verstorbenen im eigenen Zimmer aufgestellt, was mit der Kleidung des*der Verstorbenen geschehen oder wie der Todestag gestaltet werden soll – wir sollten den*die Betroffene*n einbeziehen, um Erlaubnis fragen und um Einverständnis bitten. Vor allem sollten wir die persönlichen Wünsche und Ideen des Menschen mit geistiger Beeinträchtigung hören und beachten.

Zeit lassen für wichtige Entscheidungen

Verlangen Sie, wenn es machbar ist, nicht zu schnell Antworten. Vielleicht ist unsere eigene Lernaufgabe in diesem Zusammenhang, dass wir Geduld üben, zuhören und erspüren lernen müssen. Fragen Sie sich darum auch selbstkritisch, wie schnell Sie tatsächlich die Beantwortung der Fragen (z. B. »Was soll mit der Kleidung geschehen?«) benötigen. Manchmal möchten wir vielleicht eher etwas von unserer »Liste« erledigen, was eigentlich noch Zeit hätte. Geben Sie darum Betroffenen die Zeit, die sie benötigen. Denken Sie daran, dass der Mensch auch aufgrund seiner Einschränkungen möglicherweise viel mehr Zeit benötigt als andere Menschen. Selbst dann wird im sozialen Umfeld schnell bewertet: »Trauerst du immer noch? Jetzt müsste es doch langsam gut sein.« Ich habe zudem die Erfahrung gemacht, dass Menschen mit geistiger Behinderung manchmal – gemessen an den gesellschaftlichen Erwartungen – »verspätet« auf einen Verlust reagieren. Wir sollten einerseits bedenken, wenn wir solche Wertungen vornehmen, dass wir nur von außen wahrnehmen können. Was tatsächlich im Inneren des Menschen vorgeht, können wir nicht wissen, wenn der Mensch es uns nicht selbst mitteilt. Zum anderen sollten wir uns immer wieder klar machen, dass Trauerprozesse sehr individuell sind – ob mit oder ohne Einschränkungen. Jeder geht sein eigenes Tempo, seinen eigenen Weg.

Kommunikations- und Expressionsfähigkeit

Trauerprozesse von Menschen mit geistiger Beeinträchtigung werden zusätzlich durch die jeweils sehr unterschiedlich ausgeprägten und vielfältigen Einschränkungen beeinflusst. Die Bearbeitung der Traueraufgaben hängt neben den bereits genannten Faktoren (Todesumstände, Kultur, Religion, Finanzen, soziales Netz, Biografie, Bindungserfahrungen, ...) von den kognitiven Defiziten, der Artikulationsfähigkeit, dem Sprachverständnis, dem Abstraktionsvermögen, Konzentrationsvermögen, aktuellen Belastungen, Identifizierung, Expressivität und Regulation von Emotionen sowie der sozialen Anpassungsfähigkeit und vielem mehr ab.

Trauernde mit geistiger Beeinträchtigung müssen ihrer individuellen Kommunikationsfähigkeit angemessen begleitet werden. Darum ist es unsere erste Aufgabe, dem Menschen mit geistiger Beeinträchtigung ein ihm entsprechendes, bedürfnisorientiertes »Kommunikationskonzept« anzubieten, welches die Einschränkungen, die Fähigkeiten sowie die aktuelle Lebenssituation berücksichtigt. Wir müssen geeignete Entscheidungen zu Wortwahl, Sprachtempo und den Ebenen der Kommunikation (verbal, nonverbal, welche Art der Kommunikationsunterstützung – sprich: Mimik, Gestik, Körperkontakt, Gegenstände, Fotos, Piktogramme, Medien, ...) gemeinsam in direktem Kontakt mit den Betroffenen finden. Wenn wir versuchen, die Welt aus der Perspektive des anderen zu betrachten, ist dies hilfreich für das Finden individueller Angebote. Je mehr wir uns um Annäherung und Verständnis bemühen, je besser die Kommunikation. Wobei ich annehme, dass Menschen mit geistiger Beeinträchtigung häufig mehr verstehen, als wir denken.

Hilfreiche Materialien

Landesverband für Menschen mit Körper- und Mehrfachbehinderung e.V: Baden-Württemberg: Kommunikation bei Menschen mit schweren und mehrfachen Behinderungen: https://www.lv-koerperbehinderte-bw.de/pdf/LVKM_Tagung_Kommunikation_web.pdf (abgerufen 14.01.2019)

Pörtner, Marlis: Brücken bauen: Menschen mit geistiger Behinderung verstehen und begleiten. Klett-Cotta: Stuttgart 2018

8.2 Verbale Kommunikation – Leichte Sprache

Verbale Kommunikation – Sprache und Laute

Kontaktaufbau geschieht auf verschiedenen Ebenen. Schauen wir uns zunächst die verbale, akustische Kommunikation an, zu der die Sprechsprache und Laute zählen. Häufig ist Sprechsprache durch die kognitive Einschränkung nur begrenzt nutzbar. Deshalb bitte immer beachten, was individuell verstanden werden kann, und die Kommunikation so anpassen, dass unser Gegenüber spürt, dass wir uns respektvoll um Verständigung bemühen.

Neben den Sprechinhalten, die wir in »leichter Sprache« formulieren sollten, ist unsere eigene Stimme (Tonfall und Lautstärke) ein wichtiges Mittel, um in Kontakt zu kommen, Kommunikation zu gestalten und Botschaften zu vermitteln. Denken Sie daran, dass unsere Stimme eine wärmende, beruhigende Atmosphäre schaffen kann! Auch dann, wenn unser Gegenüber selbst nicht sprechen kann. Passen Sie Ihre Sprachgeschwindigkeit an, und achten Sie darauf, wann der Betroffene Pausen benötigt. Hilfreich bei der Übermittlung von Informationen zum Geschehen kann ein »roter Faden« sein, um die Hauptziele des Gesprächs (informieren, Fragen beantworten, Raum geben für eigene Gedanken u. Gefühle, Vereinbarungen treffen, Wünsche erfragen, …) nicht aus dem Blick zu verlieren. Vielleicht sind Sie aufgrund der Umstände auch selbst aufgeregt. Gerade darum ist eine Ordnung und Gliederung für Sie und den Menschen mit geistiger Beeinträchtigung, der die Informationen erhalten soll, wichtig. Nehmen Sie ruhig Hilfsmittel in Form von Notizen, Skizzen oder sogar einen »roten Faden« zur Hand.

Leichte Sprache

Wir haben bisher immer wieder von einer »leichten, einfachen Sprache« gelesen und ich habe Ihnen auch schon einige Broschüren, die in leichter Sprache verfasst sind, zum Themenkomplex genannt. Jetzt möchte ich Ihnen ein paar Hinweise zu den Grundlagen der Einfachen Sprache geben, die Ihnen nützlich sein könnten. Wir sollten, um verständlich zu sein,

- unsere Worte mit Mimik und Gestik unterstreichen,
- keine Metaphern und Symbole verwenden,

- mehrdeutige Kontexte vermeiden,
- Sachverhalte, die wir weitergeben oder erfragen möchten, in kurzen, klaren Sätzen ohne Fremdworte formulieren,
- zusätzlich visuelle oder auditive Hilfsmitte einsetzen,
- Pausen zwischen den Sätzen machen, um unserem Gegenüber Zeit zu geben, den Inhalt unserer Botschaft zu verstehen.

Es wäre sicherlich für viele Menschen eine große Erleichterung und Hilfe, wenn Einrichtungen und Institutionen das Konzept der »Leichten Sprache« viel selbstverständlicher nutzen würden.

Ganz besonders hervorheben möchte ich an dieser Stelle noch einmal die Broschüre »Trauer« von Bonn Lighthouse (vgl. S. 132). Sie ist aus meiner Sicht eine große Erleichterung, um mit dem Betroffenen zum Thema in eine angemessene Kommunikation zu kommen.

Im Gespräch rückmelden

Zeigen Sie den Betroffenen, dass Sie Anteil nehmen und zuhören. Geben Sie verbal sowie mit Gestik (Kopfnicken) und Mimik Rückmeldungen. »Ich höre dir zu«, »Stimmt es, dass Sie sich sorgen?«, »Kann es sein, dass du noch etwas fragen möchtest?«, »Erklären Sie mir bitte doch, wie ich das verstehen soll.«, »Ich bin nicht sicher, ob ich richtig verstanden habe. Würden Sie mir das bitte noch einmal erklären?«

Solche Rückmeldungen und Fragen vermitteln Sicherheit im Gespräch und öffnen Raum für weitere Fragen sowie den Ausdruck von Gedanken und Gefühlen. Der Mensch mit geistiger Beeinträchtigung kann sich ernst genommen fühlen.

8.3 Verstehen mit allen Sinnen

Kommunikationswissenschaftler sind sich darüber einig, dass die nonverbale Kommunikation einen großen Anteil an der Gestaltung der Beziehung hat. Nonverbaler Kontakt hat viele Facetten. Ich möchte mit einem Beispiel einsteigen.

In einer Begleitung ist ein junger Mann mit geistiger Beeinträchtigung aus dem verbalen Kontakt ausgestiegen. Sprechen zum Thema war zu schwer, zu anstrengend. Er holte ein Blatt Papier, schrieb und malte seine kurzen Botschaften, die er nicht aussprechen konnte, auf. So reichten wir eine ganze Stunde unser »Nachrichtenblatt« hin und her und schwiegen dabei. Irgendwann beendete er die Situation mit dem gesprochenen Satz: »Das war gut. Einfache Sachen kann ich sprechen.«

Wahrnehmen: hören, sehen, riechen, fühlen

Auch die nonverbale Kommunikation wird individuell von den persönlichen Fähigkeiten *beider* Kommunikationspartner*innen bestimmt. Wir sollten keine zusätzlichen Barrieren in der Kommunikation schaffen, weil wir zu sehr von uns selbst und bestimmten Annahmen ausgehen. Die eigene *unvoreingenommene Präsenz* in der Begegnung hat für mich im Kontakt mit Menschen mit einer geistigen Behinderung eine ganz zentrale Bedeutung. Wenn wir uns in der Begegnung ablenken lassen, entgehen uns schnell Details, die wichtig sein könnten, oder es kommt zu Missverständnissen. Zudem sollten wir uns frei machen von Erwartungshaltungen (»Wer traurig ist, weint, sinkt in sich zusammen oder …«), um mit allen Sinnen offen zu sein für die aktuelle Wahrnehmung unseres Gegenübers. Ist unsere Wahrnehmung geschärft, werden wir emotionale und Verhaltensänderungen wahrnehmen, die Hinweise auf das Befinden des Menschen geben, auf die wir eingehen sollten.

Einschränkungen der Sinneswahrnehmung erfragen

Die Fähigkeiten der nonverbalen Kommunikation von Menschen mit geistiger Beeinträchtigung können durch multiple Ursachen und auf vielfältige Weise (Bewegungsstörungen, Hörschädigungen, Autismus, Sehschädigungen, Blindheit, Taubheit, Aphasie – Stummheit, Atmung, …) beeinträchtigt sein. Darum gilt es für jeden Menschen, sehr individuelle Formen der Begegnung zu finden, die aktuelle und situative Aspekte einbeziehen.

Einer meiner Klienten trägt ein Hörgerät. Es kommt dennoch immer wieder zu akustischen Problemen, weil er das Gerät nicht selbst einsetzen und pflegen kann. In der Wohneinrichtung und der Behindertenwerkstatt fehlt scheinbar oft Zeit und Personal, welches diese Aufgaben hilfreich und zuverlässig übernehmen könnte. In der Begleitung kam es aus diesem Grund manchmal zu zusätzlichen, vermeidbaren Verständigungsschwierigkeiten. Solche Kommunikationsschwierigkeiten setzen sich im sozialen Umfeld fort, erschweren den Alltag und führen im schlimmsten Fall dazu, dass der*die Betroffene noch weniger ernst genommen wird und soziale Kontakte verloren gehen.

Piktogramme

Zur Verständigung können auch Piktogramme (Information durch einfache Symbole/Icons vermitteln) eingesetzt werden. Sie können kostenfreie vorgefertigte Piktogramme aus dem Internet nutzen oder diese dort sogar selbst erstellen. Selbstverständlich bleibt auch Ihrer und/oder der kreativen Fähigkeit des Menschen mit geistiger Beeinträchtigung entsprechend, die Möglichkeit, selbst Piktogramme zu zeichnen. Ich verwende im Zusammenhang mit der Befindlichkeit von Trauernden Smileys, die verschiedene Gefühle zeigen. So kann ich den Selbstausdruck des Betroffenen fördern.

Hören und Zuhören

Wir können unser eigenes Hören schärfen und zuhören üben, was und wie der Betroffene erzählt oder sich »akustisch« verhält. Beim Sprechen können Veränderungen von Lautstärke, Tonhöhe, Tempo, Atmung oder Pausen zum Verstehen beitragen oder auch für Verwirrung sorgen. Weinen, Schluchzen oder leises Sprechen gerade im Zusammenanhang mit Trauer können das Verstehen zusätzlich zu bestehenden Einschränkungen erschweren. Bitte fragen Sie behutsam nach, wenn das aufgrund der Einschränkung möglich ist, wenn Sie nicht verstehen oder Veränderungen wahrnehmen und nicht sicher sind, wie Sie diese deuten sollen. Achten Sie auch auf Veränderungen der Atmung: langsamer, schneller, tiefe Seufzer. In meinen Begleitungen habe ich erlebt, dass individuelle Laute, die Betroffene äußern, eine wichtige Rolle in der Verständigung spielen können. Ich musste Betroffene erst gut kennenlernen, um etwas zu verstehen.

Sehen und gesehen werden

Was und wen sehen wir? Wie werden wir von unserem Gegenüber gesehen? Welche Wirkung hat unsere Erscheinung auf den anderen? Ich war völlig überrascht, als eine Klientin mit geistiger Beeinträchtigung in der Begleitung plötzlich sagte: »Deine Hose gefällt mir, weil die bunt ist. Hattest du noch nie an.« Wir sollten unsere eigene Körperhaltung reflektieren. Begegnen wir dem Trauernden mit »offenen Armen«? Sind wir zugewandt? Lächeln wir und laden damit ein, oder zeigen wir durch ein verkniffenes Gesicht unsere Ablehnung? Durch eine einladende Mimik und Gestik können wir den Beziehungsaufbau unterstützen. Zugleich sollten wir feinfühlig unser Gegenüber wahrnehmen. Wie wirkt die Mimik, die Gestik, die Körperhaltung, der Blickkontakt, Körperkontakt oder auch das äußere Erscheinungsbild (Kleidung, Frisur, gepflegt, ungepflegt) oder das Gewicht? Welchen Eindruck habe ich von der Wahrnehmung meines Gegenübers?

Riechen

Ich finde es wichtig, den Menschen, der uns begegnet, auch zu riechen. Wahrzunehmen, ob er nach Schweiß, Urin, Kot, Krankheit, Essen (– gab es heute Mittag das Lieblingsgericht) Rauch, Alkohol, Parfüm riecht. Wir sollten unsere Sinne schärfen, um Urin oder Kotgeruch wahrzunehmen. Es kann z. B. darum gehen, zu verstehen, ob Einnässen oder Einkoten regressive Reaktionen auf die Trauer anzeigen oder Schweiß ein Ausdruck von Angst ist.

Verhalten

Das Verhalten eines Menschen kann Hinweise zur Gefühls- und Bedürfnislage geben. Inwieweit wir Verhalten und Verhaltensveränderungen deuten können, hängt von verschiedenen Faktoren ab wie z. B. davon, ob eine psychische Störung oder/und eine geistige Behinderung vorliegt, von der Situation und/oder der Beziehung. Wir könnten z. B. wahrnehmen, ob der Mensch unruhig oder unkonzentriert ist, ob er orientierungslos ist, herumläuft, sitzen bleiben kann, räumlichen Abstand benötigt (z. B. durch die Wahl seines Sitzplatzes), Hilfsmittel braucht (Handy, Papier, Stift, Knetball, …), um sich zu beruhigen oder zu verständigen. Es könnte z. B. auch darum gehen, unterdrückte Spannung oder ein Bedürfnis nach Distanz oder den Ausdruck von Wut wahrzunehmen.

Fühlen, Körperkontakt, Gestik

Körperkontakt kann als positiv oder als übergriffig empfunden werden. Auch hier geht es um individuelle Wahrnehmung aktueller Befindlichkeiten und Bedürfnisse des Menschen mit geistiger Beeinträchtigung. In der Trauer kann eine Berührung der Schulter, ein Händedruck, eine Umarmung oder ein beruhigendes Streicheln guttun. Körperkontakt kann da, wo verbale Kommunikation nicht möglich ist, ein sicheres Gefühl geben. Genauso kann Abwehr signalisiert und der Wunsch nach Distanz ausgedrückt werden.

Nachdenken, Zeit lassen und Grenzen respektieren

Wir wissen, die Basis der Begegnung ist eine respektvolle, einfühlsame Haltung. Um hilfreich zu unterstützen, reicht das nicht aus. Wir müssen auch denken! Überlegen Sie immer wieder aktuell, welche Fragen oder Handlungen jetzt für Betroffene wichtig sein könnten. Informieren Sie und erfragen Sie die Bedürfnisse. Nehmen Sie sich und lassen Sie bitte unbedingt Zeit für Erklärungen, zwingen Sie dennoch keine Informationen auf, wenn Sie spüren, dass diese nicht gewünscht werden oder der*die Betroffene sich wohlmöglich sperrt. Respektieren Sie die Grenzen, die Betroffene setzen und fragen Sie dennoch nach dem »Warum«. In der Begleitung habe ich Ablehnung eines Angebots meist durch eine Körperhaltung, Mimik und Gestik wahrnehmen können. Behutsames Nachfragen wie z. B.: »Möchtest du darüber nichts wissen?«, »Magst du sagen, warum du darüber nichts wissen möchtest?«, »Hast du vielleicht eine bestimmte Angst?«, »Wenn du möchtest, können wir uns auch über etwas anderes unterhalten«, zeigt den Betroffenen, dass wir verstehen möchten und dass es erlaubt ist, »Nein« zu sagen. Das wiederum stärkt eine vertrauensvolle Beziehung.

Nach einer gewissen Zeit kann es sinnvoll sein, nochmals ein Angebot zu machen. »Darf ich dir heute etwas über … erzählen oder lieber nicht?« Hinter der Ablehnung des Sachwissens kann Angst stecken. Manchmal sind falsche Informationen, die beängstigende Vorstellungen ausgelöst haben, die Ursache.

Ulrike (32 Jahre) wollte ihre verstorbene Mutter, die nach einem Herzinfarkt gestorben war, nicht mehr sehen. Auf die Nachfrage reagierte sie mit Aufregung und Abwehr. Behutsam nach dem Grund für die Ablehnung gefragt, antwortete sie fast ärgerlich: »Will mir nichts Ekliges angucken. Die sieht jetzt Horror aus und bei Blut ist mir schlecht. Schon, wenn ich mir weh tu.« Nach der Aufklärung, dass nirgendwo Blut sein und die Mutter auch keiner Horrorgestalt aus dem Fernsehen gleichen würde, sie nicht allein sein würde mit der toten Mutter und sie ihr auch noch etwas in den Sarg legen könne, sagte Ulrike, dass sie dann der Mutter gern noch mal tschüss sagen wollte. Es wurden noch Fragen um die Merkmale des Todes besprochen, was Ulrike also beim Anblick und Anfühlen der Mutter erwarten würde. Zudem wurde Ulrike die Möglichkeit eröffnet, noch kurz vorher absagen zu können und so, wie sie es wollte, den Raum verlassen zu dürfen. Mit diesen Sicherheiten wurde es für Ulrike ein beruhigender Abschied mit einem tröstlichen letzten Bild der Mutter.

Hilfreiche Materialien

https://de.freepik.com/fotos-vektoren-kostenlos/piktogramme *Piktogramme zum Download* (abgerufen 14.01.2019)

Schroeter-Rupieper, Mechthild/Krause, Gina. Menschen mit Behinderung in ihrer Trauer begleiten. Vandenhoeck & Ruprecht: Göttingen 2018

www.pictoselector.eu *Piktogramme zum Download* (abgerufen 14.01.2019)

8.4 Trauer aktiv gestalten

Wie wichtig der nonverbale Ausdruck von Trauer sein kann, haben wir schon im Hinblick auf die Traueraufgaben erfahren. Gerade vor dem Hintergrund einer eingeschränkten verbalen Kommunikationsfähigkeit sind eine gestalterische Auseinandersetzung und der Ausdruck von Emotionen für Menschen mit geistiger Beeinträchtigung eine wertvolle Option, die Trauer individuell, den eigenen Fähigkeiten angemessen zu bearbeiten. Wird Trauernden die Möglichkeit gegeben, sich aktiv an Ritualen zu beteiligen, können sie sich als Teil der Trauergemeinschaft erleben. Zudem kann die Verbindung zum Gestorbenen mitgestaltet und eigenen Gefühlen Ausdruck gegeben werden. Insgesamt kann durch das gestalterische Tun das Erleben von Selbstwirksamkeit und die Stärkung von Selbstvertrauen erfahren werden.

Ziel ist es darüber hinaus, den Selbstausdruck zu fördern. Es geht darum, Inhalte wie z. B. Gefühle, Gedanken, Sorgen, Befürchtungen einen äußeren Ausdruck zu geben. Die Erfahrungen und Strategien im Umgang mit dem Verlust können darüber hinaus für die Bearbeitung zukünftiger Verluste genutzt werden.

Einige gestalterische Ideen haben Sie im Verlauf des Buchs schon kennengelernt. Ich stelle Ihnen im Folgenden exemplarisch einige weitere Angebote aus meiner großen Auswahl kreativer Gestaltungsmöglichkeiten vor, die ich in der Arbeit mit Trauernden mit geistiger Beeinträchtigung nutze.

Bei der Nutzung der Materialien sollte vorher möglichst genau abgewogen werden, welche Angebote gemacht werden können, damit der Betroffene nicht über- und nicht unterfordert wird. Sie können zudem Medien wie Filme und Musik einsetzen, die der kognitiven und emotionalen Entwicklung entsprechen.

Norbert (frühkindlicher Autismus) berichtet im Verlauf der Begleitung, in der es möglich wurde, Strategien zu entwickeln, um mit traurigen und wütenden Gefühlen umzugehen, dass er inzwischen nicht mehr in die Werkstatt seines Onkels gehen muss, wenn die Mama ihm fehlt. Dort hatte er mit dem Amboss auf einen Holzklotz gehauen. »Das brauche ich nicht mehr. Jetzt höre ich lieber das Lied ›Niemals geht man so ganz‹ …«

Identifizieren und Ausdruck von Gefühlen

Es kann Trauernden mit geistiger Einschränkung schwerfallen, Gefühle zu differenzieren und sie zu benennen. Zudem kann die Regulation und Kontrolle von Gefühlen zu Überforderung führen. Darum nutze ich in meiner Arbeit gern folgende Methoden, um Möglichkeiten zu eröffnen, einen Umgang mit den genannten Themen zu finden.

- Gute Erfahrung habe ich mit dem Einsatz von *Smileys* gemacht, die verschiedene Gefühlsausdrücke zeigen (z. B. traurig, wütend, lachend, fröhlich, staunend, fragend, erleichtert, unsicher, dankbar, ängstlich). Entweder können diese selbst gezeichnet werden, oder Sie können aus dem Internet etwas ausdrucken. Sie können die Smileys im Alltag immer wieder einsetzen (z. B. »Welche Gefühle hattest Du heute?«, »Welche Gefühle jetzt? Bitte suche doch passende Gesichter heraus.«). Sie können auch fragen, was in der jeweiligen Situation schwer bzw. hilfreich war. Benötigtes Material: buntes Tonpapier, Zirkel, Stifte, Schere.

- Weiterhin nutze ich *Gesichterskalen/Rating-Skalen*, die auch in der Kinder- und Jugendlichen-Psychotherapie eingesetzt werden.
- Außerdem können Sie anhand von *Fotos* (selbst gemacht oder aus Zeitschriften) mit eindeutig identifizierbaren, unterschiedlichen Gefühlsaussagen mit dem Menschen mit geistiger Einschränkung in Austausch zu eigenen Gefühlen kommen. Die auf den Fotos dargestellten Gefühle sollten leicht anhand von Mimik, Gestik, Körperhaltung festzustellen sein. Sie können fragen: »Was glaubst du, wie es der Person auf dem Smiley/Foto geht?«, »Kennst du so eine Situation?«, »Wie geht es dir jetzt gerade?«, »Welche anderen Gefühle hattest du heute noch?«, »Wie hast du dich nach dem Tod des Menschen gefühlt?«, »Was hilft dir, wenn du traurig bist?«, » Was hilft, wenn du wütend bist?« …
- Ist es möglich, eigene Gefühle zu identifizieren, können sogenannte *Gefühlsampeln* eingesetzt werden. Hier kann der aktuelle Gefühlszustand auf der Ampel dargestellt werden, oder es können neben die jeweiligen Farben die entsprechenden Gefühle geschrieben werden. Rot – nicht gut/reizbar; traurig, Gelb – geht so, ok; Grün – es geht gut, glücklich. Benötigtes Material: Tonpapier rot, gelb, grün und zur Unterlage schwarzes Papier, Schere, Zirkel, Kleber, Stifte.
- Auch *Gefühlsuhren* können zur Identifizierung und Benennung von Gefühlen gut von Trauernden genutzt werden. Verbale Kommunikation ist nicht unbedingt notwendig. Aus Papier werden Kreise ausgeschnitten. Darauf werden verschiedene Gefühlssmileys gezeichnet (die Anzahl sollte den Fähigkeiten entsprechen – kann jedoch auch später nach und nach ergänzt werden). Die Gefühlssmileys werden auf eine runde Korkplatte geklebt. In der Mitte wird ein (je nach kognitiven Möglichkeiten auch ein zweiter) Zeiger aus Papier mit einem Reißbrettstift angebracht. Ich befestige unter dem Reißbrettstift meist eine kleine Unterlegscheibe, damit die Zeiger sich gut drehen lassen. Auf der Gefühlsuhr können die aktuellen Gefühle dargestellt wer-

den. Zwei Zeiger ermöglichen die schon komplexere Darstellung von Gefühlen, die nebeneinander auftreten. Benötigtes Material: runde Korkplatten (ich nutze Topfuntersetzer), verschiedenfarbiges Papier, Stifte, Kleber, ein Reißbrettstift, eine Unterlegscheibe, Schere.

- Mit *Gefühlsknetern,* die aus mit Mehl gefüllten Luftballons bestehen, lassen sich anhand der mit Edding aufgezeichneten Smileys Gefühle ausdrücken und zugleich Spannungen abbauen. Benötigtes Material: feste Luftballons, Mehl, ein Trichter mit nicht zu dünnem Hals, wasserfeste (dicke) Stifte.
- Sie können auch das *Gefühlsbarometer* nutzen, um Gefühle und Schmerzen auszudrücken. Gestalten Sie das Barometer aus Regenbogenfarben mit Zahlen von 1 bis 10. Der grüne Bereich (1 und 2) steht für eine gute Stimmung, keine Schmerzen. Dann geht es über den gelben (3 bis 5), orangenen (6 bis 8) zum roten Bereich (9 und 10), der für Stress und Schmerzen steht. Steht das Barometer für den Betroffenen im roten Bereich, können Sie miteinander überlegen, welche Möglichkeiten es gibt, um dort herauszufinden. Hilfreich ist es, Zeiten im grünen Bereich zu identifizieren und zu dokumentieren. »Was und/oder wer hat positive Gefühle ausgelöst?« Von den negativen Gefühlsauslösern können die Bedürfnisse des Betroffenen abgeleitet werden. Benötigtes Material: buntes Tonpapier, Zirkel, Stifte, Schere.
- Etwas komplizierter ist der GFK-Navigator für Gefühle, Emotionen und Stimmungen. Hier können auf zwei Seiten 12 unterschiedliche Hauptgefühle identifiziert werden. Zudem gibt es über 100 verwandte Gefühlsbegriffe zur feinen Einordnung. Hilfreich in der Praxis ist, dass zu jedem Hauptgefühl mögliche passende Gedanken vorgestellt werden. Ein Gefühlstest ermöglicht es, aktuelle Gefühle zu prüfen (Bestellinfo am Kapitelende).

Ich habe festgestellt, dass es ein längerer Prozess für Menschen mit geistiger Einschränkung sein kann, eigene Gefühle zu erkennen und zu benennen (ob verbal oder nonverbal). Zudem kann eine zu große Auswahl an möglichen »Gefühlsangeboten« überfordernd sein. Wir sollten uns dann auf die wesentlichen Emotionen (Freude, Trauer, Wut, Angst) beschränken. Manchmal gelingt der Ausdruck persönlicher Gefühle nur sehr schwer. Auch das sollten wir akzeptieren und nichts erzwingen. Wir müssen uns sehr sensibel neben den kognitiven auch an die emotionalen Fähigkeiten des Menschen mit geistiger Einschränkung herantasten, damit wir hilfreich begleiten können.

Wut

In der Praxis bin ich immer wieder mit starken Gefühlen von Wut konfrontiert, die die Trauernden spüren (siehe auch Kapitel 4). Solche Gefühle unterstützen dabei, die neue Lebenssituation zu akzeptieren und sich anzupassen. Sie brauchen Ausdruck und Raum. Keinesfalls sollten sie unterdrückt oder sanktioniert werden, sie dürfen umgekehrt jedoch auch nicht zu Selbst- oder Fremdschädigung führen.

Beispielhaft möchte ich Möglichkeiten nennen, der Wut Ausdruck zu verleihen:

- Trommeln schlagen (ich kann eine Handtrommel mit Schläger, die leicht verstaut werden kann, empfehlen),
- andere Instrumente wie Klavier, Flöte, Rassel, Klangschalen, … können selbstverständlich ebenso genutzt werden,
- mit einem Kunststoffbaseballschläger die Matratze hauen,
- Kissen boxen,
- laut Musik hören,
- stampfen, schreien, brüllen.
- Ich sammele die Kunststoffluftkissenverpackung aus Päckchen. Wenn man darauf springt, macht das ziemlichen Lärm. Hier wird der Ausdruck von Wutgefühlen verbunden mit Freude am Tun.
- Ich habe eine Auswahl an Klatschstangen (auch Arenasticks, Airsticks oder Clapsticks genannt), die normalerweise als Werbemittel bei Events eingesetzt werden. Die Klatschstangen (110 cm oder 55 cm) sind aufblasbar und erzeugen durch Aneinanderschlagen einen metallischen Ton, der ziemlich laut ist. Sie eignen sich wunderbar, um abzubauen. Sie machen Lärm, und es kann damit geschlagen werden, ohne dass es gefährlich ist. Zudem kann auch zu zweit oder mit weiteren Personen gearbeitet werden. Später kann man auch darauf springen, und sie mit einem Knall zum Platzen bringen.

Gestaltung von Erinnerungen

- Ein Erinnerungsbuch kann neben Text auch Zeichnungen und Fotos enthalten oder auf die letzten beiden Möglichkeiten beschränkt sein. Hilfreich können hier verschiedene Fragen sein, die Betroffenen die Bearbeitung erleichtern (vgl. Exkurs: Leben ohne Papa, S. 176 ff.).
- Eine andere Form, Erinnerungen zu gestalten, ist eine *Erinnerungstruhe.* Hier verwende ich Holzschachteln, die individuell gestaltet werden (bemalt, beklebt mit Glitzersteinen, Steinchen und/oder Servietten). Wichtige Erinnerungsstücke oder Briefe finden hier Platz. Benötigtes Material: Sperrholzschachteln, Acrylfarben im Glas, Acrylstifte in verschiedenen Farben, Pinsel, Servietten, Serviettenkleber, Glitzersteine, Aufkleber, Federn, Glitzerpuder, Schere, Heißklebepistole (Achtung: Nicht ohne Aufsicht benutzen lassen).
- Trauernde können auch einen persönlich gestalteten *Fotorahmen* herstellen. Zum Verzieren können Gegenstände wie Muscheln, Blätter usw. eingesetzt werden. Benötigtes Material: rohe Holzrahmen, Acrylfarbe im Glas, Acrylstifte, Pinsel, Spachtel, Glitzerfarben und Stifte, Glitzerpulver, Glitzersteine, Naturmaterialien.
- Über viele Jahre habe ich gute Erfahrungen mit der Gestaltung von Kissen aus den Kleidungsstücken von Verstorbenen gemacht. Sie sind einerseits eine Verbindung zum Verstorbenen, geben ihm einen neuen Platz, unterstützen damit die Anpassung und können zugleich Trost und Geborgenheit schenken. Benötigtes Material: Kleidungsstücke (z. B. T-Shirt oder Pullover) der*des Verstorbenen, Nadel, Nähgarn, Schere, Füllkissen, Nähmaschine – und gegebenfalls fachliche Hilfe.
- Auch die Knopfgläser, die ich entwickelt habe, erfüllen die oben benannten Aufgaben. Die Gläser werden stückweise mit Modellierpaste bestrichen und mit Knöpfen, Perlen, Scherben oder anderen Gegenständen, die mit dem*der Verstorbenen in Verbindung gebracht werden, beklebt. Nachdem das erste Stück auf das Glas geklebt wurde, wird ein weiterer Teil des Glases mit der Modellierpaste bestrichen und beklebt. Somit wird es Stück für Stück gestaltet, bis alles beklebt ist. Benötigtes Material: Glas, Modellierpaste, Knöpfe, Perlen, Scherben, Steine etc.

- Es kann als Erinnerung an Verstorbene etwas *gekocht* oder *gebacken* werden, was er*sie gern gemocht hat. Ein Besuch in einem Lieblingsrestaurant oder an einem Lieblingsort, die Gestaltung eines Erinnerungsortes im Haus (mit Foto, Kerze und Gegenständen) oder des Grabes können ebenfalls Möglichkeiten sein, sich tröstlich zu erinnern.
- Darüber hinaus kann das Anschauen von Fotoalben oder Gespräche über Verstorbene dazu beitragen, die Beziehung neu zu gestalten und ihnen einen neuen Platz im Leben zu geben.

Lichter gestalten

Eine gute Möglichkeit, den Selbstwert zu stärken und zugleich etwas für Verstorbene zu tun, die Verbindung zu pflegen, ist es, ein Licht zu gestalten. Licht kann Wärme und Hoffnung vermitteln und zudem beruhigend wirken.

- Friedhofkerzen mit Serviettentechnik gestalten. Benötigtes Material: weiße Friedhofkerzen, Servietten in verschiedenen Farben oder mit verschiedenen Motiven, Serviettentechnikkleber.
- Friedhofkerzen bemalen/beschriften. Benötigtes Material: weiße Friedhofkerzen, wasserfeste Eddingstifte in vielen Farben.
- Lichtergläser von außen gestalten, Gläser können individuell mit den verschiedenen Materialien gestaltet und aufgestellt werden. Gläser mit Transparentpapier sollten mit Kleister verklebt werden. Benötigtes Material: leere Gläser, Geschenkpapier, Stoffreste, Transparentpapier, Kleister, Schleifen, wasserfeste Eddingstifte, Glitzersteine, Schere, Heißklebepistole (Achtung: Nicht ohne Aufsicht benutzen lassen), echte oder batteriebetriebene Teelichter.
- Lichtergläser von innen gestalten. Meine Lieblingsidee, die sehr leicht zu realisieren ist, und enorme Wirkung hat! Selbstwertsteigernd. Die Gläser werden individuell von innen mit Acrylfarben bemalt. Sie können anschließend von außen mit Glitzersteinen mit der Heißklebepistole beklebt werden und zudem von außen zusätzlich mit Acrylstiften beschrieben und/oder bemalt werden. Benötigtes Material: leere Gläser, Acrylfarben, Acrylstifte, Pinsel, Glitzersteine, Keramiksteine, Heißklebepistole (Achtung: Nicht ohne Aufsicht benutzen lassen), echte oder batteriebetriebene Teelichter.

Hoffnung im Dunkel

Aus der Dunkelheit (einem schwarzen Bild) können Farbe und Zuversicht erscheinen. Es können aus dem Kratzbild (auch in Herzform erhältlich) oder Armband Motive oder einfach bunte Farbe ausgekratzt werden. Benötigtes Material: Kratzbild oder Kratzarmband (im Internet erhältlich), spitzer Gegenstand zum Freikratzen ist meist im Paket enthalten.

Lebenswege gestalten oder malen

Um das Geschehen einzuordnen, Gefühle auszudrücken und sich neu anzupassen kann es hilfreich sein, den eigenen Lebensweg gestalterisch zu reflektieren. Benötigtes Material: Tapetenrolle oder Fichtenholzbretter, Farben und Stifte verschiedenster Art, angeboten werden sollten zudem: Wolle, Kleber, Steine, Glitzersteine, Federn, getrocknete Blüten, Korken etc.

Malen

Bieten Sie die Möglichkeit zu malen. Je nach Fähigkeiten kann zu bestimmten Fragestellungen gemalt werden (problemorientiert, ressourcenorientiert, lösungsorientiert). Impulsfragen dazu könnten sein: »Was macht dir Freude?«, »Was macht dir Angst?«, »Was macht dich wütend?«, »Was machst du, wenn du wütend bist?«, »Wo bist du am liebsten, wenn du traurig bist?«, »Wo ist der Verstorbene jetzt?«, »Was wünscht du dir?«

Hosentaschenamulett

Das leicht herzustellende Amulett kann eine Erinnerung an eine Ressource (Anker) darstellen, die in schwierigen Situationen hilfreich sein kann (z. B. Engel für Schutz, Anker für Halt, Herz für Liebe/Zugehörigkeit, Stern für Verstorbene, …) Aus meiner Erfahrung kann ich sagen, dass Trauernde, die Amulette für andere Menschen gestaltet haben (Familie, Mitbewohner, Betreuer) hieraus eine große Stärkung des Selbstwertes erfahren haben. Die Amulette können zusätzlich mit Perlen und Glitzer verziert werden. Benötigtes Material: Säckchen aus Stoff oder Seide, Fimo light, Plätzchenformen oder Schablonen, Acrylfarbe, Pinsel, Perlen, Glitzer.

Rettungsring

Eine weitere Möglichkeit, eine Ressource zu verankern, ist die Verwendung des »Rettungsrings«. Sie können eine Vorlage zum Ausmalen oder Beschriften verwenden und/oder dem Betroffenen einen kleinen gegenständlichen Rettungsring geben. Mögliche Impulsfragen zur Verankerung können sein: »Was hilft mir, wenn ich (Angst habe, traurig bin, mich allein fühle, den Verstorbenen vermisse, …)«.

Kraftsteine

Gefundene Ressourcen können im Alltag z. B. auch durch Kraftsteine »verankert« werden. Ressourcen können Fähigkeiten (mutig, liebevoll, ruhig) oder auch Bedürfnisse (Liebe, Schutz, Freude, Freunde, …) sein: Es kann ein Piktogramm oder das Wort selbst auf den Stein gebracht werden. Benötigtes Material: kleinere Steine, Acrylstifte, Acrylfarben im Glas, Pinsel oder Eddingstifte in verschiedenen Farben. Die Kraftsteine können als »Stärkung« in schweren Situationen begleiten sowie in Belastungssituationen zur Regulation von Spannung genutzt werden, indem sie fest gedrückt werden.

Notfallkoffer/Notfalltruhe

Die gesammelten Gegenstände in der Truhe (im Koffer) sollen ebenfalls »Anker« sein, die an Möglichkeiten erinnern, die genutzt werden können, wenn der Mensch mit geistiger Einschränkung sich nicht gut fühlt. Unser »Kraftstein« könnte hier z. B. auch Platz finden, ebenso wie eine Erinnerung und/oder ein Foto vom*von der Verstorbenen. Außerdem können andere Hilfen wie ein Gegenstand, der beruhigend und entspannend wirkt (z. B. Lavendelsäckchen, Foto), etwas, das bei Wut hilft (z. B. Knetball), ein kleines Kuscheltier, ein Lieblingsbonbon, ein wichtiges Geschenk, …) eingepackt werden. Wichtig ist, dass der Inhalt flexibel bleibt: Es darf je nach Bedarf Altes aussortiert werden und Neues hinzukommen. Die Truhe oder der Koffer werden mithilfe der vorhandenen Materialien je nach Geschmack gestaltet (Serviettentechnik und/oder Bemalen und Bekleben). Benötigtes Material: Sperrholzschachteln, verschiedene Acrylfarben, Acrylstifte, Pinsel, Servietten, Serviettenkleber, Glitzersteine, Aufkleber, Federn, Glitzerpuder, Schere, Heißklebepistole (Achtung: Nicht ohne Aufsicht benutzen lassen). Sie können, wenn Sie es weniger aufwendig gestalten möchten, auch einen gemalten Koffer verwenden und dort mit Piktogrammen arbeiten.

Umgang mit besonderen Tagen: Jahres- und Festtage

Tage wie Weihnachten, Todestage, Geburtstage sollten je nach Bedarf und Fähigkeiten gestaltet werden. Ich habe bei einigen Menschen mit geistiger Einschränkung beobachtet, dass sie sich an solche Tage gut erinnern konnten und es ihnen wichtig war, sie in besonderer Weise zu begehen. Anderen, denen die zeitliche Einordnung generell schwerfiel, war das Datum an sich nicht so wichtig, dennoch konnte ich spüren, dass diese Tage, die üblicherweise mit bestimmten Ritualen verknüpft sind, einen außergewöhnlichen Stellenwert haben. Die Ausgrenzung des sozialen Umfelds wurde dementsprechend als schmerzhaft empfunden, wenn im Nachhinein bekannt wurde, dass die Familie/Bekannte sich zum Geburtstag eines*einer Verstorbenen getroffen und den Tag zusammen verbracht hatten (»Ich wäre auch gern dabei gewesen. Es war meine Mutter. Das ist nicht schön, dass ich nicht dabei war.«).

Beteiligen Sie bitte auch Menschen mit geistiger Einschränkung an der Gestaltung von Jahres- oder Festtagen. Geben Sie Gelegenheit, sich zu erinnern, sich auszutauschen und für den*die Verstorbene*n noch etwas zu tun. Entwickeln Sie gemeinsame Rituale, die zu dem Anlass des Tages und zum*zur Verstorbenen passen. Die Rituale sollten abgestimmt werden. Übereinstimmungen können nicht gefunden werden, wenn wir nicht in den Austausch kommen. Sprechen Sie deshalb miteinander, was sich für jeden in der Gemeinschaft stimmig anfühlt, und finden Sie Schnittmengen (z. B. Lieblingskuchen und Heliumballons zum Geburtstag, Gedenkfeier und Fotos anschauen zum Todestag, Weihnachtsbaum mit Erinnerungskugeln schmücken, …).

Mein Spezialtipp: Betonherzen gießen

Zu besonderen Anlässen gestalte ich mit Trauernden schon seit einigen Jahren Betonformen. Neben Herzen können auch Buchstaben, Engel, Kerzenständer und Vasen gemacht werden. Die Herstellung ist sehr einfach, die Wirkung sehr groß. Daher ist dieses Angebot besonders auch zur Stärkung von Selbstvertrauen und Selbstwert geeignet. Das Betongießpulver muss nur mit Wasser angerührt und in die gewünschte Form gegossen werden. Trocknen lassen und später je nach Wunsch bemalen und beschriften. Benötigtes Material: Silikonbackform, Kreativ Design Beton (Internet, staubarm u. witterungsbeständig), Acrylfarben im Glas, Acrylstifte, wetterfeste, farblose Lasur (damit die Farbe auf dem Beton länger hält).

Vielleicht denken Sie, nachdem Sie die vorgestellten gestalterischen Ideen gelesen haben, dass diese zu schwierig sind für den Menschen mit geistiger Einschränkung, den Sie kennen. Ich möchte Ihnen mit einem Beispiel aus meiner Praxis diese Sorge nehmen, denn es ist nicht immer nötig, dass die Ausführung der Gegenstände ganz selbstständig durchgeführt werden muss.

Heidi ist nach einer misslungenen Operation kognitiv und körperlich eingeschränkt. Sie kann kaum gehen, ihre Hände nur eingeschränkt nutzen, das Sehvermögen ist stark reduziert, die Artikulationsfähigkeit deutlich erschwert. Dennoch hat sie sehr klare Vorstellungen davon, wie der Fotorahmen, den sie für ihren verstorbenen Vater herstellen möchte, auszusehen hat. Wir haben insgesamt fünf Stunden benötigt, um den Rahmen fertigzustellen. Heidi wünschte sich, dass der Rahmen mit Servietten, die Sonnenblumen zeigen, beklebt werden sollte. »Die mochte Papa sehr.« Außerdem sollte aus dem Rahmen plastisch ein Schmetterling herausfliegen. »So wie Papa jetzt vielleicht.« Ich sollte Heidi alles, was ich an Material hatte, ganz genau beschreiben. Die richtige Wahl der Schmetterlingsfarbe brauchte Zeit. Ich konnte die gewünschte Farbe nicht anbieten und habe zwischen den Stunden den Farbton lila, den Heidi brauchte, besorgt. Durch die Einschränkungen konnte Heidi nur einige Dinge am Rahmen selbst gestalten. Allein ihre selbstbestimmte Vorstellung der Gestaltung war schon wesentlich. Zudem konnten wir während der Arbeit sehr viel über den Vater, die misslungene OP und ihre Folgen sowie die Wünsche und Bedürfnisse von Heidi sprechen.

Hilfreiche Materialien

Gräßer, Melanie/Hovermann, Eike: Rating-Skalen für die Kinder- und Jugendlichenpsychotherapie: 26 Skalen für Therapie und Beratung. Beltz: Weinheim 2017

Cremer, Samuel/Schumacher, Christian: GFK-Navigator für Gefühle, Emotionen und Stimmungen. Gefühle finden und benennen – sich verstehen, verstanden werden, Empathie geben. Future Pace Media: Stockelsdorf 2016

Exkurs: Ohne Papa leben – Eine junge Frau mit fetalem Alkoholsyndrom erzählt

Trauerbearbeitung von Katrin nach dem Tod ihres Vaters. Die Mutter leidet an einer schweren Demenz, ausgelöst durch ihre Alkoholerkrankung, und lebt in einem betreuten Wohnprojekt. Katrin lebt, seit der Vater sie durch die Krebserkrankung nicht mehr versorgen kann, in einer Einrichtung. In ihr Erinnerungsbuch hat sie Folgendes geschrieben:

Papas Geburtstag ist am 6.12.1965. Papa ist mit 59 Jahren im Hospiz gestorben, weil er Krebs hatte. Als Papa gestorben ist, war ich in der Gruppe.

Gibt es einen Erinnerungsgegenstand? Woran erinnerst du dich gern?

Mein Erinnerungsstück ist der CD-Player. Ich bin viel mit Papa schwimmen gegangen. Es hat mir immer sehr gefallen, dass der Papa immer so fröhlich war.

Was hättest du noch gern mit Papa gemacht und ihm gesagt?

Mit Papa wollte ich noch sehr gern aufs Konzert gehen, Schlittschuhfahren, Schwimmen, Einkaufen gehen oder in den Tierpark fahren. Ich wollte dir noch gern sagen, Papa, dass du ein toller Vater bist, du gut aussiehst, du elegant bist, du super glücklich und super pünktlich bist.

Wo ist Papa jetzt?

In meinen Gedanken ist der Papa im Schwimmbad. Ich wünsche Papa, dass er noch weiterleben soll.

Was hast du von Papa gelernt?

Ich habe von Papa gelernt, nicht zu rauchen und keinen Alkohol zu trinken. Ich habe von Papa gelernt, Fahrrad, Roller und Inline-Skater zu fahren.

Was mochtest du nicht so gern an Papa?
Ich mochte nie, dass der Papa immer so viel Fernsehen geguckt hat und an seinem Laptop rumgehangen hat. Papa war stolz, dass er immer Helene Fischer im Fernsehen gesehen hat und dass er immer Bimmelbilder am Laptop spielen konnte.
Mit wem sprichst du über Papa?
Ich spreche mit Corinne, mit meiner Bezugserzieherin, mit Herrn Schmidt und mit den Kindern aus der Gruppe.
Was hilft dir?
Ich bin froh, dass ich mehrere Lieblingssängerinnen habe. Mein ganzes Zimmer ist voll mit Postern. Gut, dass ein Mädchen aus meiner Gruppe ausgezogen ist. Ich freue mich, dass ich die Mama noch sehen werde.
Was möchtest du noch machen?
Ich habe Zukunftspläne. Ich möchte auf das Konzert von Selena Gomez und die Konzerte von meinen Lieblingsstars gehen, versuchen gesund zu bleiben, und hoffe, dass ich später Pferdewirtin werde.
Welche Erinnerungen hast du an Papa?
Meine Erinnerung von Papa ist das Essen, Musik, Helene Fischer, sein Auto – Opel Astra dunkelblau, Papas alte Lieblingsfilme mit Bud Spencer, Asterix und Obelix und Dinner for One.

Papas Sternzeichen ist Schütze. Als ich krank war, hat Papa zu mir Muckelbärchen gesagt, Tee gekocht, das Inhaliergerät vorbereitet, Fieber gemessen, mir Hustensaft und Halsschmerztabletten gegeben. Ich wollte von Papa seinen Laptop behalten und dann auch noch mein Pferdebuch und meinen ganz alten Computer, der früher vom Papa war.
Was hättest du dir von Papa gewünscht?
Vom Papa hätte ich mir gewünscht, dass er viel netter zu mir sein sollte und ein liebevoller Papa sein sollte, dass er keinen Puppenwagen auf mich schmeißen sollte und dass er keine Tasse auf mich schmeißen sollte.
Wen würdest du um Hilfe fragen, wenn es dir nicht gut geht?
Ich würde die Lehrer in der Schule und die Schüler Lena und Larissa, meine Lieblingspädagogin Nina und Anne und Stephanie fragen. Die hat mir auch die Nummer gegen Kummer (Telefon 0800 1110 333) gegeben. Da kann ich auch immer anrufen.

Wie wichtig ist dir Religion und Gott?
Gott ist mir nicht wichtig. Dafür werde ich auch nicht bestraft, wenn ich nicht an Gott glaube.
Was hast du neu gelernt nach Papas Tod?
Reiten, Waveboard fahren und Basketball spielen. Heute kann ich mit Menschen über meine Probleme sprechen. Ich fühle mich mehr versorgt. Gut, dass ich mehr mit Menschen sprechen kann, dass ich mehr rausgehen kann, dass ich mehr spielen kann.
Wovor hast du Angst?
Vor großen Hunden, vor der Dunkelheit und vorm Wald, vor Gruselfilmen, vor Geistern, vor Albträumen, vor dem Keller, vor Geräuschen, wenn mich jemand erschreckt, wenn mich jemand bedroht.

9 Trauer in der Familie

Die Familie – Ressource und Belastung

Die Familie ist und bleibt für Menschen mit geistiger Beeinträchtigung meist ein wichtiger Bezugsrahmen. Gerade hier können durch Eltern, Geschwister und Großeltern Lernerfahrungen gemacht und Kompetenzen ausgebildet werden, die zur Bewältigung von Verlusten notwendig sind. Auch wenn die Entwicklung von Bewältigungsmechanismen durch die geistigen und oft körperlichen Einschränkungen erschwert wird, kann die Familie als wichtige Unterstützung in diesem Entwicklungsprozess von Menschen mit geistiger Beeinträchtigung erlebt werden.

Somit ist die Familie einerseits ein wesentliches erstes Lernfeld für den Umgang mit Verlusten, und andererseits muss die Familie durch die geistige Behinderung eines Familienmitglieds den Verlust eines »normalen Familienlebens« und die damit einhergehenden Konsequenzen bearbeiten.

Vielfältige Vorbelastungen für Familien

Ist eine Familie mit einer geistigen Beeinträchtigung eines Familienmitglieds konfrontiert, müssen ursprüngliche Lebensentwürfe betrauert werden, neue Perspektiven gefunden und die Isolation, die vielen Familien durch ein Familienmitglied mit geistiger Beeinträchtigung droht, vermieden werden. Familien sind durch die Behinderung vielfältigen Belastungen ausgesetzt. Neben der Trauer um ein nicht gesundes Kind kommen organisatorische und zeitliche Belastungen, Zukunftsängste und Einschränkungen hinzu, die in viele Lebensbereiche hineinragen. Die Teilnahme am sozialen Leben kann erschwert sein, ebenso wie Möglichkeiten sich zu erholen. Auch die Belastung für eine Partnerschaft kann groß sein, weil eigene Wünsche und Bedürfnisse neu angepasst werden müssen und die Betreuung des Kindes Zeit und Kraft kostet. Zudem können die Bewältigungsstrategien der Partner*innen im Umgang mit der Beeinträchtigung des Kindes und den Konsequenzen sehr unterschiedlich sein. Probleme in Bezug auf »gesunde Geschwister« können auftreten, weil für sie zu wenig Raum und Zeit bleibt. Familien erfahren auch heute noch eine gesellschaftliche Ausgrenzung und Diskriminierung, weil ein Mensch mit geistiger Behinderung Familienmitglied ist. Diese und sicherlich weitere mögliche Vorbelastungen haben Einfluss auf die Trauerprozesse in der Familie, wenn zusätzlich der Tod eines nahestehenden Menschen eintritt. Es geht deshalb darum, den *Menschen mit geistiger Beeinträchtigung und seine Familie* bestmöglich zu stärken und zu unterstützen.

9.1 Tod in der Familie

Der Partner stirbt

Aus meiner Erfahrung in der Begleitung weiß ich, dass Angehörige mit »Kindern«, egal welchen Alters, die eine geistige Beeinträchtigung haben, nach dem Tod des Partners*der Partnerin häufig großen Belastungen ausgesetzt sind. Die eindrücklichen Erfahrungsberichte im Buch bestätigen dies. Verantwortungen und wichtige Entscheidungen, die das Wohl des Menschen mit geistiger Behinderung betreffen, müssen neben allen anderen Konsequenzen, die der Tod des Partners*der Partnerin mit sich bringt, allein getragen werden.

Vielleicht geht es Ihnen ähnlich. Sie können die Sorgen um das kranke »Kind« nun nicht mehr mit Ihrem Partner*Ihrer Partnerin teilen. Das eigene Leid und die zusätzliche Last an Aufgaben können dazu führen, dass Sie sich überfordert fühlen und an Ihre körperlichen und seelischen Grenzen geraten. Wenn die Versorgung des Menschen mit geistiger Behinderung neu geregelt werden muss, fehlt es zudem oft an hilfreicher und schneller Unterstützung für betroffene Familien. Häufig habe ich erlebt, dass Elternteile mit Existenzsicherung/Beruf, »krankem Kind« und auch weiteren Kindern sowie der eigenen Trauer völlig überlastet waren und fast daran zerbrochen sind.

Mit dem eigenen Leid zurechtzukommen und zugleich mit der Verantwortung als Elternteil konfrontiert zu sein, braucht aus dem sozialen Umfeld neben Anteilnahme und Verständnis oftmals ganz praktische Unterstützung. Das kann die vorübergehende Betreuung des Menschen mit geistiger Behinderung sein, damit Angehörige schlafen und neue Kraft schöpfen können oder sie entlastet werden, weil jemand den Einkauf erledigt oder kocht.

Tod des gesunden Geschwisters

In Kapitel 4.4 haben wir unmittelbar erfahren, wie die Familie von Marvin mit geistiger Beeinträchtigung mit dem Tod des Bruders Dominik umgegangen ist. Und doch nur auf dem Papier. Der schmerzvolle Abschied und die nachfolgende Trauer sind sicher kaum vorstellbar und wesentlich komplexer. In meiner Arbeit sind mir mittlerweile einige Familien mit »Kindern« mit geistiger Beeinträchtigung begegnet, die den Tod des »gesunden Kindes« erfahren mussten, durch Krankheit, Unfall und Suizid. Der Tod eines Kindes ist immer ein einschneidendes und unglaublich schmerzhaftes Ereignis. Familien, die zuvor schon die Trauer um die Erkrankung eines Kindes tragen müssen, erfahren ein unsagbares zusätzliches Leid. Das soziale Umfeld sowie professionelle Unterstützer*innen (Ärzt*innen, Therapeut*innen, Seelsorger*innen, …) sind hier in ganz besonderem Maße mit liebevollem, geduldigem Verständnis, Anteilnahme und praktischer Unterstützung gefordert, nicht nur über einen kurzen, sondern über einen sehr langen Zeitraum. Das gesamte Familiensystem sollte professionell unterstützt werden. Das trauernde Geschwister mit geistiger Beeinträchtigung sollte seinen Fähigkeiten angemessen einbezogen und begleitet werden.

Geschwistertrauer

Ich kann hier nur kurz auf die Rolle der trauernden, gesunden Geschwister hinweisen. Zunächst kommt ihnen, wegen des erkrankten Geschwisters, meist weniger zeitliche und innere Aufmerksamkeit zu. Eltern sind mit Sorgen, Trauer und praktischen Aufgaben um das kranke Kind befasst und gelangen vielfach an die Grenzen ihrer eigenen Belastbarkeit. Kinder spüren dies und nehmen sich selbst zurück. Stirbt ein Familienmitglied, »funktionieren« sie häufig weiter. Sie sorgen sich um die »Restfamilie«, um das Geschwister mit Behinderung, den zurückgebliebenen Elternteil und übernehmen

Verantwortungen, die überfordern können. Ihre eigenen, multiplen Verluste können sie darum vielfach nicht oder nur eingeschränkt betrauern. In ihren Peergruppen fühlen sie sich oft einsam, weil sie sich neben den normalen Entwicklungsaufgaben zusätzlich mit anderen Lebensthemen auseinandersetzen müssen. Geschwister sollten, weil das Familiensystem aus genannten Gründen überfordert sein kann, mehr Wahrnehmung, Verständnis und Zuwendung aus dem sozialen Umfeld erfahren. Zudem kann professionelle Unterstützung die Lebenssituation erleichtern und Raum schaffen, den Geschwister für ihre eigene Entwicklung benötigen.

Sorgen Sie dafür, dass Geschwister liebevoll wahrgenommen und unterstützt werden. Manchmal reicht es, Zeiten zu vereinbaren, die ihnen ungestört zur Verfügung stehen. Ein Ausflug oder Kinobesuch mit anschließendem Snack kann Nähe und Raum für Austausch ermöglichen. Überlegen Sie vielleicht, ob das erkrankte Geschwister nicht einmal zurückstehen kann. Möglicherweise kann es für das erkrankte Kind auch eine wichtige Lernaufgabe sein, nicht immer im Mittelpunkt zu stehen.

Auf Hilfe angewiesen sein

Sie wissen, dass Ihr »erwachsenes Kind« nicht so selbstständig für sich sorgen kann, wie Sie es sich gewünscht hätten. Sie machen sich wahrscheinlich viele Gedanken um die Zukunft Ihres Kindes. Oft haben Angehörige nach dem Tod des Partners*der Partnerin große Angst, dass Ihnen auch noch etwas zustoßen könnte und sich niemand mehr so intensiv, zuverlässig und liebevoll um ihr »Kind« kümmern wird wie sie selbst. Fragen, die bisher vielleicht noch im Hintergrund standen, sind nun akut geworden. Das sind tatsächlich große Sorgen, die Sie angehen sollten. Vielleicht beruhigt es Sie ein wenig, zu hören, dass andere Angehörige es meist als entlastend empfinden, wenn sie Vorsorge für den eigenen Tod und vor allem für die Betreuung der Kinder*des Kindes getroffen haben. Sprechen Sie mit Menschen darüber, denen Sie vertrauen, und suchen Sie miteinander nach bestmöglichen Lösungen.

Verunsicherung

Dass Ihr »Kind« grundsätzlich vom Tod eines Familienmitglieds erfahren sollte, steht inzwischen außer Frage. Als Angehörige*r können Sie verunsichert sein, weil Sie nicht wissen, ob Sie offen mit dem Menschen mit geistiger Beeinträchtigung über den Fall sprechen sollten, falls Ihnen etwas zustoßen würde. Häufig befassen sich Hinterbliebene mit geistiger Beeinträchtigung auch selbst mit diesem Thema, ohne dass Sie dies vielleicht ahnen. Sprechen Sie mit Ihrem »Kind« darüber. Fragen Sie nach persönlichen Wünschen und Befürchtungen, soweit die generelle Kommunikationsfähigkeit dies zulässt. Sie können so bestmöglich im Sinne Ihres »Kindes« vorsorgen und zugleich Ihr »Kind« entlasten. Sprechen Sie auch darüber, wenn Ihr »Kind« schon in einem Wohnheim lebt. Auch dann ist dieses Thema für den Menschen mit geistiger Beeinträchtigung relevant.

Freund*innen, Verwandte und manchmal auch Mitarbeiter*innen aus Werkstätten, Heimen und Schulen, die aus gut gemeinter Fürsorge Ratschläge geben, können Ihre Verunsicherungen verstärken. Vielleicht kennen Sie solche Situationen. Gerade, wenn wir selbst unsicher sind, neigen wir eher dazu, den Rat anderer anzunehmen und nicht auf unser Bauchgefühl zu hören. Ich möchte Ihnen vorschlagen, sich in solchen Situationen möglichst sachlich zu informieren und sich bei Bedarf qualifizierte Unterstützung zu holen. Treffen Sie Ihre eigenen Entscheidungen, und beziehen Sie dabei Ihre Kompetenzen, Ihre Erfahrungen und auch Ihr Bauchgefühl mit ein. Vertrauen Sie sich und darauf, dass Sie den Menschen mit geistiger Beeinträchtigung sehr gut kennen. Zudem kann Trauerbegleitung und/oder psychologische Unterstützung ein wichtiger Beistand für Sie als trauernde Angehörige sein.

Unterstützung geben – Unterstützung einfordern

Meist spüren Menschen mit geistiger Beeinträchtigung die Überforderung, Verunsicherung und Verzweiflung ihrer Angehörigen. Deshalb kann das Erleben von seelischer und praktischer Unterstützung für alle Familienmitglieder Hoffnung machen und stärken.

Nach dem Tod eines nahen Angehörigen kann es für trauernde Menschen mit geistiger Behinderung, egal, ob sie zuhause oder in einer Einrichtung leben, entlastend sein, zu wissen, dass ihre trauernden Angehörigen Unterstützung erhalten. Auch deshalb sollten Angehörige immer mit in den Blick genommen werden und sollten selbst gut für sich sorgen. Wenn spürbar wird, dass trauernde Angehörige nicht ganz hoffnungslos in die Zukunft blicken, sich zutrauen, ein Leben ohne den Verstorbenen zu meistern und aus dem sozialen Umfeld – auch von Einrichtungen – Unterstützung erfahren und annehmen, kann dies von eigenen Verantwortlichkeits- und Schuldgedanken entlasten.

Bitte geben Sie als Angehörige nicht zu schnell auf, wenn Sie auf der Suche nach Unterstützung immer wieder an andere Zuständigkeiten verwiesen werden oder Absagen erhalten. Vielleicht kennen Sie das bereits aus dem bisherigen Leben mit einem Menschen mit geistiger Behinderung. Holen Sie sich bitte *jeden* möglichen Beistand (Familie, Freund*innen, Bekannte, Nachbar*innen, Ärzt*innen, Integrationsämter, Politiker*innen, Jugendamt, Rehabilitationsträger, Hospizmitarbeiter*innen, Arbeitgeber, Therapeut*innen, Seelsorger*innen, Schulen, Stiftungen, Internet, Presse, …) Sie dürfen dabei kritisch und in einem guten Sinne egoistisch sein. Prüfen Sie und wählen Sie aus, wen Sie als hilfreich empfinden und wen nicht. Denken Sie auch daran, dass eine Trauerbegleitung und/oder Psychotherapie für den trauernden Menschen mit geistiger Behinderung möglicherweise hilfreich und auch für Sie somit entlastend sein kann.

Hilfe einfordern und Nein sagen

Sie dürfen radikal und fantasievoll sein auf der Suche nach Hilfe. Fordern Sie ruhig massiv und auf vielleicht ungewöhnliche Art Unterstützung ein, und belasten Sie sich in der ohnehin schon anstrengenden Zeit nicht mit unnötigen Verpflichtungen. Es geht darum, zu überleben und neue Zuversicht für sich selbst und Ihre Familie zu finden.

Überprüfen Sie bitte auch kritisch Ihre eigenen Ansprüche. Was ist wirklich notwendig und was nicht? Was kann warten? Fühlen Sie sich vielleicht an Stellen verpflichtet, die niemand erwartet? Geben Sie sich die Erlaubnis, eigene Werte und Lebensregeln zu verändern. Manchmal kann das bedeuten, sehr schmerzhaft eigene Grenzen anzunehmen. Gerade in Bezug auf die Versorgung des Menschen mit geistiger Behinderung können Sie vor schwere Entscheidungen gestellt werden.

9.2 Doppelter Verlust: Tod und Abschied von Zuhause

Der Tod des Partners*der Partnerin bedeutet manchmal auch die zeitnahe Trennung vom »Kind mit geistiger Behinderung«, weil die Versorgungsaufgaben sowie die Existenzsicherung von einer Person nicht bewältigt werden können.

Unfreiwillige Trennung

Wenn Sie Ihr »Kind« unfreiwillig in eine Einrichtung geben müssen, suchen Sie möglichst eine Einrichtung, die Ihren Vorstellungen entspricht. Entscheiden Sie sich nicht aus Furcht, nichts zu finden, für die nächstbeste. Bitte fragen Sie auch Ihr »Kind« nach seinen Eindrücken. Die Suche nach einem neuen, geeigneten Lebensort kann erst einmal bedeuten, Zeit zu investieren, sich verschiedene Häuser anzuschauen, viele Gespräche zu führen und kritisch zu prüfen, wo das »Kind« möglichst gut aufgehoben sein könnte. Erfahrungsgemäß können solche schwerwiegenden Entscheidungen beruhigter getroffen werden, wenn Sie sich zuvor umfassend informiert und das Gefühl haben, alles Mögliche getan zu haben. Zudem sollten Sie sich innerlich darauf einrichten, dass Ihr »Kind« diesen zweiten schweren Verlust verkraften muss und entsprechende Reaktionen zeigen könnte. Dies mitzuerleben, kann auch für Sie selbst sehr schmerzhaft sein. Sprechen Sie darum mit den Betreuern der Einrichtung über die parallelen Trauerprozesse, die Ihr »Kind« gerade erlebt, und überlegen Sie gemeinsam, wie dieser trauernde Mensch bestmöglich unterstützt werden kann. Holen Sie sich selbst in dieser Zeit Beistand.

Wechsel in eine Einrichtung

Denken Sie als Mitarbeiter*in der Einrichtung daran, dass Familien nach dem Tod eines Angehörigen in einer äußersten Ausnahmesituation zu Ihnen kommen. Alle erleben durch den Umzug einen »doppelten Verlust«. Nehmen Sie deshalb bitte Rücksicht auf die seelische Verfassung *aller* Familienmitglieder und suchen Sie gemeinsam nach Wegen, wie diese Veränderungs- und Abschiedsprozesse verantwortungsvoll begleitet werden können.

Bitte bedenken Sie, dass jeder Mensch einzigartig ist und mit seinen ganz persönlichen Erfahrungen und vielleicht daraus resultierenden Erwartungen zu Ihnen kommt. Nicht immer wissen wir, was Menschen mit einer geistigen Behinderung schon an Schmerz und Verlust erleben mussten. Es geht darum, möglichst individuell auf den Lebenskontext und die Bedürfnisse des trauernden Menschen einzugehen.

Sensibel da sein

Das bedeutet für Einrichtungen, sehr sensibel wahrzunehmen, dass Sie mit Menschen eines Familiengefüges zu tun haben, die gleichzeitig mehrere schwere Anpassungsprozesse und Verluste bewältigen müssen. Trauernde Angehörige und der trauernde geistig behinderte Mensch kommen in einer schwer belasteten Zeit zu Ihnen und brauchen daher sensible Wahrnehmung, Anteilnahme, Verständnis und Herzenswärme.

Vorbereiten auf den Umzug

Gemeinsam – als Familie und Einrichtung – sollten Sie den Abschied von Zuhause behutsam vorbereiten. Informieren Sie so genau wie möglich über die bevorstehenden Veränderungen (auch mehrfach!) und geben Sie dem trauernden Menschen die Gelegenheit, das Haus sowie die Mitbewohner*innen und Mitarbeiter*innen vor dem Umzug kennenzulernen. Vielleicht können Sie zusätzlich Fotos und die Internetseite einsetzen. Es kann als entlastend empfunden werden, wenn Menschen sich eine Vorstellung davon machen können, was auf sie zukommt. Erklären Sie auch den Fähigkeiten entsprechend, warum der Wohnortwechsel stattfinden muss. Auch wenn nicht alles kognitiv verstanden wird, kann das Gefühl, beteiligt zu werden, wichtig sein. Sorgen Sie dafür, dass Betroffene keine widersprüchlichen und damit zusätzlich verwirrenden Informationen erhalten. Wenn es Ihnen als Angehörige*r gemeinsam mit dem Team der Einrichtung möglich ist, zeigen Sie dem trauernden Menschen auch die positiven Seiten des Umzuges in die neue Lebensumgebung (neue Freunde und Kontakte, Möglichkeiten, Hobbys zu gestalten, andere Freiheiten, …), und wecken Sie so die Neugierde auf das neue Zuhause. Wenn es möglich ist, binden Sie den trauernden Menschen aktiv in die Gestaltung seines neuen Wohnortes/Zimmers ein. Es kann zudem hilfreich sein, wenn Fotos oder andere wichtige Gegenstände mitgebracht werden können. Solche Übergangsobjekte können die Eingewöhnung in die neue Umgebung erleichtern.

Um mit den neuen Herausforderungen bestmöglich zurechtzukommen, sollten Betroffene frühzeitig auf die Abläufe und Regeln der Einrichtung hingewiesen werden, um so einen negativen Einstieg zu vermeiden. Geben Sie immer wieder Gelegenheit, Fragen zu stellen, damit Unklarheiten, falsche Vorstellungen und unbegründete Ängste vermieden werden können.

Es ist sinnvoll, den Mitbewohner*innen den Grund des Umzugs zu nennen. Anteilnahme und Mitgefühl können dem trauernden Menschen den Übergang in die neue Lebensumgebung erleichtern. Teilen Sie Informationen über Sterben und Tod vorbereitet und in einem verständlichen Rahmen mit. Bitte lassen Sie genügend Zeit und Raum für Fragen, und nehmen Sie Rücksicht auf individuelle Bedürfnisse der anderen Mitbewohner. Fragen Sie zuvor, ob der betroffene Trauernde einverstanden ist. Selbstverständlich sollte das Team der Einrichtung über den erlittenen Verlust informiert sein. Alle sollten bedenken, dass solche schwerwiegenden Lebensveränderungen, die mit neuen Anforderungen verbunden sind, Auswirkungen auf die Gefühls- und Gedankenwelt eines jeden Menschen haben, selbst wenn dies nicht immer nach außen sicht- und wahrnehmbar ist.

Bereiten Sie einen würdigen Empfang in der Einrichtung vor und laden Sie auch nahestehende Menschen aus dem Lebensumfeld des Betroffenen dazu ein.

Unfassbare Trauer nach dem Auszug des Kindes

Für Sie als Angehörige kann die tiefgreifende Entscheidung verknüpft sein mit einer zusätzlichen großen Trauer, Gewissensbissen und Schuldgefühlen. Sie spüren vielleicht Unsicherheit, ob Sie die richtige Entscheidung getroffen haben. Der Alltag verändert sich. Es ist noch mehr Stille in Ihrer Wohnung oder Ihrem Haus, und möglicherweise tauchen Gefühle von Erleichterung (die dann wieder mit Skrupeln einhergehen) auf, weil Sie Verantwortung abgeben, ihr »Kind« versorgt ist, und Sie neue Freiheiten nutzen können. Denkbar ist auch, dass Sie in diesem Zusammenhang Worte hören, die gut gemeint sind, die Sie jedoch nicht als tröstend empfinden können, wie z. B., dass dieser Wechsel des Lebensortes irgendwann ohnehin angestanden hätte, und es doch normal sei, dass Kinder irgendwann ausziehen. Das ist sicher richtig, dennoch nimmt dieses Wissen die Trauer und den Schmerz nicht.

Bitte gestehen Sie sich als Angehörige*r darum die Trauer um den Verstorbenen und die Trennung von Ihrem Kind zu. Sie erleben gerade zwei sehr einschneidende Verluste, die meist mit weiteren Verlusten einhergehen. Es ist normal, dass dieses Verlusterleben mit vielen unterschiedlichen, intensiven Gefühlen und verwirrenden, quälenden Gedanken einhergeht. Vielleicht wissen Sie manchmal nicht mehr, wie es weitergehen soll, welche Entscheidungen Sie treffen oder wie Sie das Ganze überhaupt schaffen sollen. Ihr Umfeld sollte Ihnen Verständnis, Geduld und liebevolle Unterstützung geben. Das dürfen Sie erwarten. Halten Sie darum, wenn irgendwie möglich, alle weiteren vermeidbaren Belastungen von sich fern. Sie benötigen Ihre seelischen und körperlichen Kräfte, um mit all dem, was geschehen ist, zurechtzukommen. Ich möchte Ihnen aus meiner Erfahrung sagen, dass diese Zeit des unerträglichen Schmerzes, der Verzweiflung, sich wandeln wird und Sie Wege finden können, sich der neuen Lebenssituation anzupassen. Gestehen Sie sich die Zeit zu, die Sie dafür benötigen, und nehmen Sie nur die Unterstützung an, die sich für Sie entlastend anfühlt.

Abschiedsschmerz des Menschen mit geistiger Beeinträchtigung

Insgesamt können der Neubeginn und der Abschied von Verstorbenen, vom Zuhause, unglaublich anstrengend und belastend sein. Die neuen Eindrücke, Menschen, Räume und Regeln und zugleich das schmerzhafte Vermissen von wichtigen Menschen und Gewohnheiten, das Sich-Einfinden in die neue Lebensumgebung kann sehr schwer sein und viel Zeit brauchen. Möglicherweise gibt es Tränen oder die betroffene Person wehrt sich gegen die neue Situation (auch mit Verhalten wie: Aggression, Rückzug, Verzweiflung, Einschlafproblemen, Essstörungen, …). Hier ist Geduld und liebevolle Fürsorge von *allen* Seiten gefragt. Darum sollte ein regelmäßiger Austausch zwischen Familie, Betreuer*innen, Schule, Arbeitsstelle und Therapeut*innen stattfinden. Mit einem kommunikativen Netz können Betroffene bestmöglich aufgefangen werden. Bitte zeigen und sagen Sie immer wieder, dass Sie den Menschen mit Beeinträchtigung weiterhin lieben, dass der Umzug keine Bestrafung für falsches Verhalten ist, und teilen Sie ganz klar und deutlich mit, dass Sie den Kontakt weiter aufrechterhalten werden. Sie können zusammen überlegen, was in der Trauer der Trennung helfen kann (Telefonate, Briefe, Fotos, Kuscheltier, Troststein, ein Kleidungsstück eines Familienmitglieds, …). Sie dürfen gemeinsam kreativ und fantasievoll sein. Folgen Sie Ihrem Bauchgefühl, schauen Sie, was sich gut anfühlt. Quälen Sie sich möglichst nicht mit Gedanken, ob die Entscheidungen richtig oder falsch sind. Das lässt sich meist erst im Nachhinein mit der gemachten Erfahrung bewerten. Es geht darum, eine möglichst annehmbare Lösung für alle zu finden. Von Herzen wünsche ich Ihnen bestmögliche Wege und liebevollen Beistand an Ihrer Seite.

Exkurs: Sascha vermisst seinen Papa – Eine Mutter erzählt

Sabine, 43, erzählt von ihren Erfahrungen nach dem Tod ihres Mannes und dem Umzug ihres Sohnes mit Downsyndrom in ein Wohnheim.

Es ist nun fast drei Jahre her, dass mein Mann Christoph gestorben ist. Er hatte Magenkrebs, zum Zeitpunkt der Diagnose bereits mit Metastasen in den Knochen, in der Lunge und im Bauchfell.

Sein Leidensweg war sehr schwer, weil er unsagbare Schmerzen ertragen musste. Von der Diagnose bis zum Tod, am 06.12.2015, sind keine drei Monate vergangen, er wurde nur 47 Jahre alt.

Wir haben zwei Söhne, Sascha, der kurz vor dem Tod meines Mannes 16 Jahre alt geworden ist, und Tim, der damals 13 Jahre alt war. Sascha ist mit dem Downsyndrom zur Welt gekommen.

Bereits mit der Diagnose hat man uns gesagt, dass Christoph nicht mehr lange leben würde. Die Ärzte wollten aber trotzdem Chemo- und Bestrahlungstherapie beginnen, um Christophs unerträgliche Schmerzen zu lindern. Man sagte uns, wenn die Therapien anschlagen und die Metastasen beseitigt werden könnten, würde man Christoph »in Anbetracht seines Alters und der familiären Situation« operieren können. Eine OP hätte eine kleine Überlebenschance bedeutet.

Natürlich haben wir sofort Hoffnung geschöpft, wussten und fühlten gleichzeitig aber beide von Anfang an, dass Christoph sterben würde.

Mit Beginn der Therapien wurde Christophs gesundheitlicher Zustand jedoch von Tag zu Tag, von Stunde zu Stunde schlimmer. Er schlief fast nur noch, musste sehr viele Tabletten einnehmen und konnte nach kurzer Zeit fast nicht mehr laufen.

Das Schlimmste waren die unerträglichen Schmerzen, die ihn sehr schnell zeichneten. Christoph war in seiner Leidenszeit 6 × im Krankenhaus. Er war unsagbar tapfer und hat um sein Leben und für uns gekämpft.

Damit ich meinem Mann beistehen und helfen konnte, waren die Kinder die meiste Zeit bei meinen Eltern. Eigentlich wollten wir beide nicht, dass die Kinder mit der aussichtslosen Situation belastet würden. Aber natürlich war das nicht möglich. Im Nachhinein denke ich, dass es, so wie es war, gut war. Auch, wenn die Kinder dem Zerfall ihres Papas regelrecht zusehen konnten. Immerhin konnten sie so eher verstehen, was los war.

Tim kam eines Mittags aus der Schule und sagte: »Mama, was ist denn mit Papa passiert? Er sieht so schlimm aus, ganz anders als heute Morgen!« Er war regelrecht schockiert.

Für Sascha war mein Mann die größte Stütze, er war seine absolute Bezugsperson. Er spürte, dass mit seinem Papa etwas nicht stimmte, und legte sich oft neben ihn, um ganz nah bei ihm zu sein. Ich glaube, dass war seine Art des Tröstens und auch unbewusst sein Abschied von seinem Papa.

Als Christoph am Nikolaustag gestorben ist, hat uns sein Tod alle Drei völlig aus der Bahn geworfen.

Wir befanden uns monatelang in einem Schock-Zustand, es hat uns förmlich den Boden unter den Füßen weggerissen.

Mit einem Schlag war das Leben erst einmal ganz anders, kaputt. In diesem Zustand beide Kinder in ihrer Trauer gut und hilfreich zu begleiten, war für mich eine wirkliche Herausforderung. Besonders bei Sascha stellte sich heraus, dass er ein ganz anderes bzw. kein Verständnis für die Bedeutung des Todes hatte. Beispielsweise rief mich irgendwann sein Lehrer an und sagte: »Wir müssen auf Sascha aufpassen, er will zum Papa in den Himmel.« Oder, als wir traditionsgemäß an Heiligabend mittags zu meinen Eltern Linsensuppe essen gehen wollten, fragte er mich: »Kommt Papa auch?«

Saschas Trauer war und ist sehr emotional, er weint sehr heftig und ist kaum zu beruhigen.

Dass er weinen konnte und kann, ist meiner Meinung nach sehr gut. Weinen befreit auf eine Art.

Aber dieses Weinen zu ertragen und auszuhalten, war mir anfänglich gar nicht möglich … Ich habe immer mitgeweint, ich konnte es einfach nicht ertragen, Sascha und auch Tim so verzweifelt und traurig zu sehen.

Vielleicht war es nicht richtig, dass ich einfach mitgeweint habe, weil ich die Kinder damit noch mehr »runtergezogen« habe. Auf der anderen Seite war es authentisch, und ich als Mama habe ihnen damit gezeigt, dass ich auch unendlich traurig war und bin. Außerdem wussten und spürten sie es sowieso und hätte ich mich verstellt, hätten sie es sicher als Lüge verstanden, und dann wäre alles bestimmt noch viel schlimmer geworden.

Seitdem mir dies bewusst wurde, glaube ich ganz fest daran, dass es kein »Falsch« und kein »Richtig« bei der Begleitung der Kinder in der Trauer gibt und auch nicht bei Kindern mit Behinderung. Man muss seine eigene Trauer auch zulassen. So ist ein ehrlicher Umgang mit den Kindern möglich. Nur so kann man meiner Meinung nach ganz nah bei ihnen sein.

Wenn man »aus dem Bauch heraus« handelt bzw. die Situationen so annimmt, wie sie sich ereignen, kommen alle am besten damit zurecht. Um zu verdeutlichen, dass es nicht falsch sein kann, nach seinem Gefühl zu handeln, möchte ich noch ein Beispiel erzählen:

Sascha und Tim vermissen ihren Papa jeden Tag, anfänglich haben sie das auch jeden Tag gesagt.

Ich sagte ihnen, dass Christoph jetzt in ihrem Herzen »wohnt« und ein Stern am Himmel ist, der ihnen immer den rechten Weg leuchten wird. Sie können Papa zwar auf der Erde nicht mehr sehen und nicht mehr berühren, aber am Himmel erkennen sie ihn immer sofort, weil er direkt über uns und am allerhellsten leuchtet. Anfangs haben wir jeden Abend »Papas Stern« am Himmel angeguckt, und Sascha hat auch immer mit seinem Papa gesprochen, oft auch weinend. Auch wenn es kein großer Trost war, so war er doch so nachhaltig, dass Sascha immer wieder nach »Papas Stern« gucken möchte.

Zum Thema professionelle Trauerbegleitung möchte ich auch gern etwas anmerken. Nach dem Tod von Christoph wurde ich sofort von vielen Außenstehenden förmlich bedrängt, professionelle Hilfe für die Kinder in Anspruch zu nehmen. Die Begründung war, dass ich das alles nicht allein schaffen könne und den Kindern womöglich schaden würde.

Ich habe mich dem lange entgegengestellt, weil ich der Meinung war, dass nur Menschen, die einen kennen und einem nahestehen, wirklich helfen können. Einen Menschen um Hilfe zu bitten, der das nicht erlebt hat und auch noch fremd ist, war für mich keine wirkliche Option. Tim hat diese Einstellung, glaube ich, übernommen. Für Sascha habe ich tatsächlich irgendwann Hilfe gesucht. Jedoch überall, wo ich für ihn nachgefragt habe, hat man mir gesagt: »So einen Fall hatten wir noch nie.«

Die größte Hilfe und Unterstützung haben wir durch meine Eltern und meinen Bruder mit Familie erhalten. Es ist so unsagbar schön, in solch einer Situation nicht allein zu sein und eine so wunderbare Familie zu haben! Ich danke ihnen allen von Herzen, dass es sie für uns gab und gibt!

Auch die Lehrer bei beiden Kindern haben sehr viel geholfen. Natürlich stellte sich der Schulalltag auf dem Gymnasium für Tim schneller wieder ein als für Sascha auf der Förderschule.

Die Lehrer von Sascha haben sich unsagbar viel Mühe gegeben und ihn fantastisch begleitet. Ein ganzes Jahr haben sie sich rührend um ihn gekümmert, aber auch Tim und mich mit einbezogen. Dann wechselte Sascha in die Berufspraxisklasse, und auch dort waren die Lehrer wieder eine große Stütze.

An dieser Stelle möchte ich mich noch einmal von ganzem Herzen bei Saschas fantastischen Lehrern bedanken! Sie haben Sascha ein großes und gutes Stück mit nach vorne gebracht.

Auch durch unseren Pfarrer, der Christoph beerdigt und beide Kinder drei Monate nach seinem Tod konfirmiert hat, haben beide Kinder eine wirklich großartige Unterstützung und enorme Hilfe erfahren. Er hat sich immer Zeit für beide Jungs genommen. Ich glaube, beide Schicksale haben ihn sehr berührt.

Auch wenn der Fokus dieses Buches auf der Begleitung von trauernden Menschen mit geistiger Behinderung liegt, so finde ich es an dieser Stelle sehr wichtig, dass auch über Geschwister von behinderten Kindern nachgedacht wird. Auch ihr Leben ist nicht immer einfach und geprägt von der Behinderung des Bruders oder der Schwester.

Viel zu oft stehen sie nur im Schatten des behinderten Geschwisterkindes. Meiner Meinung nach »spielen« sie aber eine ganz bedeutende »Rolle« für ihre behinderten Geschwister und auch für die gesamte Familie. Man darf sie nicht immer hinten anstellen, sie trauern genauso und können schließlich nichts für die Behinderung ihres Bruders oder ihrer Schwester.

Aber vor allem ist ihr Leben genauso viel wert, und sie sind als Mensch genauso einzigartig und wichtig!

Nach Christophs Tod ist sehr viel geschehen, eigentlich bin ich nicht mehr zur Ruhe gekommen. Neben emotionalen und gesundheitlichen Sorgen und Problemen galt es auch, einen neuen Alltag zu finden und wieder nach vorne gucken zu können. Meinem Mann habe ich an seinem Sterbebett versprochen, dass ich die Kinder »auf den rechten Weg bringen« werde. Der Weg dahin war bis jetzt allerdings sehr beschwerlich.

Die Ereignisse haben sich überschlagen und mich oft verzweifeln und dann auch mit dem Schicksal hadern lassen.

Der größte Einschnitt auf der Suche nach einem »neuen Leben« war der Auszug von Sascha, drei Tage nach seinem 18. Geburtstag, in ein Wohnhaus für Menschen mit geistiger Behinderung. Auf Anraten von ebenfalls betroffenen Eltern haben Christoph und ich uns noch zusammen das Wohnhaus in unserem Wohnort angesehen.

Die Wartelisten für Plätze in stationären Einrichtungen seien lang, und teilweise müsse man jahrelang auf einen Platz warten, so sagte man uns. Also haben wir uns mit dem Hausleiter verabredet und uns das Haus angesehen.

Der Gedanke, dass Sascha in unserer Nähe wohnen könnte, gefiel uns sehr. Alles in allem war unser Eindruck sehr positiv, und wir haben Sascha auf die Warteliste setzen lassen, allerdings wollten wir nicht, dass er vor seinem 20. Lebensjahr auszieht.

Im Sommer 2017, genauer gesagt, zwei Tage vor den großen Sommerferien, wurde ich nachmittags von der Verwaltung des Wohnhauses angerufen, dass ein Platz für ihn frei wäre und man ihn aufgrund unserer Situation als erstes ausgewählt hätte. Christoph war zu diesem Zeitpunkt eineinhalb Jahre tot.

Ich war völlig überrumpelt und überhaupt noch nicht bereit, Sascha ins Wohnhaus ziehen zu lassen. Deshalb bin ich am nächsten Tag dort hingegangen und habe gefragt, was passieren würde, wenn ich den Platz ausschlagen würde.

Man gab mir zur Antwort, dass es sehr unklug wäre. Man könne mir weder sagen, wann Sascha das nächste Mal einen Platz angeboten bekäme noch wo. Außerdem solle ich mich innerhalb der nächsten Tage entscheiden.

Einen Tag nach diesem Gespräch bin ich mit den Kindern und meinen Eltern in Urlaub gefahren. Nach einem langen Strandspaziergang und dem Rat meiner Eltern und meiner Freundin habe ich vom Urlaub aus den Platz zugesagt.

Da ich bei Christoph gesehen habe, wie schnell und auch unerwartet ein Leben zu Ende sein kann, habe ich aus der Angst, die Kinder könnten unversorgt zurückbleiben, alles mir Mögliche getan, damit sie für den Fall der Fälle, versorgt wären.

Dazu gehörte auch die Zusage für Saschas Wohnplatz.

Außerdem glaube ich, je älter ein geistig behinderter Mensch ist, der plötzlich in ein Wohnhaus ziehen soll, desto schwieriger ist es für ihn, sich an eine neue Umgebung, neue Menschen und neue Regeln zu gewöhnen.

Schließlich hatte ich nach unserem zweiwöchigen Familienurlaub noch sechs Wochen Zeit, um alles zu regeln. Nach der Zeit der Krankheit und nach dem Tod von Christoph war dies die größte Herausforderung für Sascha und auch für mich. Neben den ganzen Anträgen für die stationäre Aufnahme kamen Anträge für einen neuen Schwerbehindertenausweis und die gesetzliche Betreuung dazu, Sascha wurde ja schließlich volljährig.

Dafür waren jede Menge ärztliche und rechtliche Gutachten erforderlich. Wir waren bei unzähligen Ärzten, Ämtern, beim Gericht, beim Rechtsanwalt usw. Außerdem musste ja auch der Umzug geplant und vorbereitet werden. Es war eine sehr anstrengende Zeit. Schweren Herzens haben wir, d. h. die gesamte Familie, Sascha am Umzugstag ins Wohnhaus gebracht.

Ziemlich schnell musste ich feststellen, dass Sascha sich im Wohnhaus überhaupt nicht wohlfühlte. Er war in die schwierigste Gruppe gekommen und seine Zimmernachbarin war aggressiv und übergriffig, sodass Sascha sehr schnell große Angst bekam.

Er hat alle Möglichkeiten wahrgenommen, um vom Wohnhaus weg und wieder zu uns zu kommen. Am Ende hat er, so glaube ich, sogar gesundheitliche Beschwerden vorgetäuscht. Mehrfach am Tag hat er angerufen und verzweifelt geweint. Das hat mir so unendlich leid- und wehgetan! Jetzt kamen zu seiner massiven Trauer auch noch solche Probleme dazu. Das war alles viel zu viel auf einmal.

Ein Zimmertausch »stand im Raum«, aber weder die Geschäftsleitung, die um Hilfe gebeten wurde, noch der Hausleiter waren gewillt, diesen vorzunehmen. Zu allem Übel kam dazu, dass Sascha nicht richtig gepflegt wurde. Zum Beispiel hat eine Betreuerin aus Zeit- und Personalengpässen eigenmächtig entschieden, dass Sascha nur noch alle zwei Tage gewaschen werden sollte. Sascha machte einen vernachlässigten und teilweise ungepflegten Eindruck, worauf mich Bekannte sogar auf der Straße ansprachen. Außerdem gab es Verletzungen der Aufsichtspflicht. Beispielsweise stand Sascha eine halbe Stunde zu früh ganz allein an der Hauptstraße und wartete auf seinen Schulbus. Dies hat mir eine Bekannte im Nachhinein erzählt, und ich mag mir heute noch nicht vorstellen, was hätte passieren können, in welcher Gefahr er sich befand! Mit solch einer Situation ist er völlig überfordert. Es gibt weitere unzählige Beispiele. Immer wieder habe ich das Gespräch mit den Betreuern gesucht, aber geändert hat sich nichts. Im Gegenteil, es wurde immer schlimmer, sodass ich täglich darauf »gewartet« habe, was wieder passieren würde.

So konnte es nicht weitergehen. Oft war ich unendlich verzweifelt und habe viel geweint, habe mit dem Schicksal gehadert, dass ich dieses Problem ohne meinen geliebten Mann lösen musste. Ich trauerte um meinen Mann und um meine Kinder, die durch seinen Tod auch so viel anderes verloren haben. Wir haben immer zusammengehalten und uns gegenseitig unterstützt. Auch in dieser Situation fehlte er mir unendlich! Auch Tim war hinten angestellt, obwohl er doch eigentlich genauso viel Hilfe gebraucht hätte! Ich wusste wirklich nicht weiter …

Als ich dann selbst krank wurde und zum Hausarzt ging, war die Behandlung meiner Blasenentzündung eigentlich nebensächlich. Wir kamen schnell ins Gespräch und der Arzt riet mir, eine Alternative für Sascha zu suchen. Das war für mich wie eine Erlösung. Der Arzt sprach das aus, worüber ich schon länger nachdachte. Er machte mir regelrecht Mut, meine innerlich eigentlich bereits getroffene Entscheidung auch wirklich in die Tat umzusetzen. Bislang hatte ich mich sehr schwer damit getan, weil ich Angst davor hatte, dass es woanders genauso sein würde. Außerdem bedeutete es für Sascha wieder eine massive, für sein Leben sehr entscheidende Veränderung. Er hatte doch schon seinen Vater und sein Zuhause verloren und musste die Trennung von Tim und mir aushalten. Gestützt und bestärkt in meiner Entscheidung hat mich neben meiner tollen Familie auch eine neue Freundin. Die Freundschaft hat sich während dieser für uns so schlimmen Zeit entwickelt und ist eine absolute Bereicherung für uns alle Drei. Es war eine tolle Erfahrung in so einer traurigen Zeit einem so tollen Menschen zu begegnen!

Alles, was dann folgte, war Schicksal, und es hat sich eine so unglaublich positive Wendung ergeben, mit der ich im Leben nicht gerechnet hätte.

Zufälligerweise lebte der Bruder einer der Sprechstundenhilfen meines Arztes bereits mehrere Jahre schon in der Einrichtung, in der auch Sascha inzwischen sein neues Zuhause gefunden hat. Sie erzählte mir von der Einrichtung, einem ehemaligen Bauernhof, der von besorgten Eltern gekauft und als Wohneinrichtung umgebaut wurde. Daraus ist mit den Jahren ein kleines Dorf mit mehreren Wohnhäusern, Werkstätten, einem kleinen Lädchen usw. entstanden. Es ist wunderschön gelegen, sehr idyllisch in der Natur, und die Betreuer kümmern sich rührend um die auf ihre Hilfe angewiesenen Menschen. Das hörte sich so toll und stimmig an, dass ich anfing, mich über die Einrichtung zu informieren und Sascha dort auf die Warteliste habe setzen lassen.

Allerdings ging ich zu dieser Zeit davon aus, dass es eventuell Jahre dauern könnte, bis Sascha dort einen Platz bekommen würde. Es hat aber keine zwei Wochen gedauert, und wir wurden zum ersten Gespräch eingeladen. Anschließend folgten weitere Gespräche, ein Probewohnen und -arbeiten. Sascha bekam schließlich einen Wohnplatz und auch einen Arbeitsplatz.

Wir hatten großes Glück, waren zum richtigen Zeitpunkt am richtigen Ort, es war tatsächlich gerade ein Platz frei.

Über die ganze Bürokratie, die auf den erneuten Umzug folgte, ergab sich auch, dass der zuständige Kostenträger mich von meiner Schweigepflicht entbunden hat, um das hiesige Wohnhaus zu überprüfen und eine Qualitätskontrolle vorzunehmen.

Hoffentlich können andere Menschen dadurch vor solchen Erfahrungen, wie wir sie gemacht haben, bewahrt werden!

Mittlerweile lebt Sascha seit drei Monaten in der neuen Einrichtung. Er ist förmlich aufgeblüht, hat schon Freunde gefunden und sich wunderbar dort eingelebt. Er wird fantastisch von seinen Betreuern gepflegt und versorgt, und auch ich werde immer mit einbezogen. Natürlich überfällt Sascha immer wieder eine starke Trauer wegen seines Vaters. Er hat auch immer mal wieder Heimweh nach Tim und mir.

Aber die Betreuer gucken dann mit ihm nach »Papas Stern« und nehmen sich unglaublich viel Zeit, um Sascha zu trösten. Und wenn er mich braucht, darf er mich immer anrufen.

Die Betreuer haben sich sogar professionell beraten lassen, um Sascha in seiner Trauer besser begleiten zu können. Das hat auch mir ein gutes Gefühl gegeben. Im Leben habe ich nicht damit gerechnet, dass ich für Sascha jemals eine Einrichtung finden würde, in der die Betreuer nicht nur ihren Job machen, sondern auch mit Herzblut versuchen, den behinderten und hilfebedürftigen Menschen ein schönes Leben zu bereiten, ihnen sogar ein wirkliches Zuhause zu geben.

Ich habe sie gefunden, und es war die beste Entscheidung, die ich für Sascha treffen konnte!

An dieser Stelle möchte ich meine unendliche Dankbarkeit gegenüber Saschas neuen Betreuern und der ganzen Einrichtung aussprechen! Meine Erleichterung, dass sich für ihn alles so positiv verändert hat, kann ich nicht in Worte fassen. Alles in allem bin ich sehr glücklich und auch stolz darauf, dass ich es geschafft habe, dass Sascha eine so positive Perspektive für sein weiteres Leben bekommen hat. Ich muss mir keine Sorgen mehr machen, dass er nicht gut versorgt ist und wird. Damit fällt eine große Last ab, die durch den Tod meines Mannes noch größer und unerträglicher geworden war.

Auch um Tim kann ich mich jetzt endlich mehr kümmern, denn auch ihn möchte ich auf seinem Weg begleiten.

Er musste so lange zurückstecken. Nicht nur gedanklich hat mich das Problem mit Sascha sehr vereinnahmt. Es gab auch praktisch nicht viel Raum für anderes. Ich glaube ganz fest daran, dass mein geliebter Christoph in meinem Herzen »wohnt« und mir den richtigen Weg geleuchtet hat!

Mit meinem Beitrag zu dem Thema dieses Buches wünsche ich mir, dass ich Menschen erreichen kann, die vielleicht genauso oder ähnlich verzweifelt sind, wie ich es war. Von ganzem Herzen hoffe ich, dass ich Ihnen ein wenig Mut machen kann!

Bitte nicht aufgeben, sondern weitermachen – es lohnt sich! Ich habe eine große Stärke in mir entdeckt, die mich am Ende unheimlich zufrieden und glücklich macht!

10 Soziales Umfeld: Kita, Schule, Wohnheim, Werkstatt, Integrationsbetriebe

Lebensthemen aufgreifen – Unterstützung anbieten

Es ist nicht selbstverständlich, dass in dem sozialen Umfeld, in dem Menschen mit geistiger Beeinträchtigung ihre Zeit verbringen, die Lebensthemen Krankheit, Sterben, Tod und Trauer aufgegriffen und unterstützt werden. Manchmal veranlasst das akute Erleben von Hilflosigkeit und Unsicherheit in der Konfrontation mit Tod und Trauer, dass Institutionen sich Unterstützung suchen. Andere lösen die Problematik, indem sie so tun, als sei nichts geschehen. Der Tod eines Angehörigen oder eines Menschen aus der Lebensgemeinschaft wird tabuisiert, der Alltag einfach fortgesetzt. Hier zeigt sich, dass eigene Ängste im Umgang mit dem Themenkomplex dazu führen können, dass ganze Systeme keine angemessene Unterstützung erfahren.

Vermeidung und die Vorenthaltung von Wissen, Ritualen, Gemeinschaft und Unterstützung erschweren nicht nur trauernden Menschen mit geistiger Beeinträchtigung ihren persönlichen Umgang mit Verlust.

Menschen mit geistiger Beeinträchtigung können den Eindruck bekommen, dass sie sich nicht mit diesen Lebensthemen auseinandersetzen sollen und der Tod eines Menschen üblicherweise »übergangen« werden sollte. Hier möchte ich noch einmal zu einem grundsätzlichen Umdenken aufrufen, damit Menschen mit geistiger Beeinträchtigung nicht allein gelassen werden in einer belastenden Lebenssituation.

Leider habe ich die Erfahrung machen müssen, dass manche Werkstätten für Behinderte trauernde Mitarbeiter*innen für die Zeit der Trauerbegleitung nicht freistellen wollten, weil das kein wichtiger Termin sei. Schulen, Jugendämter, Ausbildungsstätten und Wohnheime hingegen sorgten eher dafür, dass Betroffene Freiraum für ihre Trauer und Unterstützung auch in Form von Trauerbegleitung bekamen.

Damit wären wir wieder bei einer notwendigen respektvollen Haltung. Es wäre schön, wenn Menschen mit geistiger Beeinträchtigung gerade auch in ihren Arbeitsbereichen sowie in allen anderen Institutionen mehr Menschen finden würden, die bereit sind, ihnen in ihrer Trauer zu begegnen, sie zu unterstützen und zu begleiten.

Vorbereiten auf akute Situationen – sich vertraut machen

Akute Sterbe- und Todesfälle könnten besser bewältigt werden und weniger belastend sein, wenn Institutionen sich, bevor ein aktueller Anlass dazu zwingt, mit Sterben, Tod und Trauer beschäftigen würden. Frühförderung für Kinder mit geistiger Beeinträchtigung ist inzwischen selbstverständlich. Zukünftig sollte die frühzeitige Bildung und Auseinandersetzung zu den Lebensthemen Krankheit, Sterben, Tod, Trauer selbstverständlich sein. Fortbildungen, Projekt- und Orientierungstage zu Sterben, Tod und Trauer für Angehörige, Mitarbeiter*innen und Menschen mit geistiger Beeinträchtigung könnten für mehr Verständnis und Sicherheit im Umgang sorgen.

Gerade, weil Menschen mit geistiger Behinderung mit diesen Verlustthemen durch ihre Beeinträchtigungen früh und häufig konfrontiert sind, weil sie Zeit benötigen, um zu verstehen, wäre dies ein sehr hilfreicher, präventiver Ansatz für die unvermeidbaren akuten Verlustsituationen, die jeder Mensch erleben wird.

Kultursensibel begleiten

In Gemeinschaften mit unterschiedlichen rituellen und religiösen Färbungen gilt es, Sterben, Tod und Trauer kultursensibel zu begegnen. Der Umgang mit unterschiedlichen Auffassungen und Kulturen kann eine zusätzliche Herausforderung (zu der geistigen Einschränkung und dem Themenfeld Sterben, Tod und Trauer) darstellen. Kultursensibel zu handeln und zu begleiten kann ein besonders wichtiges Lernfeld für alle Mitglieder der Gemeinschaft im sozialen Umgang miteinander werden. Es geht nicht nur um die individuellen, kognitiven Verständnisfragen, sondern auch darum, kulturelle und religiöse Aspekte zu berücksichtigen und zu respektieren. Akzeptanz und Toleranz gegenüber anders fühlenden und denkenden Menschen kann und sollte von allen, mit oder ohne geistige Einschränkung, geübt werden.

Persönlichen Glauben nicht aufdrängen

Im Umgang mit Einzelnen oder einer Gemeinschaft von Trauernden sollten unsere eigenen kulturellen und religiösen Sichtweisen nicht bestimmend sein. Wir müssen Respekt haben vor dem Glauben und den daraus resultierenden Bedürfnissen, die Trauernde mitbringen. So sollten wir z. B. dem verstorbenen muslimischen Bewohner einer Einrichtung keine christlichen Symbole an das Totenbett stellen. Und die Abschiedsfeier einer Bewohnerin, die nicht an einen Gott glaubte, nicht religiös gestalten.

Jenseitsvorstellungen

Gerade in der Begegnung mit Menschen mit geistiger Behinderung laufen wir schnell Gefahr, unseren eigenen Glauben aufzudrängen. Es muss nicht einmal eine böse Absicht dahinterstecken. Die Leichtgläubigkeit von Trauernden mit geistiger Beeinträchtigung kann zu »schnellem Trost« verführen – wie z. B. »Die Mama ist jetzt im Himmel beim lieben Gott«. Verhältnismäßig oft erhalten Kinder und Menschen mit geistiger Beeinträchtigung Antworten auf ihre dringenden Lebensfragen, die zwar gut und tröstlich gemeint, aber nicht ehrlich sind. Fragen nach dem Jenseits können wir nicht als sachliches Wissen ausgeben. Es handelt sich um Glaubensauffassungen. Auch andere Antworten sind denkbar, es gibt kein richtig oder falsch.

Unsere Antworten können zu Verwirrung führen und zu Vertrauensverlust den Bezugspersonen gegenüber, weil erkannt wird, dass die Antworten nicht stimmig sind. So fragte mich z. B. ein Trauernder: »Wie kommt der Papa in den Himmel, wenn er doch in der Erde liegt?« Deshalb sollten wir uns selbstkritisch fragen, warum wir Antworten auf Fragen geben, die nur individuell beantwortet werden können. Halten wir das Leid, mit dem wir konfrontiert sind, oder die Frage ohne Antwort nicht aus? Haben wir selbst Angst? Müssen wir aus der eigenen Unsicherheit heraus Antworten geben? Trauen wir dem Fragenden nicht zu, dass er mit einer ehrlichen Antwort zurechtkommt …? Sind es Machtbedürfnisse oder Fanatismus, die andere Glaubensauffassungen nicht ertragen?

Wir müssen unserem Gegenüber die Chance auf die Entwicklung einer eigenen tröstlichen Sichtweise, die Veränderungen unterworfen sein darf, ermöglichen und zugleich andere Glaubensauffassungen sowie kritische Bedenken und Fragen respektieren.

Chancen wahrnehmen

Die Auseinandersetzung mit Sterben, Tod und Trauer eröffnet nicht nur für den Einzelnen, sondern auch für die institutionelle Gemeinschaft vielfältige Chancen. Die eigene soziale Verantwortung in der Begegnung miteinander kann gestärkt und ein emphatisches Verständnis füreinander entwickelt werden. Menschen mit geistiger Beeinträchtigung können Wege und Möglichkeiten der Trauer- und Verlustverarbeitung erfahren und lernen ihre eigenen Bedürfnisse nach Trost und Unterstützung auszudrücken. Wiederkehrende Zeichen und Rituale in Institutionen können für Halt und Sicherheit sorgen, wenn ein Mensch aus der Lebensgemeinschaft oder dem familiären Umfeld gestorben ist. Wichtige Erfahrungen, – wie nicht allein zu sein mit dem Schmerz, Unterstützung und Zuwendung zu erfahren oder Ausdrucksformen im Umgang mit Gefühlen zu entfalten – können ebenso wie gegenseitiger Respekt, Wertschätzung und Akzeptanz geübt werden. Gefühle von Selbstwirksamkeit und Selbstvertrauen können durch die Erfahrung gestärkt werden, getröstet zu werden und selbst anderen beizustehen. Damit ist auch das Annehmen von Hilfe häufig leichter.

Erfahrungsberichte aus verschiedenen Institutionen

Die folgenden Berichte bestätigen diese möglichen positiven Erfahrungen und zeigen auch, dass Menschen mit geistiger Beeinträchtigung persönliche Wünsche eher in einer offenen Atmosphäre formulieren können. Dort stellen sie Fragen, die sie bewegen.

Menschen aus verschiedenen Institutionen, die mit Menschen mit geistiger Beeinträchtigung leben und arbeiten, möchten Ihnen damit einen praktischen Einblick in den Umgang mit Sterben, Tod und Trauer in ihren Einrichtungen sowie die daraus entstehenden Problematiken und Chancen ermöglichen. Vielleicht können die Berichte dazu anregen, den Umgang in der eigenen Einrichtung zu überdenken und/oder eigene Konzepte zum Umgang mit den Lebensthemen Krankheit, Sterben, Tod und Trauer zu entwickeln.

10.1 Kita: Abschied von Fatima

Waltraud Matheis-Bittner
Diplom-Sozialpädagogin, Heilpädagogin

Umgang mit dem Thema Tod und Sterben in der Arbeit mit behinderten und entwicklungsverzögerten Kindern

Zu Beginn meiner Laufbahn 1985 arbeitete ich im Rahmen meiner beiden Praxissemester in einem kleinen heilpädagogischen Kinderheim für behinderte Kinder in einer Gruppe von Kindern im Alter von vier bis zehn Jahren. Damals war ich ziemlich fassungslos, dass der Tod eines kleinen Babys mit Trisomie 21 den Kindern gegenüber und auch unter den Kolleg*innen einfach nicht thematisiert wurde. Auf meine Nachfrage bekam ich damals zur Antwort, die Kinder verstünden das sowieso nicht und das Kind sei ja durch den Krankenhausaufenthalt sowieso schon vorher aus ihrem Blickfeld verschwunden. Heute besteht diese Auffassung vielerorts leider immer noch. Daran möchte ich mit meinem Beitrag etwas ändern.

Immer wieder im Laufe meines Berufslebens, u. a. als Leiterin von verschiedenen »Schulkindergärten für geistig behinderte Kinder (im Alter von drei bis sechs Jahren)« bin ich mit dem Tod von Kindern und der Sprachlosigkeit der Erwachsenen den Kindern gegenüber konfrontiert worden.

Die Beeinträchtigungen der mir anvertrauten Kinder lagen in einem oder mehreren Bereichen der geistigen, seelischen, körperlichen, sozialen und/oder emotionalen Entwicklung. Diese Kindergärten waren Einrichtungen mit Einzugsgebiet im gesamten Landkreis, sodass die Kinder mit Kleinbussen zum Kindergarten gebracht wurden. Mitteilungen an die Eltern erfolgten daher schriftlich. Das erschwerte den Umgang mit Situationen, die Sterben, Tod und Trauer betrafen, da es relativ wenig direkten Elternkontakt gab.

Im Rahmen meiner Leitungsfunktion wurde ich in einer Einrichtung mit dem absehbaren Sterben eines von uns betreuten mehrfach behinderten Kindes konfrontiert. Ich war damals sehr betroffen und viele Fragen belasteten mich.

So suchte ich beispielsweise Antworten auf folgende Fragen: »Wie kann ich mit den Kindern über Tod und Sterben sprechen? Wie erkläre ich ihnen, dass jemand tot ist? Wie kann ich Kindern mit geistiger Behinderung ein Verstehen und Begreifen ermöglichen? Wie gehen wir als Kindergarten, im Team, mit den Eltern und der betroffenen Familie mit dem Sterben und dem Tod dieses Kindes um?«

Eines war für mich sehr klar: Ich wollte auf gar keinen Fall, nur weil mir noch Antworten fehlten, schweigend über dieses Thema hinweggehen, so wie ich es leider schon mehrfach erlebt hatte!

Deshalb machte ich mich auf die Suche. Ich fand einen Teil der Antworten in verschiedenen Büchern. Das Vorlesebuch »Wo wohnt der liebe Gott?«, von Adelheid Utters-Adam, gab mir den wichtigen und zugleich eigentlich ganz einfachen Hinweis, wie ich den Kindern erklären könnte, was »tot sein« bedeutet: »Wenn ein Mensch stirbt, hört sein Herz auf zu schlagen. Niemand weiß, wie es ist, tot zu sein. Wir sehen nur, dass ein toter Mensch nicht mehr atmet, sich nicht mehr bewegt, nicht mehr spricht und nicht mehr denkt.« (S. 66)

Auch das Buch »Wenn Kinder nach dem Sterben fragen. Ein Begleitbuch für Kinder, Eltern und Erzieher« von Daniela Tausch-Flammer und Lis Bickel hat mir sehr geholfen, weil es mich bestärkt hat, mit den Kindern, den Eltern und im Team über den bevorstehenden Tod Fatimas zu sprechen. Zugleich fand ich hier Informationen und Hinweise, wie der Umgang mit dem Thema gestaltet werden könnte. Ein Buch, welches sich mit der Trauer von Kindern mit geistiger Behinderung befasste, gab es leider nicht.

Es war mir klar, dass der erste Schritt darin bestand, innerhalb des Kindergartenteams, das außer mir noch aus zwei Erzieherinnen, einer Vorpraktikantin und einem Zivildienstleistenden bestand, Absprachen zu treffen, wie wir mit der Situation umgehen wollten. Zu dieser Zeit arbeitete in einem anderen Bereich der Lebenshilfe eine Krankenschwester, die mit Hospizarbeit vertraut war. Sie bot mir spontan an, in unser Team zu kommen.

Als ich meine Kolleg*innen über den Besuch der Hospizlerin in unserer nächsten Teamsitzung informierte, waren diese zunächst sehr entrüstet: Wie ich dazu käme, vom Tod Fatimas zu reden, obwohl sie noch am Leben sei! Ich musste mich verteidigen und betonte, dass es für mich wichtig sei, auf den Tod des Kindes vorbereitet zu sein. Wir könnten nicht erst anfangen, darüber zu reden, wie wir damit umgehen, wenn Fatima schon gestorben wäre. Dann müssten wir ja schließlich handeln! Einen Erste-Hilfe-Kurs würde ich schließlich auch nicht erst dann machen, wenn sich ein Unfall ereignet, sondern im Vorfeld.

Ich setzte mich mit meiner Auffassung durch. Im Nachhinein waren meine Mitarbeiter*innen dankbar, dass ich so hartnäckig geblieben war. Kurz möchte ich darüber berichten, wie die Krankenschwester uns half, ins Gespräch zu kommen. Sie hängte einen Reifen an die Decke. Für jedes Kind und jeden Erwachsenen unserer Kindergartengruppe hatte sie Bindfäden und Styroporkugeln mitgebracht. Wir sollten auf jede Styroporkugel ein Gesicht malen und die Namen der Kinder darauf schreiben. Die Kugeln wurden an dem Reifen aufgehängt.

Dann nahm die Krankenschwester eine große Schere und schnitt den Faden von Fatima, deren Tod wir befürchteten, durch. Der Schnitt löste zunächst eine Art Schock bei uns aus. Dann tauschten wir uns über unsere Empfindungen und Gedanken aus. Der Tod durchtrennt den Lebensfaden! Endgültig! Unwiederbringlich! Das ganze System gerät aus der Balance. Das konnten wir an dem wild schaukelnden Reifen und den hin und her pendelnden übrigen Kugeln deutlich sehen.

Die Beobachtung, dass die Kugeln in ein neues Gleichgewicht fanden, nahmen wir als sehr tröstlich wahr! Während ich die ganze Zeit sehr auf die Fragen fokussiert war, wie wir unseren Kindern erklären könnten, dass Fatima tot sei, und wie wir selbst damit umgehen könnten, machte eine Kollegin (die Einzige, die zu diesem Zeitpunkt bereits selbst ein Kind hatte) uns darauf aufmerksam, dass ihrer Einschätzung nach die Eltern diejenigen sein sollten, die ihrem Kind von Fatimas Tod erzählen sollten.

Wir vereinbarten folgendes Vorgehen, falls Fatima sterben würde: Zunächst wollten wir ein Schreiben an die Eltern verfassen, um sie über den Tod von Fatima zu informieren.

Ein oder zwei Tage später wollten wir dann in unserem Morgenkreis mit den Kindern ein kleines Abschiedsritual machen, ihnen dabei von Fatimas Tod erzählen und den Möglichkeiten der Kinder entsprechend erklären, was sterben und tot sein bedeutet. Außerdem wurde verabredet, dass wir selbst keine Aussagen über Jenseitsvorstellungen machen wollten. Falls Fragen dazu kämen, wo Fatima jetzt sei, wollten wir die Fragen an die Kinder zurückgeben und hören, was sie glaubten oder was ihnen ihre Eltern dazu erzählt hätten.

Der Tod von Fatima kam viel schneller als erwartet. Als ihr Vater vor mir stand und mir mitteilte, dass sein Kind in der Nacht gestorben sei, wäre ich ohne unsere Teambesprechung im Vorfeld sehr rat- und hilflos gewesen. So verfasste ich eine Mitteilung an die Eltern, die wir den Kindern auf einer Doppelkarte mit nach Hause gaben.

Einige Tage später haben wir im Kindergarten im Morgenkreis eine Kerze für Fatima angezündet und eine Rose danebengelegt (Fatimas Symbol für die Garderoben- und Taschenhaken war eine Rose). Wir sprachen über den Tod und alles, was die Kinder bewegte. Die Rose hängten wir zur Erinnerung an den Haken von Fatima.

Bis heute haben mich die Erfahrungen von damals geprägt und meinen weiteren beruflichen und privaten Umgang mit Abschied, Tod und Trauer beeinflusst. Der Umgang mit Fatimas Tod hat mir bestätigt, wie wichtig es ist, sich diesem Thema zu stellen und behutsam und offen damit umzugehen, zu akzeptieren, dass Tod und Sterben Teil unseres Lebens sind. Er hat mir Sicherheit gegeben und die Gewissheit, dass es wichtig ist, unabhängig vom kognitiven Entwicklungsstand eines Menschen, diesem Thema Raum zu geben und Angebote zu schaffen, damit umzugehen. Dass es nicht darum geht, Kindern gegenüber auf alles eine Antwort zu haben, aber offen zu sein, Trauer und Verlust gemeinsam auszuhalten in dem Vertrauen, dass jeder seinen eigenen Umgang damit findet.

Aus all meinen Erfahrungen heraus ist es mir deshalb ein großes Anliegen, alle, die sich beruflich oder privat mit dem Tod befassen müssen, zu ermutigen. Bitte sagen Sie allen, die durch den Tod betroffen sind, ob Kinder, Jugendliche, Erwachsene, Menschen mit oder ohne geistige Behinderung, was passiert ist, informieren Sie, beziehen Sie ein, seien Sie einfach da und geben Sie denen, die das möchten, die Gelegenheit, sich zu verabschieden.

10.2 Förderschule: Die Musik geht direkt in mein Herz, dann spüre ich meinen Vater fest in mir drin

Christiane Weiser
Lehrerin an einer Förderschule mit dem Förderschwerpunkt Geistige Entwicklung

Der Trauer von Menschen mit geistiger Behinderung in der Schule Raum zu geben oder die Phänomene »Sterben, Tod und Trauer« im Schulleben als Sachthema oder aus aktuellem Anlass zu thematisieren, gilt vielen Lehrer*innen als besondere Herausforderung. Es bedarf der Klärung, welche Unterstützungsmöglichkeiten Schüler*innen bei der Verarbeitung ihrer eigenen Trauer benötigen, und einer Wahrnehmung, wie sie anderen Trauernden gegenüber reagieren. Unterschiedliche Zugänge, förderspezifische Notwendigkeiten und die individuelle Persönlichkeit der Trauernden stellen Lehrkräfte daher vor vielfältige inhaltliche Anforderungen. Dazu gehört zuerst eine bewusste und individuelle Auseinandersetzung mit Trauer und den bisher bewältigten Trauerprozessen. Persönliche Erfahrungen bilden daher auch die Grundlage für diesen Beitrag, der zu einem Einblick in ausgewählte Aspekte von Trauerprozessen einladen möchte. Und so möchte ich mit einem persönlichen Erlebnis beginnen.

Begegnung mit Trauernden

Nach dem Tod meines Vaters nahmen einige meiner Schüler*innen an seiner Beerdigung teil. Für mich stellte dies neben vielfältigen Formen der Anteilnahme eine besondere Geste dar. Meiner Familie war es ein Bedürfnis, den Abschied meines Vaters in Erinnerung an ihn und für uns passend zu gestalten. Im Anschluss an die Beerdigung, die für mich stimmig und berührend war, äußerte eine Schülerin bei Frühstück und Kuchen den für mich bemerkenswerten Satz: »Frau Weiser, es hat mir echt gut gefallen, die Beerdigung war perfekt.« Worte, die sehr unvermittelt und unbekümmert mitten ins Herz trafen. Ja: die Beerdigung meines Vaters war perfekt, und die Schülerin brachte es auf den Punkt. Auch aus meiner Sicht war es der perfekte Abschied, denn Trauer und Schmerz hatten ihren

Raum. Und die Äußerung meiner Schülerin zeigte mir, mit welcher Klarheit dies benannt werden kann.

Beispielhaft wird in diesem Zusammenhang deutlich, dass viele Schüler*innen Trauernden authentisch begegnen, dass sie oft ein außerordentliches, mitunter intuitives Gespür für diese besonderen Situationen haben. Sie können häufig ihre emotionalen Wahrnehmungen frei und aus dem spontanen Gefühl heraus äußern. Möglicherweise haben sie durch den Tod von Mitschüler*innen oder in der Familie bereits häufiger Erfahrungen mit Trauernden und ihrer eigenen Trauer gesammelt. Sprache ist in diesem Sinne kein Tabu, wie ich es häufig bei eher konventionellen Begegnungen erlebe. Schüler*innen im Förderschwerpunkt Geistige Entwicklung wägen ihre Gedanken in der Regel nicht lange ab, beschreiben einfach den Moment, wie sie ihn wahrnehmen.

Vielfältige Anlässe zur Trauer an der Förderschule mit dem Förderschwerpunkt Geistige Entwicklung

Innerhalb des Schullebens gibt es vielfältig Begegnungen mit den Themen Sterben, Tod und Trauer. Wie überall in der Gesellschaft, so begegne ich auch an Förderschulen mit dem Förderschwerpunkt Geistige Entwicklung Schüler*innen, die den Tod von Familienangehörigen, Freunden oder auch Haustieren erleben und um ihren Verlust trauern. Sie empfinden auch Trauer und Bestürzung bei Anlässen, die eher eine Distanz vermuten lassen, wie bei weltweiten Katastrophen oder auch bei scheinbar alltäglichen Gegebenheiten. Die Lösung von Bezugspersonen, z. B. beim Klassenwechsel oder bei der Schulentlassung, fordert ebenso eine Begleitung zur Gestaltung dieser Abschiede und Verluste. Tod, Trauer und Abschied sind immer allgegenwärtig. Aufgrund dessen verfolgen alle Schulen den Bildungsauftrag, Schüler*innen auch in diesem Bereich mit Kompetenzen auszustatten. So stellt Helma Witt (2009) die möglichen Unterrichtsbereiche »Tod als Sachthema«, »Kennenlernen von Tradition und Trauer-Kulturen«, »Auseinandersetzen mit existenziellen Erfahrungen und Fragen«, »Entdecken von Hoffnungsbildern« und »Erfahren tragfähiger Gemeinschaft« heraus. Diese Schwerpunkte werden in die Felder »Abschied, Tod und Trauer als situatives Unterrichtsthema«, also Trauer aus aktuellem Anlass, und

»Unterrichtsthema ohne besonderen Anlass«, also primär als Sachthema, unterteilt.

Hinzu kommt an Förderschulen mit dem Förderschwerpunkt Geistige Entwicklung, dass der Tod und die Trauer um Mitschüler*innen gelebte Wirklichkeit sind. Bei manchen Kindern und Jugendlichen ist der Tod aufgrund langer Krankheit oder schwerer Behinderung zu erwarten und absehbar, zuweilen trifft er aber auch plötzlich und unvermittelt ein.

Die vorhergehenden Darlegungen machen deutlich, dass an Förderschulen mit dem Förderschwerpunkt Geistige Entwicklung eine Begegnungsdichte mit den Themen Sterben, Tod und Trauer spürbar ist. Daraus resultiert die Notwendigkeit, Schüler*innen bei den unterschiedlichen Formen der Abschiede, Verluste und Trauer individuell zu begleiten und Räume und Orte der Trauer zu schaffen.

Ein*e Mitschüler*in ist verstorben … Anforderungen an Lehrkräfte

Der Tod eines Schülers*einer Schülerin kommt nicht selten unvorbereitet. Der Zeitpunkt der Todesnachricht ist meist ungewiss. Ohne Vorankündigung erfolgt ein Anruf oder die Mitteilung, dass XY verstorben ist. Unausweichlich folgt die Konfrontation mit der eigenen Trauer. Reflexionen über die Beziehung zu dem*der Verstorbenen, Erinnerungen … und gleichzeitig sind Entscheidungen gefordert und ist Handlungsfähigkeit gefragt. Aufgrund dieser Herausforderung betont Georg Hanefeld (2009) die Notwendigkeit, dass sich Lehrkräfte im Vorfeld einer solchen Situation persönlich mit ihrer eigenen Sterblichkeit, ihrer persönlichen Einstellung und Haltung im Kontext von Tod und Sterben bewusst auseinandersetzen (Hanefeld, 2009). Dies nimmt nicht die eigene Trauer, die in diesem Moment ebenso Raum braucht, aber es hilft, den Schüler*innen aufrichtig und authentisch begegnen und sie begleiten zu können. Es hilft, um als Bezugsperson im Dialog mit trauernden Schüler*innen auch eigene Hoffnungsbilder, eigene Vorstellungen anbieten zu können und sprachfähig zu bleiben. Es unterstützt bei der Schaffung eines Raumes, der zur Auseinandersetzung mit der Trauer einlädt. In dieser herausfordernden und anspruchsvollen Situation ist es besonders hilfreich, wenn Lehrkräfte auf bewährte Materialien und Medien zurückgreifen können.

Ein*e Mitschüler*in ist verstorben … die Trauer der Mitschüler*innen

Viele Förderschulen mit dem Förderschwerpunkt Geistige Entwicklung haben ein Trauerkonzept entwickelt, in dem geklärt und vereinbart ist, welche Schritte bei aktuellen Anlässen notwendig sind. Ebenso ist die Erstellung eines Trauerkoffers von Bedeutung, der unterschiedliche Materialien wie z. B. Kerzen, Samen, Bilderrahmen, Symbole, Bilderbücher und vielfältige methodische Vorschläge enthält. In emotional aufreibenden Situationen vermögen diese Medien den Schüler*innen eine Form zu bieten, um ihre Trauer auch nonverbal mitteilen zu können. Gemeinschaftlich oder allein.

- Informieren: Zunächst ist es erforderlich, Schüler*innen zeitnah und adäquat zu informieren und die Umstände zu thematisieren. Schüler*innen wollen, dass mit ihnen in einer solchen Situation alters- und entwicklungsgemäß umgegangen wird. So können zunächst Fragen geklärt und dadurch Ängste abgebaut werden.
- Der Trauer Raum geben: Durch handlungsorientierte Rituale, wie Kerzen entzünden, Samen säen, Bilder gestalten, Briefe schreiben, durch Musik und besonders durch das gemeinsame Weinen und Traurigsein – so, wie es jede und jeder für sich braucht, darf Traurigkeit gelebt und vor allem gezeigt werden. Schüler*innen zeigen eine große Bandbreite von Trauerreaktionen und erleben diese individuell unterschiedlich. Es ist notwendig, vielfältige Ausdrucksmöglichkeiten in einer vertrauensvollen Klassenatmosphäre anzubieten.

Ich erinnere mich an unzählige emotionale Augenblicke, in denen Schüler*innen ihren Gefühlen Raum gaben, getröstet wurden, sich untereinander trösteten und auch Lehrkräfte und sonstige Mitarbeiter*innen getröstet wurden. Augenblicke intensiv ausgelebter Trauer, die untereinander verbinden und den/die Verstorbene*n ganz nah erscheinen lassen.

Erinnerungen über Vorlieben und gemeinsame Erlebnisse werden ausgetauscht. Eigene Vorstellungen zum Leben nach dem Tod werden geäußert, Hoffnungsbilder entstehen und die Frage und auch oft Antwort, wie es ihm oder ihr jetzt geht, kommt zur Sprache.

Und im nächsten Moment … geht das Leben weiter. War es eben noch unvorstellbar, dass diese Traurigkeit jemals enden wird, so kann es im nächsten Moment wieder ganz anders sein. »Ich gehe jetzt schaukeln, weil Jens das so gern gemacht hat« oder »Ich habe jetzt Hunger und esse jetzt Müsli, das war Julia am liebsten«. So wird aus meiner Sicht deutlich, dass Schüler*innen mit dem Förderschwerpunkt Geistige Entwicklung der Trauer einen Platz im Leben geben.

Und noch einen Moment später … ist sie wieder da, ganz nah. Die Traurigkeit. Und es braucht wieder Zeit und Raum für die vielfältigen Gefühle der Trauer.

Das Aufstellen und Gestalten eines Erinnerungstisches im Eingangsbereich der Schule ist häufig eine Selbstverständlichkeit. Geschmückt mit Bildern, Lieblingsgegenständen und einem Erinnerungsbuch für die Familie, in das jede*r seine*ihre persönlichen Erinnerungen und auch Wünsche schreiben und malen kann. So erhalten der Tod und die Trauer einen Platz mitten im Leben. Dort, wo Menschen ein- und ausgehen, dort wo das Leben stattfindet, dort hat auch Trauer ihren Platz.

Gedenkort – Trauer braucht Zeit

An vielen Schulen wird – meist in künstlerischer Form – ein Ort im Schulgebäude geschaffen, wo Bilder von verstorbenen Schüler*innen einen Platz finden. Meist bleiben sie dort bis zum Zeitpunkt ihrer eigentlichen Schulentlassung hängen. Ein Ort, der einlädt, zu verweilen, innezuhalten – und an dem Erinnerungen geteilt werden können. Auch ein Ort, der bei den unterschiedlichsten Verlusterfahrungen aufgesucht werden kann. Die Verstorbenen und die Trauer um sie haben einen Platz, hier mitten im Leben und nicht nur ein paar Wochen lang. Ein Ort, der Trost gibt, der zeigt: Trauer verschwindet nicht ganz und darf sein … immer wieder … zu jeder Zeit.

Meine Gedanken und Reflexionen zum Thema werfen mich auf folgende Frage zurück: Ist die Trauer von Menschen mit einer sogenannten geistigen Behinderung anders? In der Begegnung mit meinen Schüler*innen stelle ich immer wieder fest, wie vorbildlich, ja aufrichtig sie mit dem Gefühl der Trauer umgehen, indem sie sie benennen, zulassen und ausleben. Die geschaffenen Räume werden genutzt, und sie schaffen sich selbst eigene, notwendige Räume.

Und gleichzeitig kann nach einem Moment der ausgedrückten tiefen Traurigkeit wieder Freude wachsen und das Leben gelebt werden.

So möchte ich zum Abschluss meiner primär persönlichen Eindrücke, die nur einen kleinen Einblick geben, mit einem weiteren persönlichen Augenblick aus dem Schulleben enden.

Laute, orientalische Musik dröhnt durch den Klassenraum – eine Pausensituation – es wird getanzt. Und unvermittelt spricht mich eine Schülerin, die sich bisher tiefversunken zur Musik bewegt hat, an: »Die Musik geht direkt in mein Herz, und es klopft ganz stark, und dann spüre ich meinen Vater fest in mir drin! Hast du das auch?«

Und da ist er wieder, dieser Moment der gelebten, echten Trauer, und ich antworte: »Ja, ich spüre es auch, und es tut so gut!«

Hanefeld, Georg: Und jetzt bringst du mich aus dem Lot. In: Zeitschrift Lernen konkret; Unterricht bei geistiger Behinderung: Abschied, Tod und Trauer. Bildungsverlag EINS GmbH (Köln) 1/2009, S. 2–4

Witt, Helma: Abschied, Tod und Trauer … ein Thema im Unterricht? In: Zeitschrift Lernen konkret; Unterricht bei geistiger Behinderung: Abschied, Tod und Trauer. Bildungsverlag EINS GmbH (Köln) 1/2009, S. 4–9

10.3 Wohnheim: Ein Abschied für immer

Petra Spies

Exam. Krankenschwester mit langjähriger Erfahrung in den Bereichen Intensivmedizin, Innere Medizin und Chirurgie. Trauerbegleiterin, Betreuerin im HBW Haus für Menschen mit Behinderung Wiehl GmbH. Seit 2016 Freistellung (10 %) zur Begleitung von Bewohnern und Teams; Palliativbeauftragte der Einrichtung, freiberufliche Referentin und Seminarleiterin: Trauer bei Menschen mit Behinderung: www.anderslebenanderstrauern.de

»Muss ich im Himmel auch die Spülmaschine ausräumen?« Diese sehr direkte und mit großer Neugier an mich gerichtete Frage von Anna warf mich zunächst leicht aus der Bahn. Nach einer »richtigen« Antwort suchend, war ich für einem Moment irritiert. Schnell jedoch drehte ich den Spieß um, fragte: »Was glaubst du denn?« »Ich fände das schön. Ich mache das sehr gern. Freust du dich auch darauf?«

»Nein, ich läge lieber faul auf meiner kuscheligen Wolke rum und würde einen leckeren Milchkaffee genießen« antwortete ich. Wir mussten beide laut lachen, und es entstand eine wunderbare Diskussion.

Vielleicht mögen Sie ja denken, was soll denn der Quatsch, aber solange ich nicht wirklich weiß, was passiert, wenn man tot ist, ziehe ich auch diese Variante in Betracht.

Wir unterhielten uns noch sehr lange über den Himmel, was sie darunter versteht, und was es für Anna bedeutet, tot zu sein. In meinen Gruppenarbeiten für Menschen mit Behinderung ist das Thema Himmel sehr beliebt. Es wird gemalt, erzählt, und Meinungen werden ausgetauscht.

Matthias, dessen Vater vor zwei Jahren verstorben ist, hat ein Bild gemalt. Sein Papa ist im Himmel, dass es ihm dort gut geht, steht für ihn fest. Matthias ist manchmal sehr traurig, weil er seinen Papa nicht mehr sehen kann. Gern würde er ihn nochmal in die Arme nehmen, ihn fühlen. Er erzählt seinem Papa von Dingen, die ihn beschäftigen. Auch wenn er von ihm keine direkte Antwort mehr erhalten kann, ist er sich sicher, dass sein Papa ihn hört. Er hat sich als weinenden Mann gemalt, ein Herz und ein Fenster, als Verbindung zu seinem Vater, der im blauen Himmel seinen Platz gefunden hat.

Matthias war bei mir zur Einzelbegleitung – und das schon einige Zeit, bevor sein Vater gestorben ist. Eben zu dem Zeitpunkt, als abzusehen war, dass seine Krankheit tödlich enden würde.

Zuerst wollte er »nur mal mit mir reden«. Daraus entstand dann eine sehr fruchtbare Begleitung, nicht nur für Matthias …

Als sein Vater verstorben war und die Beerdigung bevorstand, wollte er nicht mitgehen. »Ich bin auf einer Geburtstagsfeier eingeladen. Das ist schöner, da geh ich hin.« Diese sehr direkte und recht ungefilterte Antwort mag schroff erscheinen; sie ist jedoch sehr authentisch.

Menschen mit Behinderung sprechen oft offen aus, was uns der Verstand verbietet, obwohl wir vielleicht Ähnliches denken: Kein Bock, ist blöd, ist zu traurig, ich geh lieber Pizza essen.

Hinter einer solchen Aussage kann allerdings auch eine Vermeidungsstrategie stecken. So war es bei Matthias zumindest. Im weiteren Gespräch stellte sich nämlich heraus, dass er noch nie bei einer Beerdigung war. Er hatte schlichtweg Angst vor dem, was ihn dort erwartete. Da ich sehr gern mit Fotos arbeite, zeigte ich ihm Bilder von der Beerdigung meines Vaters.

Auf einem Bild waren der in der Trauerhalle aufgebahrte und geschmückte Sarg meines Vaters sowie Kerzen, Kränze und Blumen zu sehen. Da mein Vater Pferde sehr liebte, stand auch ein Bild von ihm mit Kutsche, Pferden sowie ein Pferdegeschirr neben dem Sarg.

Matthias stellte viele Fragen, sein Gesicht hellte sich auf, seine Angst verlor sich etwas. Ich bot ihm an, eine Kerze mit ihm zu gestalten, die er dann während der Trauerfeier neben den Sarg seines Vaters stellen könne, als Abschiedsgeschenk. Gesagt, getan. Voller Begeisterung gestaltete er mit Wachsplatten eine wunderbare Kerze.

Er war sich jedoch immer noch nicht sicher, ob er zur Beerdigung gehen wollte. Eine Kollegin bot an, ihn auf jeden Fall zu begleiten, wenn er sich auch recht kurzfristig dazu entscheiden würde. Ich war richtig gespannt, ob er sich überwinden würde hinzugehen. Voller Freude erzählte er mir bei unserem nächsten Treffen, wie gut die Beerdigung gewesen sei und wie stolz er auf die Kerze war, die er seinem Papa geschenkt hatte. Viele Verwandte und Freunde sprachen ihn im Anschluss auf sein Kunstwerk an und freuten sich über seine Anwesenheit.

In der Einrichtung, in der ich seit 2010 arbeite, wird eine offene Trauerkultur gelebt. Je nach Wunsch und Krankheitsbild darf hier jede*r »zuhause« versterben, gut begleitet von einem ansässigen SAPV-Team. Mitbewohner*innen werden in die Geschehnisse rund um das Thema Tod und Sterben eingebunden, wenn sie es möchten. Eine gute Angehörigenbegleitung ist uns ebenfalls sehr wichtig. Völlig zu Unrecht wird Menschen mit geistiger Behinderung die Fähigkeit zu trauern leider noch oft abgesprochen. Dabei erfahren sie Trauer wie alle anderen Menschen oft täglich. Wenn Wünsche zerbrechen und Meinungen nicht akzeptiert werden oder Freizeitaktivitäten ausfallen, auf die man sich schon lange gefreut hat. Mitbewohner*innen ziehen aus. Betreuer*innen wechseln die Wohngruppe oder gehen in Rente. Auch der Eintritt ins eigene Rentenalter ist für viele Menschen mit Behinderung ein schwerer Schlag. Bei der Arbeit werden viele soziale Kontakte gepflegt, die nun fehlen.

Dass Trauer die Sprache der Gefühle und keine Sache des Verstandes ist, ist eine einfache und zutiefst logische Erklärung dafür, das Menschen mit Behinderung sehr wohl fähig sind zu trauern. Trauer braucht Raum, Zeit und Ausdruck. Sehen, dass sich ein toter Mensch nicht mehr bewegt; fühlen, dass der Körper keine Wärme mehr in sich trägt und auch kein Sprechen mehr möglich ist. Dies macht den Tod greifbar. So bekommt das abstrakte Wort »Tod« ein Gesicht.

Sätze wie »Papa ist eingeschlafen« oder »Papa ist fortgegangen« können große Ängste auslösen. Menschen mit Behinderung nehmen oft alles wörtlich; deshalb ist es wichtig, den Tod beim Namen zu nennen und nicht zu verschleiern. Wer einschläft, der wacht auch wieder auf. Wer fortgeht, kann auch wiederkommen. Wenn jemand tot ist, ist der Abschied für immer.

Ich möchte hier gern die Geschichte von Cordula und ihrem Abschied erzählen. Als Cordula erfuhr, dass sie unheilbar erkrankt war, brach eine Welt für sie und alle Beteiligten zusammen. War doch Cordula schon sehr lange, genau 15 Jahre, in ihrer Wohngruppe, hatte dort liebevoll und auch oft konsequent das Sagen.

Das Mitteilen einer Nachricht über eine solch schwere Erkrankung ist keine leichte Aufgabe, weder für den*die Überbringer*in noch für den*die Empfänger*in. Sie erleichtert jedoch die weitere Beziehung zueinander. Durch die damit geschaffene Klarheit wird Vertrauen geweckt und Würde spürbar.

Unausgesprochene Botschaften bleiben im Raum stehen. Es entsteht Unsicherheit auf beiden Seiten. Dies spüren Menschen mit Behinderung sehr deutlich, da sie über eine hohe Wahrnehmungskompetenz verfügen. Je weniger ausgeprägt das aktive Sprachvermögen ist, welches rein gar nichts über das Verständnis der Person aussagt, desto sensibler ist die Wahrnehmung.

Zurück zu Cordula. Nachdem alle informiert waren, dass Cordula nur noch eine begrenzte Lebenszeit zur Verfügung steht, war die Trauer groß. Viele Fragen tauchten auf, Tränen liefen, Wut und Angst machten sich breit.

Es war keine leichte Zeit für alle Beteiligten, vor allem für Cordulas Familie, die sich immer sehr liebevoll um sie gekümmert hatte, und ganz besonders für Cordula, die so gern noch leben wollte, war sie doch erst Anfang 50.

Schon frühzeitig wurde ein ambulanter Hospizdienst eingeschaltet. Sie kamen auch schon zu Zeiten, als es Cordula körperlich noch gut ging, um Vertrauen zu Cordula und den anderen Bewohner*innen aufzubauen.

Cordula starb am 01.06.2016 im Kreise derer, die sie liebte. Bis kurz vor ihrem Tod lag sie am liebsten auf dem Sofa im Wohnzimmer, umgeben vom Alltagsleben. Im Mittelpunkt zu stehen war ihr immer wichtig, und für die anderen Bewohner*innen war es sehr hilfreich, wenn auch schmerzhaft, mit anzusehen, wie sie die Rolle der »Gruppenchefin« abgeben musste.

Wenn in unserer Einrichtung jemand verstirbt, ist es üblich, dass für einige Tage am Eingang ein Gedenktisch aufgestellt wird. Dieser wird individuell für die verstorbene Person gestaltet. Dies gibt allen Besucher*innen des Hauses zu verstehen, dass hier gerade eine besondere Zeit zu Gast ist. Die Zeit des Abschieds.

Bei Cordula war es auch so. Ein Gedenktisch als ein Ritual des Abschieds. Auch ein Abschied am Bett der Verstorbenen stand bevor. Nachdem wir sie für die letzte Reise angekleidet hatten, stand die Zimmertür immer offen, sodass die Mitbewohner mit den Sinnen begreifen können, was das Wort Tod zu bedeuten hat. Es wurde gesehen, dass Cordula sich nicht mehr bewegte und auch nicht mehr atmete. Sie war ganz blass und redete nicht mehr. Wer wollte, konnte noch einmal ihre Hand halten oder über ihre Wange streicheln. Es wurde geweint und auch gelacht.

Als letzter Schritt eines Abschieds aus der Wohngruppe steht immer die Aussegnung bevor. Hierzu werden alle Bewohner*innen und Betreuer*innen der Einrichtungen eingeladen.

Ebenso hält meist der zuständige Pastor oder eine Betreuerin eine kurze Rede am Bett des Verstorbenen. Sargbeilagen wie Briefe, Bilder oder andere Symbole werden am Bett hinterlassen. Bei Cordula gab es noch eine Besonderheit. Ihr Sarg wurde bemalt. Das hatte sie sich gewünscht.

In der Küche, dem zentralen Ort von Cordulas Gruppe, herrschte ein reges Treiben. Es wurde gemalt, geschrieben, je nach Fähigkeit des Künstlers. Immer wieder ging der ein oder andere zu Cordulas Totenbett, um ihr zu berichten, was alles für sie gemalt wurde. Trauer und Freude waren ganz nah beieinander.

Als letzte Geste der Verbundenheit wird bei uns immer der Sarg aus dem Haus geleitet. Wenn der Bestattungswagen dann mit »Tschüss, mach's gut«-Wünschen und einer letzten Geste des Winkens vom Hof fährt, ist dies ein sehr bewegender Augenblick.

Zum Schluss möchte ich gern auf ein paar Rituale eingehen, die ich sehr nützlich finde, wenn es um die Begleitung trauernder Menschen mit Behinderung geht. Rituale sind in Zeiten des Abschieds sehr wichtig. Sie verschaffen ein Gefühl von Sicherheit und geben Halt, wenn alles fremd ist.

Da wäre zum einen die Gestaltung einer Gedenkkerze. Pascale, ein junger Mann mit Downsyndrom, pflegte ein sehr inniges Verhältnis zu seinem Opa. Bei jeglichen Familienfeiern, die ja nun ohne diesen stattfanden, wurde an dessen Platz eine Kerze entzündet. So war sein Opa immer präsent. Die Gestaltung einer Kerze ist eine sehr schöne Geste des Abschieds. Jeder Mensch kann diese seinen Fähigkeiten entsprechend gestalten. Mit Fingerabdrücken oder Ausstechformen. Oder er kann die Farben und Symbole wählen, wenn jemand stellvertretend die Gestaltung übernehmen muss. Das Entzünden einer Kerze ist zudem ein sehr heilsames Ritual. Die Wärme und das Licht wirken sich positiv auf unser Unterbewusstsein aus.

Marco gestaltete ein Album mit Fotos vom Grab seiner Oma, welches er individuell den Jahreszeiten entsprechend schmückt. Der Besuch des Grabes ist für ihn ein sehr wichtiges Ritual auf seinem Trauerweg. Am Geburtstag und am Todestag seiner Oma backen wir einen Kuchen, den wir dann an einem feierlich eingedeckten Tisch mit seinen Mitbewohner*innen essen. Ein Bild seiner Oma steht auf dem Tisch. Eine Kerze brennt. Er erzählt davon, wie sehr er sie vermisst, und alle trösten ihn und erzählen auch von den Menschen, die sie schon verloren haben. Meist stehen dann einige Fotos auf dem Tisch, die jede*r aus seinem Zimmer holt.

Martin singt gern. Überhaupt ist Musik ein sehr wichtiger und wertvoller Begleiter im Leben von Menschen mit Behinderung. Ich kenne viele Bewohner*innen, die kaum reden können oder wollen, aber jeden Schlager beim ersten Ton erkennen und auch mitsingen oder summen können. Was für eine Begabung!

Musik ist Balsam für die Seele. Singen setzt Gefühle frei und lässt oft den lang zurückgehaltenen Tränen ihren heilsamen Lauf.

Aus meiner langjährigen Erfahrung in der Begleitung von Menschen mit kognitiver Einschränkung bei Sterbe- und Trauerprozessen möchte ich festhalten, dass es noch bei keinem meiner Klient*innen zu Angstzuständen oder psychischen Problemen gekommen ist, wenn ein guter Abschied stattgefunden hat. Ohne jegliche Form des Abschieds leider schon des Öfteren, denn wie soll eine Seele es begreifen, wenn ein Mensch, den man liebt, einfach so verschwindet …

Dank

An erster Stelle möchte ich mich sehr herzlich bei den Menschen bedanken, die hier im Buch mitgeschrieben oder mir ihre Erlebnisse und Erfahrungen zur Verfügung gestellt haben. Ihnen möchte ich dieses Buch widmen. Diese sehr persönlichen Einblicke und die damit verbundene Offenheit ermöglichen, bei aller Individualität im Trauerprozess, ein tiefergehendes Verständnis für trauernde Menschen mit Behinderung, ihre Lebenssituation und die daraus resultierenden Bedürfnisse.

Ich bedanke mich zudem sehr für das Vertrauen, dass mir die Menschen in ihrer schweren und belasteten Zeit entgegengebracht haben. So wurde die Trauerbegleitung erst möglich.

Bedanken möchte ich mich darüber hinaus ganz herzlich bei meiner Mentorin und Lektorin Frau Dr. Ulrike Gießmann-Bindewald, mit der ich schon einige Buchprojekte auf den Weg bringen durfte. Wie immer durfte ich erfahren, dass sie mit großer Sorgfalt das Manuskript für den Druck vorbereitet und durch kritische Anregungen bereichert hat. Sie wird mir mit ihrer fachlichen Kompetenz und als Mensch mit ihrer warmherzigen Art sicherlich sehr fehlen, denn sie wird nun in ihren wohlverdienten Ruhestand gehen. Ganz herzlich möchte ich mich insgesamt bei meinem Verlag Vandenhoeck & Ruprecht mit unterschiedlichen Menschen bedanken. Seit vielen Jahren arbeiten wir hervorragend zusammen und ich fühle mich mit meinen Anliegen fachlich wie persönlich immer wieder gut aufgehoben und betreut. Danke für das mir entgegengebrachte Vertrauen.

Bei meiner Freundin und guten Beraterin Romy Kohler bedanke ich mich, wie immer für ihr zuverlässiges, unkompliziertes und kritisches Korrekturlesen. Auch bei diesem achten Buchprojekt hat sie mir als Fachwissende, engagierte Initiatorin und Leiterin des Trauerchats für Jugendliche und Betroffene hilfreich und liebevoll zur Seite gestanden. Danke liebe Romy.

Danke auch an Professor Dr. Windolph, der meine Arbeit seit vielen Jahren fruchtbar und kritisch begleitet. Danke für die wertvollen, hilfreichen, manchmal schmerzhaften Stunden und die hartnäckigen Fragen.

Und selbstverständlich geht der Dank auch an meine Familie, meine Eltern und meine Schwester. Insbesondere geht ein Dank an meinen Mann, der immer für mich da ist und mir da Rückhalt gibt, wo mir die Zuversicht fehlt. Meinen Kindern Teresa, Elena und Ruben möchte ich ein herzliches Danke sagen, dass sie Verständnis dafür haben, dass ich meine Arbeit als Herzensanliegen verstehe und es mir so wichtig ist, meine Gedanken zu Papier zu bringen. An dieser Stelle möchte ich auch ganz besonders meiner Mutter danken. Dafür, dass sie alle meine Bücher gelesen und ehrlich kommentiert hat. Das bedeutet mir sehr viel. Danke an meine Mutter dafür, was sie für meine Schwester und mich ihr ganzes Leben lang getan hat.

Mehr noch, ich möchte meinen großen Respekt ihr gegenüber ausdrücken.

Aus all den schweren Lebensereignissen, die ihr gesamtes Leben bis heute durchzogen haben, in denen sie immer wieder Lebenswünsche und Lebensplanungen verwerfen und sich unfreiwillig neu orientieren musste, hat sie immer das Bestmögliche gemacht. Ihren Humor und ihre positive Lebenseinstellung hat sie nie verloren. Sie hat es immer wieder geschafft, dennoch dankbar und zufrieden zu sein für das, was da war, und hat Lebensfreude in alternativen Lebensverläufen finden können.

Zugleich hatte sie immer ein offenes Herz für die Bedürfnisse anderer, hat mit Fantasie und kreativen Ideen etwas aus ihrem Leben gemacht und uns Kindern somit Wichtiges vorgelebt. Danke an meinen Vater, der uns seine schwere Erkrankung leicht macht, weil er immer freundlich, humorvoll und dankbar geblieben ist. Dankbar bin ich für alle meine lieben Freunde, die weiterhin an meiner Seite sind, mich lieben und begleiten. Das hilft mir über die dunklen Zeiten des Lebens.

Ihnen, liebe Leser*innen, wünsche ich von Herzen, dass Sie Ihre *Ressourcengläser* immer wieder neu füllen können. Ich wünsche Ihnen, dass Sie, vielleicht auch entgegen aller Vernunft, die Zuversicht und den Mut nicht verlieren und immer wieder Kraftquellen finden für die Aufgaben, die das Leben an Sie stellt. Vor allem wünsche ich Ihnen Zeit und Nähe zu den Menschen, die Ihnen am Herzen liegen.

Ihre Stephanie Witt-Loers

Gern können Sie mit mir Kontakt aufnehmen.
Ich freue mich, von Ihnen zu hören:
Stephanie Witt-Loers
Institut Dellanima
Trauerbegleitung, Trauerberatung, Trauergruppen,
Seminare, Fortbildungen, Vorträge
Homepage: www.dellanima.de
E-Mail: info@dellanima.de

11 Hinweise und Literatur

Die Hinweise in diesem Buch sind von der Autorin und vom Verlag sorgfältig geprüft. Autorin und Verlag können jedoch keine Garantie übernehmen und schließen jede Haftung für Personen-, Sach- und Vermögensschäden aus.

11.1 Fortbildungen

Alle zuletzt abgerufen 14.01.2019

www.anderslebenanderstrauern.de (Trauerbegleitung Petra Spies)
www.bonn-lighthouse.de (Verein für Hospizarbeit)
www.bvt-trauerbegleitung.de (Adressen von Trauerbegleitern, Seminare)
www.christophorus-akademie.de (Qualifikation in Hospizarbeit und Palliative Care)
www.dellanima.de (Stephanie Witt-Loers, Institut Dellanima)
www.dgpalliativmedizin.de/allgemein/weiterbildung-fuer-mitarbeitende-in-der-behinderten-bzw-eingliederungshilfe.html (Qualifizierungskurse für Berufsangehörige aus der Behindertenhilfe für Palliative Care und Hospizarbeit, zertifiziert durch die Deutsche Gesellschaft für Palliativmedizin, entsprechen den Standards des Bayerischen Staatsministeriums für Gesundheit und Pflege)
https://www.lebenshilfe.de/de/fortbildung/veranstaltungen/bw_sterben_tod_und_trauer_bei_menschen_mit_geistiger_behinderung.php (Lebenshilfe e. V. Sterben, Tod und Trauer bei Menschen mit geistiger Behinderung)
https://www.pkv-stiftung.de/projekte/fuer-menschen-mit-geistiger-behinderung.html. (Schulungen, Coaching)
www.team-pem.de: TEAM PEM Palliative Care – Ethik – Mundmotorik. Fortbildung und Beratung für die Begleitung von Menschen mit geistiger Behinderung, für Betreuer und Angehörige)

11.2 Literatur

Arenhövel, Markus: Kinder und Jugendliche mit geistiger Behinderung und ihr Umgang mit Sterben, Tod und Trauer – eine empirische Studie. In: Geistige Behinderung 37/1, 51–58, 1998

Bosch, Erik: Trauern, um wieder lieben zu können. Tod und Sterben im Leben von Menschen mit einer geistigen Behinderung. In: Geistige Behinderung 45/1, 34–48, 2006

Bosch, Erik: Tod und Sterben im Leben von Menschen mit geistiger Behinderung. Bosch & Suykerbuyk: Arnheim/Niederlande 2011

Bruhn, Ramona: Palliative Care für Menschen mit geistiger Behinderung: Interdisziplinäre Perspektiven für die Begleitung am Lebensende. Kohlhammer: Stuttgart 2014

Bschor, Tom/Grüner, Steffen: Psychiatrie fast. Börm Bruckmeier Verlag: Grünwald 2006

Bundesvereinigung Lebenshilfe für Menschen mit geistiger Behinderung: Bäume wachsen in den Himmel. Sterben und Trauern. Ein Buch für Menschen mit geistiger Behinderung. Lebenshilfe-Verlag, Marburg 2003

Diakonisches Werk der Evangelischen Kirche von Westfalen: Anregungen und Hinweise zu Sterbe- und Trauerbegleitung für Menschen mit Behinderung. Eine Einführung, 2002

Dilling, Horst/Mombour, Werner/Schmidt, Martin H.: Internationale Klassifikation psychischer Störungen: ICD-10 Kapitel V (F) – Klinisch–diagnostische Leitlinien. Hogrefe: Göttingen 2015

Dingerkus, Gerlinde/Schlottbohm, Birgitt: Den letzten Weg gemeinsam gehen. Sterben, Tod und Trauer in Wohneinrichtungen für Menschen mit geistigen Behinderungen. Land NRW zur Palliativversorgung, Hospizarbeit und Angehörigenbegleitung, 3. Aufl. Münster 2013

Dingerkus, Gerlinde/Schlottbohm, Birgitt: Werd ich ein Stern am Himmel sein. Ein Thema für alle und insbesondere für Bewohnerinnen und Bewohner von Einrichtungen für Menschen mit Behinderungen. Alpha-Westfalen: Münster 2004

Doka, Kenneth: Disenfranchised grief in historical and cultural perspective. In Stroebe, Hanson, Schut, Stroebe (Hrsg.): Handbook of Bereavement Research and Practice, S. 223–240. American Psychological Association: Washington DC 2008

Fässler-Weibel, Peter/Jeltsch-Schudel, Barbara: Wer weiß denn, dass ich traurig bin? Trauern mit geistig behinderten Menschen. Paulusverlag: Freiburg/Schweiz 2008

Fischer, Andreas: Altwerden, Sterben und Tod im Leben von Kindern und Jugendlichen mit Behinderungen. In: Zeitschrift Seelenpflege, 25. Jahrgang, Heft 1, 96–108, 2006

Fischer, Erhard: Pädagogik für Menschen mit geistiger Behinderung. Sichtweisen – Theorien – aktuelle Herausforderungen. ATHENA-Verlag e. K.: Oberhausen 2003

Franke, Evelyn: Anders leben – anders sterben: Gespräche mit Menschen mit geistiger Behinderung über Sterben, Tod und Trauer. Springer: Heidelberg 2012

Heppenheimer, Hans/Sperl, Ingo: Anders trauern: Neue Wege des Trauerns für Menschen mit geistiger Behinderung. Kreuz: Freiburg/Breisgau 2012

Heppenheimer, Hans/Sperl, Ingo: Emotionale Intelligenz und Trauer bei Menschen mit geistiger Behinderung; Behinderung – Theologie – Kirche Bd. 2, Kohlhammer: Stuttgart 2011

Institut Mensch, Ethik und Wissenschaft. Sterbebegleitung von Menschen mit Behinderung in Einrichtungen. https://www.imew.de/de/imew-publikationen/weitere-publikationen/sterbebegleitung-von-menschen-mit-behinderung-in-einrichtungen/ (abgerufen 14.01.2019)

Jöhr, Daniela/Von Gunten, Stephanie/Riesen, Andrea. Tod und Trauer. Todesvorstellungen und Trauerreaktionen von Menschen mit geistiger Behinderung und Möglichkeiten der Begleitung in unserer Gesellschaft. Diplomarbeit aus dem Heilpädagogischen Institut der Universität Freiburg: Freiburg/Schweiz, 2006

Kalender, Ute: Sterbebegleitung von Menschen mit Behinderung in Einrichtungen, Eine Handreichung des Institutes Mensch, Ethik und Wissenschaft, Herausgegeben vom Institut Mensch, Ethik und Wissenschaft (IMEW), 2006

Kostrzewa, Stephan: Menschen mit geistiger Behinderung palliativ pflegen und begleiten: Palliative Care und geistige Behinderung. Hans Huber: Göttingen 2013

Luchterhand, Charlene/Murphy, Nancy: Wenn Menschen mit geistiger Behinderung trauern. Beltz: Weinheim 2001

Rechenberg-Winter, Petra/Fischinger, Esther: Kursbuch systemische Trauerbegleitung. 3. Aufl. Vandenhoeck & Ruprecht: Göttingen 2018

Rogers, Carl: Die klientenzentrierte Gesprächspsychotherapie. Rowohlt: Frankfurt/M. 2012

Sappok, Tanja/Zepperitz, Sabine: Das Alter der Gefühle: Über die Bedeutung der emotionalen Entwicklung bei geistiger Behinderung. Hogrefe: Göttingen 2016

Sappok, Tanja/Zepperitz, Sabine/Fergus Barrett, Brian/Došen, Anton: SEED. Skala der Emotionalen Entwicklung – Diagnostik. Hogrefe: Göttingen 2018

Schmidt, Thomas: Ein Leben ohne Dich: Die Trauer von erwachsenen Menschen mit geistiger Behinderung. AV Akademikerverlag: Saarbrücken 2012

Schroeter-Rupieper, Mechthild/Krause, Gina: Menschen mit Behinderung in ihrer Trauer begleiten. Vandenhoeck & Ruprecht: Göttingen 2018

Stroebe, Margaret/Schut, Henk: The dual process model of coping with bereavement: rationale and description. In: Death Studies, Vol. 23, Nr. 3, 197–224, 1999. http://www.trauerforschung.de/images/pdf/stroebe_1999.pdf (abgerufen 21.02.2019)

Stroebe, Margaret/Schut, Henk: Overload: A Missing Link in the Dual Process Model? In: Omega, Vol. 74, Nr. 1, 96–109, 2016

Wikipedia: Grundsatz. https://de.wikipedia.org/wiki/Grundsatz (abgerufen 13.02.2019)
Wikipedia: Geistige Behinderung. https://de.wikipedia.org/wiki/Geistige_Behinderung (abgerufen 13.02.2019)
Wikipedia: Maslowsche Bedürfnishierarchie. https://de.wikipedia.org/wiki/Maslowsche_Bedürfnishierarchie (abgerufen 21.02.2019)
Willmann, Hildegard/Heidi, Müller: Trauer: Forschung und Praxis verbinden: Zusammenhänge verstehen und nutzen. Vandenhoeck & Ruprecht: Göttingen 2016
Witt-Loers, Stephanie: Hilfreiche Unterstützung für trauernde Kinder. In: Staatsinstitut für Frühpädagogik (IFP) (Hrsg.), Online-Familienhandbuch (Wassilios E. Fthenakis u. Martin R. Textor), 28. August 2009
Witt-Loers, Stephanie: Sterben, Tod und Trauer in der Schule. Vandenhoeck & Ruprecht: Göttingen 2009
Witt-Loers, Stephanie. Trauernde begleiten. Vandenhoeck & Ruprecht: Göttingen 2010
Witt-Loers, Stephanie: Trauernde Jugendliche in der Schule. Vandenhoeck & Ruprecht: Göttingen 2012
Witt-Loers, Stephanie: Bayrisches Staatsministerium für Arbeit und Sozialordnung, Familien und Frauen »Hilfreiche Unterstützung für trauernde Kinder« Oktober 2013 in: https://www.familienhandbuch.de/angebote-und-hilfen/sonstige-hilfsangebote-fur-kinder/hilfreiche-unterstutzung-fur-trauernde-kinder (abgerufen 14.01.2019)
Witt-Loers, Stephanie: Trauernde Jugendliche in der Familie. Vandenhoeck & Ruprecht: Göttingen 2014
Witt-Loers, Stephanie: Wie können Eltern ihre Kinder unterstützen und begleiten? In: Monika Müller, Franziska Röseberg (Hrsg.): Handbuch Kindertrauer. Die Begleitung von Kindern, Jugendlichen und ihren Familien. Vandenhoeck & Ruprecht: Göttingen 2014
Witt-Loers, Stephanie: Jugendlichen in ihrer Trauer Raum geben. In: Klaus Wegleitner, Dirk Blümke, Andreas Heller, Patrik Hofmacher (Hrsg.): Tod – Kein Thema für Kinder? Zulassen – Erfahren – Teilen. Verlust und Trauer im Leben von Kindern und Jugendlichen. Anregungen für die Praxis. Ludwigsburg 2014, S. 29–41.
Witt-Loers, Stephanie: Wie Kinder Verluste erleben – und wie wir hilfreich begleiten können. Vandenhoeck & Ruprecht: Göttingen 2016
Witt-Loers, Stephanie: Kindertrauergruppen leiten. Ein Handbuch. Vandenhoeck & Ruprecht: Göttingen 2017
Witt-Loers, Stephanie: Nie wieder wir – Weiterleben von Frauen nach dem Tod ihres Partners. Vandenhoeck & Ruprecht: Göttingen 2017
Worden, James, William: Beratung und Therapie in Trauerfällen. Ein Handbuch, 4. Aufl. Hans Huber: Bern 2011
Wüllenweber Ernst/Theunissen Georg/Mühl, Heinz: Pädagogik bei geistigen Behinderungen. Ein Handbuch für Studium und Praxis. Kohlhammer: Stuttgart 2006

V&R